ETUDES

sur

L'HISTOIRE D'HAÏTI

Paris. — Imprimerie de E. Donnaud, rue Cassette, 9.

ETUDES

SUR

L'HISTOIRE D'HAÏTI

PAR B. ARDOUIN

ANCIEN MINISTRE D'HAÏTI PRÈS LE GOUVERNEMENT FRANÇAIS.
ANCIEN SECRÉTAIRE D'ÉTAT DE LA JUSTICE, DE L'INSTRUCTION PUBLIQUE
ET DES CULTES.

TOME ONZIÈME.

PARIS
DÉZOBRY, E. MAGDELEINE ET C°, LIBRAIRES-ÉDITEURS
RUE DES ÉCOLES, 78
(près du Musée de Cluny et de la Sorbonne)

1860

PÉRIODE HAÏTIENNE.

SIXIÈME ÉPOQUE.

LIVRE SIXIÈME.

CHAPITRE PREMIER.

1838. — La session législative est ouverte. — La Chambre des communes déclare au Président d'Haïti qu'elle répondra à son discours par une adresse. — Election d'un sénateur, quoique le Sénat n'ait pas avisé la Chambre de cette vacance dans son sein. — H. Dumesle prononce un discours pour préparer la Chambre au vote de son adresse. — La Chambre ajourne l'élection d'un nouveau sénateur, parce que le Sénat ne lui a pas donné avis de cette vacance. — Le 27 avril, elle vote son adresse et la fait porter au Président d'Haïti par une députation; Boyer promet d'y répondre. — Examen de cet acte. — Pétition adressée à la Chambre par trois jeunes Haïtiens qui, de Paris, demandent l'érection d'une statue à Pétion. — La Chambre la prend en considération et charge son président d'en entretenir Boyer; il promet de donner suite à ce projet. — Complot formé pour assassiner Boyer à la fête de l'agriculture; le 2 mai, le général Inginac est assassiné. — Révolte dans la commune de Léogane; elle est étouffée. — Les assassins sont arrêtés et jugés; six d'entre eux subissent la peine de mort, et les autres sont condamnés à la réclusion. — La Chambre des communes envoie à Boyer une députation à cette occasion; cette députation se rencontre au palais avec une autre envoyée par le Sénat. — Discussion entre leurs membres: Boyer la fait cesser, les invite à se modérer et à garder le silence sur cet incident. — H. Dumesle en rend compte à la Chambre qui fait publier son rapport. — Irritation de Boyer à ce sujet. — Projet d'expulsion de quelques représentans, déjoué par Boyer. — La Chambre s'ajourne pendant huit jours. — La députation du Sénat lui rend compte de la discussion survenue au palais; le Sénat fait publier son rapport. — Le général Inginac tente vainement de rétablir l'harmonie entre le Sénat et la Chambre. — Lettres anonymes adressées au consul français et à la Chambre contre Boyer. — Il soupçonne le sénateur Pierre André d'en être l'auteur, et le dénonce publiquement. — Le Sénat prononce son expulsion et informe Boyer et la Chambre de cet acte afin qu'il soit remplacé. — Boyer s'abstient de proposer des candidats, et arrête une poursuite judiciaire dirigée contre Pierre André; il lui paye ses appointemens de sénateur. — Proposition et discours de D. Saint-Preux à la Chambre, pour l'envoi d'une députation auprès de Boyer. — Le Président propose un projet de loi sur les douanes; la Chambre vote la loi comme si elle émanait de son initiative. — Le Sénat décrète la loi, en rétablissant le fait par la formule d'usage : la rupture est complète entre les deux corps. — Diverses circulaires adressées aux autorités, et arrêté du Président d'Haïti.

La session législative de cette année était destinée à faire naître plus de réflexions que la précédente, parce que, malheureusement, elle coexista avec des faits attentatoires à la sûreté publique, que l'Opposition parlementaire, probablement, ne prévoyait pas, ne pouvait pas prévoir; parce que, de plus, en proie à des idées absolues, préconçues, systématiques, elle poursuivait le but qu'elle voulait atteindre sans s'inquiéter de rien autre chose.

La majorité des représentans des communes était réunie au Port-au-Prince dans les premiers jours d'avril; elle forma le bureau de la Chambre sous la présidence de H. Dumesle qui la dirigeait, en élisant secrétaires, Valencia et Beaugé. La Chambre, constituée, envoya une députation en avertir le Président d'Haïti. Cinq jours après, il vint procéder à l'ouverture de la session, le 16 avril. Accueilli avec tous les égards dus à sa haute magistrature, il *improvisa* un discours selon la circonstance : ce qui était ordinairement, de la part de Boyer, un indice de peu de satisfaction. Néanmoins, transcrivons le résumé de ce discours, que fit la Chambre dans le *Bulletin des lois*, N° 1er.

« Le Président d'Haïti, prenant sa place, invita les députés à s'asseoir. Un instant après, il prend la parole, et, dans une allocution remarquable, il confirme à la Chambre le succès de la négociation, déjà annoncée par les journaux; il fait sentir que cette circonstance, affermissant la paix sur des bases inébranlables, dégage le jeu de l'administration publique *des entraves qui en ralentissaient l'action;* il dit qu'il espère que *désormais* tous les fonctionnaires publics, chacun en ce qui le concerne, concourront de zèle au bien du pays; il ajoute, qu'il était sans doute des *améliorations* à faire, mais qu'il fallait se garder de l'esprit d'*innovation* si funeste aux États; et il termine par faire sentir à la Chambre, que la patrie comptait sur son concours pour opérer le bien. »

Si ce ne fut pas exactement le sens des paroles prononcées par Boyer, le tort lui est seul imputable; car, consignées ainsi dans le procès-verbal de la séance et publiées, elles allaient légitimer les aspirations de l'Opposition aux yeux de la nation.

H. Dumesle répondit à ce discours : « La Chambre en » délibérera et votera une adresse en réponse à l'honorable » discours que vient de prononcer le chef du pouvoir exé- » cutif. » Puis il offrit à Boyer « au nom de la nation et de » ses représentans, l'*accolade patriotique* qui doit à jamais » sceller l'union constitutionnelle de la Chambre et du pre- » mier magistrat de la République. » Boyer ne pouvait re- fuser en cette circonstance ce qui était en usage depuis assez longtemps dans cette solennité [1]. Après sa sortie de la Chambre, une commission fut formée pour préparer l'a- dresse qu'elle chargea H. Dumesle de rédiger.

Dans la séance du 20, la Chambre reçut un message du Président d'Haïti, accompagnant une liste de trois candi- dats qu'il proposa pour qu'elle élût un sénateur en rempla- cement du sénateur Maillard, décédé. Elle passa en comité général où elle fit la remarque, que le Sénat ne lui avait point donné avis de cette vacance dans son sein, ainsi que le prescrivait l'art. 118 de la constitution. Cependant, elle procéda à cette élection, mais en prenant la résolution de s'en abstenir à l'avenir dans tous les cas semblables; le citoyen Michel (de Jacmel) fut élu sénateur [2].

La Chambre était fondée à faire cette observation ; car le Sénat n'avait nul motif pour ne pas remplir cette formalité à laquelle il était également tenu envers le Président d'Haïti, par le même article constitutionnel : s'il l'avait exécuté

---

[1] Nous avons déjà dit que ce singulier usage s'était introduit dans la Chambre, par imitation de ce qui se passe dans les loges maçonniques. On finit par ne plus la prati- quer, parce qu'il était réellement inconvenant.

[2] Les autres candidats étaient MM. Rouanez et Calice Bonneaux. La candidature de M. Michel fut peut-être de quelque influence sur la décision de la Chambre; il avait été au Môle en même temps que H. Dumesle, et ils étaient liés d'amitié.

envers ce dernier, pourquoi s'était-il abstenu de le faire à l'égard de la Chambre?

Après cette élection, elle reprit la séance publique où elle proclama le sénateur Michel. Aussitôt, H. Dumesle prononça le discours suivant, précurseur de l'adresse qu'il rédigeait pour être présentée à Boyer.

« Législateurs,—Cette seconde session commence sous les plus heureux auspices. Deux traités, conclus avec la France, terminent les questions qui mettaient tant de fluctuations dans nos rapports avec cette puissance. Le premier posant, sur les larges bases du droit naturel, le principe sur lequel repose notre indépendance, le salue à la face de l'univers; le second est le terme de nos incertitudes sur la question financière; et nous ne croyons pas trop avancer de dire que l'un et l'autre concourront, quoique diversement, à effacer les traces de la malheureuse influence que l'ordonnance du 17 avril 1825 exerça sur le pays.

« Le premier magistrat de la République, en venant renouveler son alliance avec la nation et présider à l'ouverture de la Chambre, vous a confirmé ce que déjà les papiers publics vous avaient annoncé. Cet événement, qui était dans les prévisions de ces esprits généreux consacrés aux destinées du siècle, ouvrira toutes les voies de prospérités au travail et à l'industrie; il facilitera le jeu de la machine politique, *s'il est habilement saisi*. Toutefois, il met dans les mains du gouvernement les moyens de donner du développement à ses vues utiles et de s'occuper d'une manière efficace de ces *améliorations* qui sont devenues le plus impérieux besoin d'un pays qui périssait de langueur.

« Lorsque le génie de la civilisation agite le monde de son souffle créateur, et qu'il imprime à tous un mouvement irrésistible de *progrès*, le peuple qui demeure stationnaire, rétrograde, par cela seul qu'il est débordé de toutes parts par ceux qui marchent d'un pas ferme vers ce but sublime des sociétés humaines 1.

« Ainsi, vous avez soupiré après l'instant où l'*éducation* prendrait parmi nous cet essor qui pût faire reposer vos regards sur l'avenir avec la douce émotion de l'espérance. Vos pensées se sont arrêtées sur ses bienfaits, et vous vous êtes dit : Si l'éducation a été l'objet des soins les plus constans des gouvernemens anciens et modernes, qui ont cherché les vraies sources de la félicité publique, c'est qu'elle est à la fois créatrice et conservatrice, qu'elle place les institutions dans les mœurs, exerce son influence divine sur l'esprit et le caractère des nations, échauffe leur patriotisme, transmet à chaque génération les trésors d'expériences amassées par celles qui l'ont précédée, agrandit la sphère de leurs idées, fertilise l'immense domaine de l'industrie, et concourt par toutes les voies à la splendeur d'un pays.

« En suivant la statistique des anciens et des nouveaux États, et en portant une attention particulière sur ceux qui se sont formés sous nos yeux, ou ont commencé l'œuvre de leur civilisation depuis notre existence civile et politique, vous avez dû vous étonner de la *lenteur* de nos progrès ! Mais cette halte ne serait-elle pas l'effet des impressions du passé et de l'attachement aux idées qui ne sont pas en harmonie avec l'esprit du siècle? L'avancement des États, comme le bonheur des citoyens, est le secret de la science sociale; cette science embrasse leur bien-être matériel comme leur bien-être moral; c'est par elle que les magis-

---

1 Jusqu'à cette session, la Chambre avait adopté la même devise que le Sénat au *Bulletin des lois* : « Le salut du peuple est la loi suprême. » H. Dumesie lui proposa et elle adopta celle-ci : « *Liberté, Ordre public, Civilisation, Progrès,* comme plus analogue à l'esprit du siècle et au besoin des améliorations exprimé par la Chambre. »

trats et les chefs des peuples, donnant une action vivace aux institutions, mettent en honneur la probité, la justice, le dévouement à la patrie, et toutes les vertus qui ennoblissent l'être intelligent. Par elle, l'armée, proportionnée aux besoins de la paix, les tribunaux, les finances, la marine, la police intérieure et des côtes, en un mot, toutes les parties de l'administration publique reçoivent une utile et salutaire direction. C'est surtout par elle que l'agriculture, le commerce, les arts et l'industrie, favorisés, grandissent à l'ombre protectrice des lois et sous l'appui de la puissance publique : les encouragemens qu'elle distribue avec sagesse, enfantent tous les prodiges dont l'imagination de l'homme est susceptible.

« Ainsi, vous avez compris qu'Haïti, riche de tous les dons de la nature et possédant dans son sein des élémens précieux de civilisation; qu'Haïti, placée sous un ciel qui féconde le génie, débarrassée des entraves qui arrêtent encore sa marche, n'attend que le mouvement d'impulsion pour atteindre le but auquel elle aspire.

» Sans doute, elle recevra cette *impulsion* du chef auquel ses destinées sont confiées ; nous en avons pour garant ce désir du bien public dont nous retrouvons et le gage et l'expression dans ses éloquentes proclamations, où il parle au cœur d'une nation généreuse, pleine d'amour et de vénération pour ses premiers magistrats, lorsqu'ils fixent et ses affections et ses espérances.

» Sans doute, de grands objets d'ordre et d'intérêts publics *vont être offerts* à votre méditation durant cette session. L'hommage que vous rendez aux principes conservateurs, l'aptitude et le dévouement que vous porterez dans le soin de saisir, de consacrer tout ce qui sera bon et utile, ne pourront jamais être égalés que par l'ardeur des vœux d'un peuple anxieux de son avenir. Mais, législateurs, qu'il soit permis à celui qui s'honore de votre choix, à celui à qui vous avez fait la faveur insigne d'appeler une nouvelle fois à présider vos délibérations, de vous entretenir encore de tout ce que votre mission a d'important pour vous-mêmes.

» Souvenez-vous que vous n'êtes pas seulement les *mandataires* du peuple, que vous n'êtes pas seulement ses *députés*, mais bien ses *représentans*; que ce titre, vous revêtant d'une plus grande portion de confiance, vous impose des obligations beaucoup plus sacrées que celles attachées à ces premières dénominations; qu'il place, en un mot, votre responsabilité dans vos consciences.

» En vous déléguant le *droit* d'employer la puissance de la parole pour exprimer ses sentimens, ses vœux et ses besoins, pour faire entendre la voix impérieuse de ses nécessités, la nation a voulu que vous fussiez les apôtres de la vérité; que vos accens fussent aussi purs qu'elle est simple et majestueuse; que vous ne fussiez jamais enflammés que de la noble et sublime passion du bien public, ni entraînés que par le saint enthousiasme du patriotisme. Si la modération s'unit toujours dans vos âmes au sentiment éclairé du *devoir*, vous ne profanerez jamais l'énergie jusqu'à la confondre avec l'emportement.

» La modération donne de la dignité à l'énergie, elle fait briller aux yeux du législateur la lumière constitutionnelle, ce guide qui doit sans cesse diriger cette puissance de conviction dont l'empire souverain annonce la destination de l'homme dans l'univers !!! »

Cette allocution fut accueillie avec satisfaction par la Chambre, qui en arrêta l'insertion au *Bulletin des lois*. Elle ne prouve pas seulement l'habileté de l'*avocat*, mais encore celle du *tribun*, du *chef* de l'Opposition, qui, au moment de présenter à cette assemblée l'adresse qu'il veut faire voter par elle, la prépare à cet acte qui va devenir le programme définitif de tout ce que la Chambre des communes prétend obtenir du pouvoir exécutif, dans l'intérêt de la nation. On ne peut disconvenir que H. Dumesle possédait, pour le rôle qu'il jouait, le tact des convenances dont il fallait user envers Boyer, en le sommant, pour ainsi dire, de sortir de cette attitude qu'il avait prise à l'égard de la Chambre, pour se refuser d'exercer l'initiative constitutionnelle qui était dans ses attributions.

Le 25 avril, la Chambre reçut un nouveau message du Président d'Haïti, avec une liste de trois candidats pour un sénateur à élire en remplacement du sénateur Oriol, décédé. Cette fois, elle ajourna l'élection jusqu'à ce que le Sénat se fût conformé à l'art. 118 de la constitution, et elle en avisa le Président d'Haïti : c'était lui dire de porter le Sénat à être plus scrupuleux observateur du pacte social[1].

Enfin, dans la séance du 27, la Chambre prit connaissance du projet d'adresse au chef du pouvoir exécutif, qu'elle approuva unanimement. Voici ce fameux acte longuement médité :

« Président,

» La Chambre, pleine encore de l'impression que votre discours d'ouverture a faite sur elle, vient vous porter l'expression des vœux et des sentimens d'une nation magnanime qui vous a confié le soin de son salut, et qui, fière des glorieux souvenirs que réveille en elle le traité qui recon-

---

[1] Le 30 avril, en effet, le Sénat adressa un message à la Chambre, qui en prit lecture le 2 mai et procéda immédiatement à l'élection du citoyen Décossard (de Jérémie). Les deux autres candidats étaient encore MM. Rouanez et Calice Bonneaux.

naît le principe de son indépendance, vous félicite de l'heureuse issue d'une négociation dont l'objet excita si longtemps les incertitudes et les anxiétés du pays.

» Un autre traité, dont le texte, comme celui du premier, lui a été transmis par les papiers publics, et dont vos paroles lui ont confirmé l'existence, termine la question de l'indemnité et révèle au monde notre morale politique.

» En arrêtant nos regards sur le premier, nous y reconnaissons le triomphe des idées libérales et le résultat du mouvement d'entraînement du siècle. C'est le fruit de votre constante sollicitude et de ce sublime dévouement qui fait préférer l'honneur de la patrie à tout autre intérêt. Mais, si l'on examine la conjoncture dans laquelle il s'est offert, on lui trouvera l'aspect d'un de ces événemens inattendus, d'une de ces faveurs que le sort se plaît à vous prodiguer comme pour marquer votre destination. Cette circonstance met en votre possession les moyens d'asseoir *l'avenir* du peuple haïtien sur les bases d'une régénération nouvelle ; elle agrandit votre puissance du bien, en immortalisant les trophées de la liberté !

» Ainsi donc, elle dégage de la contrainte, l'action de cette faculté ordonnatrice dont l'emploi judicieux vivifie les Etats et les conduit au bonheur.

» Ainsi, elle trace autour de vous un cercle de gloire que vous remplirez, nous n'en doutons pas, d'utiles et fécondes *institutions*, qui ranimeront l'espérance d'un peuple qui vénère son premier magistrat, mais dont les pensées s'élancent dans l'avenir, en fixant le présent avec l'inquiétude de ce désir du bien, qui cherche la réalité dans les dispositions généreuses du gouvernement.

» La Chambre n'ignore pas qu'à côté de l'avantage

d'*améliorer* est le danger d'*innover*; mais elle sait aussi que, lorsque les *réformes* sont l'œuvre de la sagesse, lorsqu'elles sont réclamées par un impérieux besoin, lorsqu'une intelligence de progrès préside à leur introduction, qu'elles sont analogues aux principes conservateurs et dans l'esprit des institutions, qu'elles servent à leur donner des développemens vivaces, le danger cesse, et il ne reste que le bien et l'utile.

» En applaudissant aux succès de vos efforts, la Chambre ne se le dissimule pas : le traité financier, à part les obligations actuelles, est un mandat tiré sur la postérité; et si nous léguons à la génération future l'honneur d'en acquitter les derniers termes, transmettons-lui du moins le présent avec toutes les garanties qu'exige l'avenir. Comblons nos cavités sociales qui sont, dans les prévisions des esprits éclairés, des abîmes où vont s'engloutir les espérances des peuples, si la prévoyance n'en fixe les destinées. Non, ce n'est pas *innover* que de consacrer des *principes* pour empêcher que l'ordre ne soit abandonné au hasard des variations politiques ; au contraire, c'est accomplir un devoir sacré, c'est affermir la société [1].

» La plus grande célébrité dont les annales du monde offrent le témoignage, le génie qui pensait avoir dérobé le feu du ciel pour en doter sa patrie, a dit : « La vie d'un
» homme est trop courte pour faire le bonheur d'une
» nation; les institutions seules peuvent conquérir l'a-
» venir. »

» Cette pensée était aussi dans le cœur de votre illustre prédécesseur; il en était profondément ému, lorsqu'au milieu des plus violentes convulsions civiles, il osa déposer

---

[1] Ce paragraphe et le précédent répondaient au discours de Boyer, sur le danger de « l'esprit d'innovation si funeste aux Etats. »

la dictature confiée à son patriotisme jusqu'à la paix intérieure, pour appeler les pairs de la nation à convoquer une assemblée de révision. C'est à cette époque de crise et d'agitation que naquit la constitution de 1816, qui, malgré ses imperfections, eut la vertu de moraliser et de tranquilliser la République durant plus de vingt années.

» Cet exemple, Président, est digne d'être imité.

» Le choc qui existe entre les principes fondamentaux et les dispositions réglementaires de la constitution sont une antinomie qui doit *disparaître* du code des droits et des devoirs. L'expérience proclame cette vérité : les dispositions réglementaires d'une constitution arrêtent le jeu libre des ressorts du gouvernement, dont les principes fondamentaux sont le mobile; elles amoindrissent la somme de bien qui doit découler de son action. La nation vous *supplie* donc d'assurer son avenir ; vous en avez la puissance et le génie : aujourd'hui que la paix est imperturbable, *il n'est plus temps d'ajourner*. Exprimez un vœu, et bientôt des mains régénératrices reconstruiront l'édifice social. Ravivez nos institutions qui sont déjà menacées de vétusté, parce qu'aux yeux du pays, elles sont *insuffisantes* pour les besoins de la société [1].

» La situation présente offre le spectacle de la *lutte des vieilles théories* contre la *nécessité des améliorations* : rendez impossible la réaction contre les idées, et vous empêcherez le retour du passé.

» Les peuples sont ce que les gouvernemens les font ; ils

---

[1] On reconnait que H. Dumesle s'était pénétré de l'observation faite, avec justesse, par Machiavel, sur la nécessité où se trouvent les religions et les républiques, pour durer longtemps, d'être ramenées souvent à leur principe. — Voyez le chapitre 1er de la 3e partie des Discours sur la première Décade de Tite-Live.

se soumettent avec plaisir au joug salutaire de la félicité publique, et ce joug ennoblit leurs affections, fait éclore les vertus privées et patriotiques, là où elles reçoivent les encouragemens du gouvernement et où les lois les honorent.

» Les lumières peuvent seules faire avancer un Etat, leur foyer est l'*éducation;* si elle reçoit parmi nous des soins propres à lui imprimer une physionomie nationale, elle s'associera aux institutions et concourra avec elle à former les mœurs, l'esprit et le caractère de la nation. Toutefois, leur alliance donne de l'extension aux pensées, agrandit la sphère de la civilisation et fait du bonheur des peuples une science de tradition.

» Que *l'agriculture, le commerce* et *l'industrie,* ces législateurs du 19° siècle, deviennent les véhicules de notre prospérité future, et l'avenir est saisi !

» Alors le système social sera pondéré, les vices qui rongent le corps politique cesseront d'exister, et ces rapports annuels qui annoncent une administration florissante là où il n'existe qu'abandon et dépérissement, n'en imposeront plus à personne [1]. Alors, l'opinion, cette reine du monde, recouvrant sa noble indépendance, dispensera l'éloge et le blâme, sans craindre qu'on l'accuse d'être l'écho de la malveillance.

» *L'armée* que nécessitent les besoins de la paix, dépositaire de la gloire nationale, gardienne de nos sécurités, sanctifiera ces armes conquérantes de l'indépendance, en les dévouant à la défense des libertés publiques.

---

[1] A cette époque, Boyer obligeait les commandans d'arrondissement à lui faire un rapport, à la fin de chaque année, sur l'état des cultures, du commerce, sur la police, etc., et il faisait publier tous ces rapports. Au dire de presque tous ces officiers supérieurs, tout prospérait; mais l'Opposition pensait le contraire.

» Notre *législation* est vide de plusieurs dispositions dont l'absence se fait éminemment sentir. Elle invoque :

» Une loi sur la *police* intérieure et des côtes, et un nouveau mode d'organisation des *tribunaux*, qui classe la justice distributive en tribunaux de première instance et d'appel, en laissant toutefois aux deux extrémités de cet ordre de choses, les tribunaux de paix et de cassation; en un mot, une loi sur l'organisation de l'administration générale ; — une loi sur la régie et l'administration des *douanes* ; — des modifications sur la loi relative à la formation de la *garde nationale* ; — une loi qui rende la *responsabilité* des grands fonctionnaires *réelle*, et soumette à son empire les commandans d'arrondissement ; — une loi qui donne un centre d'activité à l'administration de l'*agriculture*, et qui établisse un grand fonctionnaire responsable ; — une loi qui favorise les *inventeurs* des arts utiles, et leurs *introducteurs* dans le pays ; — une loi qui fixe le taux du *loyer* de l'argent et frappe l'usure ; — une loi qui fixe le sort des *vétérans* de la gloire nationale et donne plus de *virilité* à l'administration ; — une loi qui destine exclusivement les *condamnés* pour crime aux travaux des routes et voies publiques ; une loi qui favorise la propagation des *bêtes à cornes*, désigne les lieux où elles peuvent être gardées sans nuire au progrès de l'agriculture, et indique aussi en quels lieux elles doivent être abattues ; — une loi avantageuse à l'*exportation* des bêtes-à-cornes de la partie de l'Est ; — la restriction du pouvoir des *juges de paix* de juger sans appel ; — une loi sur l'administration des *épaves* ; — une autre qui établisse la réunion des amendes à la caisse de l'enregistrement ; — le *budget* des dépenses publiques, pour donner à la Chambre la mesure des impôts qu'elle est appelée à voter chaque année.

« Ces lois, ces dispositions, ainsi que la *révision* du pacte social, sont les plus pressantes nécessités du pays. Il en est d'*autres*, sans doute, non moins nécessaires, mais celles-ci doivent les précéder et leur servir, pour ainsi dire, d'introduction.

» Si nous examinions à présent l'instabilité de certaines lois, nous nous étonnerions de les voir s'arrêter tout à coup comme frappées d'inertie, après avoir pris un essor rapide. Dans ce nombre, on distingue le *code rural*. Il est tombé, et sa chute a écrasé l'agriculture ; mais, il faut le dire, il a subi le sort de toutes les institutions qui ne sont pas dans l'esprit d'un siècle de perfectionnement ; sa chute ne saurait être le résultat des attaques partielles auxquelles il a été en butte. Privé de la sanction de l'opinion, l'intérêt même n'a pu le garantir d'une désuétude hâtive; mais nous croyons pouvoir avancer, sans craindre d'être contredit, que ce code, modifié et approprié aux besoins de l'époque présente, produira les plus heureux effets.

» L'humanité sollicite, à grands cris, la mise en exécution de la loi sur les *hospices* : votre cœur entendra sa voix !

» Voilà, Président, l'expression fidèle de la pensée nationale. Nous vous la rapportons avec cette confiance qu'inspire le sentiment du devoir ; car il est dans la nature du gouvernement représentatif de révéler, de consacrer toutes les vérités utiles, d'en faire le domaine public du pays.

» Puisse cette franchise être appréciée! puisse-t-elle vous porter à *rendre* à la Chambre *ce pouvoir d'opinion* sans lequel une représentation nationale n'est qu'une fiction !

» La gloire du civilisateur vous est offerte; accomplissez votre auguste mission parmi nous. Réveillez dans tous les cœurs la grande passion du bien public, et faites que, lorsque la loi commune vous aura ravi aux affections de ce peuple intéressant, vous viviez encore dans ses souvenirs. Que votre génie règne toujours dans ses conseils, et vous exercerez une nouvelle influence sur ses destinées!! »

Cette adresse fut portée à Boyer, le 28 avril, par une députation de neuf représentans y compris le président et les secrétaires de la Chambre. Deux jours après, elle rendit compte de sa mission en ces termes :

» Le Président d'Haïti a fait l'accueil le plus honorable à votre députation. Il s'est entretenu avec elle sur l'objet de l'adresse, et lui a dit enfin que cette adresse étant l'œuvre de la réflexion, il avait besoin du temps moralement nécessaire pour y répondre. »

Dans la séance du 27, la Chambre avait reçu du Président d'Haïti et du secrétaire d'État, deux dépêches lui transmettant les comptes généraux de la République pendant l'année 1837. D. Saint-Preux proposa d'ajourner tout examen de ces comptes, jusqu'à ce que le secrétaire d'Etat eût fourni un tableau explicatif des recettes et des dépenses, ce que d'ailleurs ce grand fonctionnaire promettait de faire incessamment, pour se soumettre aux désirs exprimés en 1837 par la Chambre. Et dans la séance du 30, celle-ci prit connaissance d'une pétition qui lui fut adressée de Paris, à la date du 15 avril 1837, par MM. *Saint-Rémy*, *Durin Mège* et *Linstant fils*, trois jeunes Haïtiens qui y suivaient un cours de droit. Cette pétition avait pour objet, d'ériger une statue pédestre à Pétion, sur la place où sont déposés ses restes et qui porte son nom ; elle indiquait les dimensions que pourrait avoir cette statue, le prix qu'elle coûterait, étant exécutée par un habile sculpteur français, le costume sous lequel Pétion pourrait être représenté (celui de général ou de sénateur), et la somme à payer devrait être le produit d'une souscription nationale, afin que tous les citoyens pussent y concourir et honorer davantage la mémoire du *Père de la Patrie*, fondateur de ses institutions civiles et politiques. Cette pétition, d'ailleurs bien rédigée, basait la proposition sur les sentimens les plus patriotiques et les considérations les plus morales.

Dans les circonstances où se trouvait la Chambre des communes à l'égard de Boyer, la pétition était une sorte de bonne fortune pour elle; elle l'accueillit avec joie, et chargea son président H. Dumesle « d'en faire la commu-
» nication particulière au premier magistrat de la Répu-
» blique, en lui offrant son concours pour accomplir ce
» projet éminemment patriotique, et dont l'exécution ho-
» norera la nation. » Depuis vingt ans, une loi l'avait ainsi ordonné; mais il était dit qu'elle serait une lettre morte, Boyer reculant toujours devant les dépenses qu'exigeait une telle œuvre. Cependant, dans la séance du 2 mai, H. Dumesle dit à la Chambre:

« Représentans, nos conférences avec le chef du pouvoir exécutif offrent toujours cet échange de procédés affectueux, qui est le gage de l'union constitutionnelle à laquelle vous avez consacré une offrande qui ne peut être méconnue. Il a témoigné le plus vif désir de voir la consécration monumentale de la plus grande célébrité de notre histoire; il rappelle que dès 1818, la Chambre des représentans des communes a voté l'érection d'un monument à la gloire du grand Pétion, et que, si les circonstances l'avaient forcé d'ajourner jusqu'ici l'exécution de ce projet, il espérait que rien ne pourrait désormais arrêter l'effet de cette disposition législative. »

Cette réponse de Boyer, comme on le voit, était une vraie

fin de non-recevoir opposée à la pétition ci-dessus. Au reste, il avait reçu des signataires une lettre dans le même but, et une autre lettre fut aussi écrite au Sénat à cet effet. Le Sénat considéra qu'une loi étant déjà rendue, c'était au Président à la faire exécuter; mais il ne lui communiqua pas sa pensée [1].

Le lecteur pressent bien, sans doute, que Boyer ne fit aucune réponse à l'adresse de la Chambre des communes, non pas seulement parce qu'il la considéra « comme l'ex-pression des vues d'une Opposition tracassière, le rêve des idéologues, des ambitieux de cette assemblée, qui l'entraînaient dans une voie pleine de périls pour la tranquillité publique [2]; » mais parce que le vote de cet acte coïncida avec un événement inattendu dont nous parlerons bientôt, et qui justifia jusqu'à certain point le silence qu'il garda envers la Chambre [3]. Néanmoins, essayons d'examiner cette adresse et les vues qu'elle présenta dans le but que poursuivait l'Opposition, incarnée pour ainsi dire en H. Dumesle.

Reconnaissons d'abord, que s'il fut un instant qui parût propice à une sorte de rajeunissement des institutions publiques, pour les mettre en rapport avec les idées nouvelles qui surgissaient de l'instruction répandue dans une grande portion de la société, c'était certainement celui où les traités conclus récemment avec la France avaient définitivement consacré l'indépendance et la souveraineté d'Haïti,

---

[1] Par une lettre du 22 mai 1837, que j'ai sous les yeux, M. Linstant m'envoya les trois documens en me chargeant de les remettre à leur adresse; ce que je fis. La Chambre et le Sénat étaient alors en ajournement, et n'en prirent connaissance qu'en 1838.

[2] Expressions de Boyer, en parlant des opposans.

[3] A vrai dire, l'adresse n'étant que la réponse au discours du Président à l'ouverture de la Chambre, il n'avait pas à y répondre.

en diminuant sa dette envers cette puissance d'une somme considérable. Désormais, il n'y avait plus à redouter de sa part une arrière-pensée, des prétentions sur le territoire de la République, et c'était à l'administration du pays à pourvoir à l'exécution des engagemens contractés, afin de ne lui donner aucun prétexte de récrimination ou de plainte. Aussi, ne doit-on pas s'étonner que le chef de l'Opposition saisit cet instant pour exposer toutes les vues de celle-ci. Il le fit avec un grand tact, une habileté remarquable, en observant envers Boyer toutes les convenances compatibles avec le régime parlementaire, et, il faut le dire, avec le caractère personnel du Président qui était sensible aux louanges ; il lui en prodigua pour mieux le disposer à accueillir les idées consignées dans l'adresse, ou pour le mettre en tort aux yeux de la nation, dans le cas où Boyer les repousserait.

Parmi ces idées, la plus importante, sans contredit, est celle qui était relative à la révision de la constitution, dont le Sénat seul devait avoir la proposition aux termes de cet acte, mais que la Chambre osa faire à la suggestion de H. Dumesle, pour se rendre plus populaire. Toutes les autres, toute cette énumération de lois réclamées comme des améliorations à introduire dans la législation du pays, étaient subordonnées à celle-là. Le but à atteindre, c'était la diminution du pouvoir accordé en 1816 au Président d'Haïti, surtout par cette initiative des lois qui était attribuée à lui seul, dont Boyer ne voulait pas faire usage au gré de l'Opposition. Dans la pensée de celle-ci, une assemblée de révision l'eût accordée aussi à la Chambre des représentans et au Sénat, et Dieu sait quelle modification fût sortie encore du nouveau pacte social, dans les autres attributions du pouvoir exécutif, dans la durée de cette magistrature, une fois que cette assemblée eût commencé son œuvre de rénovation! Car, à cette époque, l'Opposition avait excité une foule d'esprits à une défiance irraisonnable à l'égard du chef du pouvoir exécutif, par rapport à Boyer personnellement. Autant on avait eu confiance en Pétion, ou plutôt, autant il avait pu faire agréer ses vues pour nos institutions politiques, autant Boyer eût été impuissant à les maintenir dans la nouvelle constitution, parce qu'il n'inspirait pas la même confiance et qu'il n'exerçait pas la même influence que son prédécesseur.

La constitution de 1816 renfermait, il est vrai, bien des imperfections, et nous avons signalé ce que, selon nos appréciations personnelles, nous y avons considéré comme telles. Mais nous avons dit aussi que : « si les hommes
» appelés à fonctionner dans les hautes positions *législa-*
» *tives* et *exécutives* se pénétraient bien de *l'état réel* du
» pays, rien n'eût pu empêcher cet acte de lui procurer
» tous les avantages désirables ; » et pour cela « qu'il au-
» rait fallu que *tous les conservateurs*, que tous les pou-
» voirs politiques sussent se garder de toute *présomption*
» et de toutes *préventions* les uns envers les autres, etc. »
La chose était difficile, nous le savons, mais non pas impossible : car nous remarquons dans l'adresse de la Chambre cet aveu : « que, malgré ses imperfections, la constitution
» de 1816 eut la vertu de moraliser et de tranquilliser la
» République durant plus de vingt années. » Était-ce donc peu de chose qu'un tel résultat, et la constitution, telle quelle, ne pouvait-elle pas produire encore ces mêmes avantages ? De ce qu'il s'y trouvait des dispositions réglementaires qui auraient pu ne pas y figurer, s'ensuivait-il, comme le prétendait l'adresse, que ces dispositions « arrê-
» taient le jeu libre des ressorts du gouvernement dont

» les principes fondamentaux sont le mobile, et qu'elles
» amoindrissaient la somme de bien qui doit découler de
» son action? »

Mais, toute la pensée de cet acte était renfermée dans l'invitation qu'il faisait à Boyer d'imiter Pétion, en « déposant la *dictature,* pour rendre à la Chambre son *pouvoir d'opinion* sans lequel une représentation nationale n'est qu'une fiction. » Cette dictature ne pouvait être que la concentration des attributions ministérielles dans les mains de Boyer, surtout l'*initiative* des lois que le Président d'Haïti exerçait seul ; car si la Chambre la partageait, on aurait vu pulluler les projets que chacun de ses membres eût pu produire, et alors elle aurait eu son « pouvoir d'opinion. » Il nous semble qu'on doit reconnaître en quoi consistait ce pouvoir si désiré : c'était, à l'imitation de la chambre des députés, en France, ou de celle des communes en Angleterre, la faculté de discourir à son aise, de discuter contre les orateurs du gouvernement,— les secrétaires d'État ou ministres,— pour obtenir des votes de l'assemblée qui auraient tellement contrarié les vues du gouvernement, qu'il eût été obligé, comme dans ces pays-là, de nommer de nouveaux ministres parmi les chefs de la majorité, en renvoyant les autres ; c'était enfin le *régime parlementaire* qu'on voulait avoir dans toute sa vérité.

Eh bien ! dans cette hypothèse même, la révision de la constitution n'était pas d'une nécessité indispensable. Elle avait prévu, art. 225, que « sur la proposition du Président
» d'Haïti, la Chambre des communes pourrait créer d'au-
» tres offices de secrétaire d'État, si les besoins du service
» l'exigeaient. » Déjà, nous avons émis notre opinion à cet égard, en disant que : dès la réunion de tout le territoire

d'Haïti sous le gouvernement de la République, une telle création aurait dû avoir lieu, afin que le Président ne concentrât pas dans ses mains, toutes les attributions que lui donnait la loi de 1819 sur les grands fonctionnaires, et nous y avons ajouté les raisons politiques qui militaient en faveur de cette création [1]. En 1838, c'était possible encore, c'était même plus convenable qu'en 1822 ; car Boyer avait atteint sa 62° année, et il n'avait plus la même activité d'esprit et de corps que lorsqu'il prit les rênes du gouvernement et quelque temps après ; l'exercice du pouvoir depuis vingt ans, joint à des événemens et des circonstances si multipliés, l'avait fatigué. C'est alors surtout qu'il aurait dû appeler autour de lui, d'autres ministres moins âgés que lui et que ceux qui le secondaient, pour l'aider à administrer, à gouverner le pays, à maintenir son influence d'une manière profitable à la nation.

Mais, à ce sujet, nous devons franchement avouer que, si nous trouvons que H. Dumesle fit preuve de beaucoup de *présomption* dans l'énonciation de ses vues pour reconstituer, réorganiser l'État (abstraction faite de toute idée rétrospective sur sa conduite aux affaires, quand il y parvint en 1843), nous savons aussi que la regrettable *vanité* de Boyer était le plus sérieux obstacle à ce que nous venons de dire : de là sa persistance à laisser les choses dans l'état où elles étaient [2]. Personne n'aurait pu lui faire comprendre, n'aurait même osé lui dire : qu'il fallait un changement dans ses habitudes de gouverner, d'administrer, d'en-

---

[1] Voyez tome 8 de cet ouvrage, page 406.
[2] Plus d'une fois, en ma présence et en celle de bien d'autres personnes, faisant allusion au mot *progrès* dont se servaient les opposans pour exprimer leurs désirs, le Président a dit : « Je ne suis pas un homme de ce siècle, un homme de *progrès* comme certains faiseurs de discours ; » et il appuyait fortement sur l'accent grave de ce mot, toujours en riant de ses adversaires.

trer dans les plus petits détails des affaires publiques, — en partageant les attributions qu'il s'était fait donner par la loi de 1819, indépendamment de celles qui résultaient de la constitution, — en déléguant ces attributions ministérielles sur lesquelles il eût conservé néanmoins toute son influence puisqu'elles auraient été exercées sous ses yeux et de concert avec lui.

Si le Président était un homme à admettre cette idée, une loi aurait pu créer ces offices de secrétaire d'État, de manière à distribuer les différentes branches du service public en six départemens ministériels, pour y faire représenter, autant que possible, les six départemens territoriaux de la République par des citoyens pris dans leur sein : mesure politique convenable, selon nous, pour rattacher davantage les populations au gouvernement central, pour satisfaire leur amour-propre et annuler l'esprit de division entre elles, résultant des anciennes luttes intestines. Cette loi aurait pu organiser ces ministères en un *conseil* que présiderait le Président d'Haïti. Une telle organisation avait son germe, sa raison d'être, dans l'art. 147 de la constitution, disant : « En cas de vacance par mort, démission ou déchéance du Président, *le ou les* secrétaires d'État exer- » ceront *en conseil* l'autorité exécutive, jusqu'à l'élection » d'un nouveau Président. » Et puis, ces différens ministères auraient pu avoir, chacun, une organisation qui eût admis des chefs de division et autres employés qui se formeraient à la pratique des affaires publiques dans l'administration générale de l'État ; on eût créé ainsi une pépinière de sujets jeunes, propres à remplacer, selon leurs talens, les hommes de la vieille génération qui étaient au pouvoir et dont la mort décimait les rangs à chaque instant. C'était là un des moyens à employer pour « assurer l'ave nir, le saisir, » selon l'expression de l'adresse de la Chambre [1].

Elle réclamait en faveur « des lumières, de l'instruction publique, d'une éducation nationale, » et vraiment, il y avait *beaucoup* à faire sous ce rapport. Jusqu'alors, le Port-au-Prince seul avait un lycée, et les autres principales villes de simples écoles primaires. N'était-il pas temps de créer d'autres lycées dans chaque chef-lieu de département, des écoles secondaires dans chacune des autres villes principales et des écoles primaires dans chaque bourg, d'instituer une chaire de *droit*, au moins, dans les vues de former des magistrats éclairés, etc. Cette diffusion des lumières, cet enseignement des premières connaissances si utiles à l'homme, devenait un devoir spécial pour le gouvernement du pays ; il est inutile d'insister à ce sujet, de faire remarquer tous les avantages qu'il devait en retirer. Mais Boyer, dont l'esprit d'économie était toujours porté à *réduire* les dépenses publiques, ne se préoccupait guère de cette nécessité [2].

L'armée, seule, occasionnait une dépense annuelle de plus de 1,200,000 gourdes pour sa solde et son entretien ; les troupes n'étant pas casernées, faisant un simple service de postes, et étant composées de petits propriétaires, de cultivateurs dans les campagnes, ou d'ouvriers et d'industriels dans les villes et bourgs, n'était-il pas possible de trouver un moyen d'opérer une notable réduction sur leur solde,

---

[1] C'est, sans contredit, le meilleur résultat obtenu de la révolution de 1843.

[2] Je présidais la commission d'instruction publique, quand j'allai remplir ma mission en France. D'après l'ordre de Boyer, j'achetai à Paris des livres, des cartes géographiques, etc. pour le lycée et l'école de marine récemment établie au Port-au-Prince, et deux pièces d'anatomie plastique pour l'école de médecine. A mon retour, causant avec le Président d'enseignement public pour avoir visité plusieurs établissemens, je lui dis qu'il me semblait utile, alors, de fonder des lycées dans les chefs-lieux de département. Il me répondit qu'il n'était pas possible de faire de telles dépenses, à raison de la dette nationale.

sans en diminuer le nombre, afin d'appliquer le chiffre de cette réduction à l'enseignement public [1] ?

Quant à cette série de lois réclamées dans l'adresse, il y en avait déjà sur les différentes matières indiquées ; mais évidemment, c'était là une tactique du chef de l'Opposition pour faire paraître Boyer, aux yeux du peuple, comme *négligeant* toutes les parties du service public. H. Dumesle proposait une nouvelle organisation des tribunaux civils, en tribunaux de première instance et d'appel, et cela ne doit pas étonner de la part d'un *avocat;* mais nous avons dit quelle était l'opinion raisonnée d'un magistrat français à cet égard, approuvant la simple organisation de nos tribunaux civils, et l'opinion de ce jurisconsulte vaut bien au moins celle de ce représentant [2].

Que dire ensuite des deux lois demandées « pour favo-
» riser la propagation des *bêtes-à-cornes*, et l'exportation de
» celles de la *partie de l'Est,* en indiquant aussi en quels
» lieux devraient être *abattues* celles destinées à la con-
» sommation intérieure ? » L'esprit insinuant du chef de l'Opposition se décelait dans cette demande ; il voulait y

---

[1] En octobre 1837, lorsque les plénipotentiaires français étaient annoncés, je m'entendis avec mon frère, C. Ardouin, pour présenter au Président quelques idées sur les finances du pays, en vue des engagemens définitifs qu'on allait contracter envers la France ; mon frère rédigea ce projet. Il consistait surtout à réduire les dépenses relatives à l'armée, à ne solder régulièrement, chaque mois, à ne donner des rations en argent, chaque semaine, qu'aux militaires faisant le service des postes (environ 5,000 hommes dans toute la République), à payer néanmoins les officiers non employés dans les postes, de la moitié de leur solde. Quelques jours après avoir remis ce projet à Boyer, il nous dit qu'il l'avait examiné avec attention, et que c'était le plan qui entrait le plus dans ses idées, parmi tant d'autres qui lui furent soumis ; mais il ne le mit à exécution, en partie, que dans la session de 1841, où une loi fut rendue pour mettre la moitié de l'armée en congé, etc.

A ceux de mes concitoyens qui croiraient que je me vante incessamment des vues ou des conseils que je soumis à Boyer, j'offre de leur exhiber ce projet dont j'ai gardé copie. On ne doit pas oublier, d'ailleurs, que j'ai besoin de me défendre contre toutes les imputations dont je fus l'objet de la part de l'Opposition, pour avoir soutenu le gouvernement, par des considérations politiques qu'il est inutile de dire ici.

[2] Voyez tome 8 de cet ouvrage, dans une note de la page 411, où j'ai rapporté l'opinion de M. Isambert sur notre organisation judiciaire.

gagner les représentans de l'Est qui formaient dans la Chambre une sorte de *tiers-parti*, et qui étaient toujours prêts àappuyer le gouvernement dont ils n'avaient point à se plaindre.

De toutes ces réflexions que nous venons d'émettre, nous concluons que le Président avait certainement bien des choses à faire, à cette époque, pour ranger l'opinion publique de son côté, pour ne pas la laisser égarer par l'Opposition de la Chambre ; et c'était facile, possible du moins, car après le vote de l'adresse du 27 avril, les conservateurs se rapprochèrent du pouvoir exécutif, à raison de l'événement que nous allons relater.

Le 1er mai, la fête de l'agriculture fut solennisée à la capitale. Le Président d'Haïti, le Sénat, la Chambre des communes, les magistrats et les fonctionnaires publics y assistèrent. Pendant que le cortège se rendait à l'église, Boyer avait à sa droite le président du Sénat, et à sa gauche H. Dumesle, président de la Chambre.

Durant la marche, quatre hommes armés suivaient le cortége dans l'intention de tuer Boyer : c'étaient les nommés *Raymond, Augustin Gabriel, Desfontaines* et *Cazimir Etienne*, dit *Manga*. Mais ne pouvant y pénétrer, ils ne réussirent point dans leur affreux dessein, et ils ne le tentèrent même pas ; l'un d'eux déclara ensuite qu'il avait voulu tirer, de loin, un coup de pistolet sur Boyer, mais qu'il craignait d'atteindre H. Dumesle qui marchait à son côté. La cérémonie étant achevée, les quatre assassins se réunirent et se concertèrent sur ce qu'il y aurait à faire néanmoins pour parvenir à leur but. Comme le général Inginac était indisposé, qu'il ne s'était point trouvé à la fête, et qu'il se tenait en ce moment sur son habitation appelée

Monrepos, à une lieue de la ville, les assassins convinrent entre eux qu'il fallait y aller le tuer, présumant que Boyer se trouverait à ses funérailles et qu'alors ils pourraient effectuer leur projet contre lui. Ils convinrent en outre, qu'*Etienne Manga* se rendrait de suite sur sa propriété située dans les montagnes de Léogane, à la section du Beauséjour, pour soulever les cultivateurs de ce lieu ; qu'*Augustin Gabriel*, après la mort de Boyer, irait avec d'autres conjurés (ils étaient assez nombreux) s'emparer des sommes monnayées que le gouvernement avait fait déposer dans un magasin de la ville Pétion. *Raymond* et *Desfontaines* se chargèrent d'assassiner le général Inginac.

Les antécédens connus de ces quatre conspirateurs sont : que *Raymond* était un ancien sergent-major au 8e régiment ; *Etienne Manga*, ancien sergent, et *Desfontaines*, ancien soldat de la garde du Président ; et *Augustin Gabriel*, de la classe civile. Par suite de révélations faites, d'autres complices furent impliqués dans cette conspiration : c'étaient *Cadet Corvel, Augustin Mercier, Michel Abraham, Romain* et *Chavanes*, anciens chefs de bataillon au 11e régiment, le capitaine *Bois*, de la gendarmerie, le capitaine *Hyppolite*, de la garde, et d'autres encore dont les noms nous échappent. Deux femmes y figuraient aussi : *Justine*, concubine de Raymond, *Sannite*, concubine d'Augustin, et leur jeune fils nommé *Numa*.

Raymond, Desfontaines, Cadet Corvel et Michel Abraham se rendirent, dans la soirée du 1er mai, chez Justine qui demeurait tout près de l'habitation *Monrepos*. Là, ils imaginèrent d'écrire une lettre qui serait attribuée au colonel Lamarre, du 21e régiment de Léogane, par laquelle ce colonel informerait le général Inginac, commandant de cet arrondissement, que des troubles civils se manifestaient à

Léogane. Cette lettre, écrite par Desfontaines, devait leur procurer l'accès de la maison d'Inginac, qu'ils réveilleraient dans la nuit sous prétexte de service public *très-pressé* et de la part du colonel Lamarre : ce qui porterait le général à ouvrir sa porte et ce qui faciliterait son assassinat.

En effet, le 2 mai, à 2 heures du matin, les quatre assassins se transportèrent à *Monrepos*. Raymond frappa à la porte en disant : qu'il était porteur d'une lettre du colonel Lamarre. Le général Inginac se leva et vint lui-même pour la recevoir. Raymond la lui remit. Pendant que Madame Inginac approchait une bougie allumée pour que son mari pût la lire, Raymond déchargea un pistolet à bout portant à la tête du général. La balle l'atteignit derrière l'oreille et sortit par la bouche ; il n'était heureusement que blessé gravement et fut renversé. Raymond et ses complices prirent la fuite, le croyant mort du coup. On peut juger de l'effroi, de la douleur que ressentit Madame Inginac en ce moment ; mais reprenant son courage dont elle donna tant de preuves, elle envoya appeler aussitôt le docteur Smith, son gendre, qui était en ville, pour panser la blessure ; et par les soins habiles du docteur, le général Inginac fut bientôt guéri. Elle fit aussi donner avis de ce crime au colonel Victor Poil, commandant la place, sans pouvoir désigner l'assassin. Cet officier se rendit immédiatement à *Monrepos*, accompagné d'une garde. Le Président y alla dans la matinée, ainsi qu'une foule d'amis du général Inginac, tous sympathisant à son sort ; le 5, il fut porté en ville [1].

Il n'y avait guère de conjectures à faire sur la cause du

---

[1] En juillet suivant, le Président promut Inginac au grade de général de division.

crime commis sur lui ; car la combinaison imaginée par les assassins indiquait assez que c'était un *crime politique*, et des indices vinrent fortifier cette pensée.

Un lieutenant des chasseurs à pied de la garde, nommé Aupont, demeurant au Carrefour-Trutier, à peu de distance de *Monrepos*, fit savoir aux autorités : que le 1er mai, vers 11 heures du matin, Etienne Manga, étant chez lui, avait dit : « que dans deux ou trois jours, on entendrait tirer des
» coups de fusil ; que la Chambre des communes allait
» changer toutes les lois, qu'elle ferait donner 5 gourdes
» aux soldats pour leur solde, etc. » Dans la soirée du 2, un nommé Candiau alla au palais et demanda à parler au Président ; il lui déclara : qu'Augustin Gabriel lui avait fait proposer par Sannite, sa femme, de se joindre à lui pour piller l'argent qui était en dépôt à la ville Pétion. Dès lors, le gouvernement fut sur la trace de ce complot de *bas étage*, — les paroles d'Etienne Manga, chez l'officier Aupont, ne pouvant raisonnablement être interprétées autrement, que comme des *espérances* conçues par cette tourbe d'assassins et de pillards, d'après l'adresse de la Chambre des communes, du 27 avril, qui avait produit une grande émotion dans la capitale.

Après avoir entendu Candiau, Boyer donna l'ordre de l'arrêter, ainsi qu'Augustin Gabriel et Sannite, et d'envoyer des troupes à Pétion pour en augmenter la garnison. Le Président fit aussitôt commencer une information judiciaire par le ministère public, pour découvrir les ramifications de cette conspiration [1]. Candiau soutint ses révélations, pendant que les deux autres soutenaient un système de dénégation qui s'évanouit plus tard. Un pistolet, fraîche-

---

[1] M. Saladin Lamour occupait cette charge près le tribunal civil.

ment déchargé avait été trouvé sur le terrain de *Monrepos*, dans la matinée du 2 ; c'était celui dont Raymond s'était servi pour perpétrer le crime : il fut reconnu pour avoir appartenu à Cadet Corvel, ancien gérant de cette habitation. Après l'audition de Candiau, il fut mis en liberté comme révélateur et devant être témoin. D'autres arrestations eurent lieu ensuite à la capitale, des individus reconnus complices de la conspiration.

Dans l'intervalle, Etienne Manga, rendu à la section du Beauséjour dont la compagnie de garde nationale était sous son commandement, réunit les hommes de cette compagnie en armes et se porta au fort Campan, en leur disant d'abord qu'il fallait le garder pour le gouvernement, attendu qu'il y avait un soulèvement au Port-au-Prince [1]. Mais une fois en possession de ce fort, il leur déclara qu'il y avait lieu de seconder le soulèvement pour renverser Boyer dont l'administration était contraire à la prospérité du peuple, ce que la Chambre des communes avait constaté, etc. Raymond, Desfontaines et Michel Abraham, qui, après l'assassinat du général Inginac, s'étaient promptement rendus auprès d'Etienne Manga, appuyèrent la proposition de ce dernier. Mais à ces mots, les gardes nationaux imitèrent la conduite des citoyens de Milot, l'année précédente, lors de la révolte du colonel Izidor Gabriel; ils abandonnèrent successivement leur capitaine. Raymond et

---

[1] Dans ses Mémoires de 1843, pages 94 et 95, Inginac dit que dès le mois de mars, il avait été informé qu'un complot s'ourdissait ; qu'à une revue de la garde nationale de la commune de Léogane, passée le 1er avril, il avait parlé aux citoyens pour les prémunir contre cette tentative de troubles, et qu'Etienne Manga lui-même le félicita des paroles qu'il avait prononcées, etc.

Etienne Manga se voyait sur le point de perdre sa petite propriété, pour avoir emprunté une somme et passé une vente à réméré de ce bien, en garantie du payement. Les conspirations ont souvent pour cause le mauvais état des affaires d'un homme.

Michel Abraham en firent autant et se portèrent dans l'arrondissement de Jacmel pour s'y tenir cachés. Desfontaines, le jeune Numa Augustin que son père avait envoyé auprès d'Etienne Manga, et Augustin Mercier, rallié à lui aussi, restèrent avec lui ; tous les quatre quittèrent le fort Campan et se rendirent à l'habitation d'Etienne Manga, le 4 mai.

Déjà, le colonel Lamarre, informé de la tentative de révolte, marchait à la tête du 21e régiment et de la garde nationale de Léogane contre ces révoltés. En apprenant sa marche, ceux-ci se réfugièrent au milieu des bois d'une habitation voisine, où se trouvait un ajoupa qu'ils occupèrent. Lamarre apprit leur fuite et le lieu de leur retraite ; il envoya, durant une forte pluie, un détachement de sa troupe qui cerna l'ajoupa pour les faire prisonniers. Etienne Manga fit résistance et eut la tête tranchée ; Augustin Mercier trouva le moyen de s'évader (il fut arrêté ensuite, à quelques jours de là), et Desfontaines et le jeune Numa furent faits prisonniers et envoyés au Port-au-Prince. Ce jeune homme fit des révélations qui procurèrent l'arrestation de plusieurs des complices de son père, chez qui se réunissaient les conspirateurs, étant le chef *apparent* de la conspiration.

Le Président avait expédié le commandant Garat à Léogane, puis le citoyen C. Ardouin, substitut du commissaire du gouvernement au tribunal de cassation, qui rencontra Lamarre sur l'habitation d'Étienne Manga, après la mort de celui-ci ; et le citoyen Bance, substitut du commissaire du gouvernement au tribunal civil, à Jacmel. Tous trois étaient porteurs d'ordres relatifs à la recherche des coupables. Bientôt la bonne police du général Frédéric, commandant de l'arrondissement de Jacmel, opéra l'arrestation de

Raymond et de Michel Abraham dans les mornes : ils furent envoyés à la capitale.

L'instruction commencée par le ministère public et le juge d'instruction, fut bientôt dévolue à l'accusateur militaire qui l'acheva. Un conseil spécial fut formé et présidé par le colonel Viau, du 1er régiment d'artillerie : le lieutenant B. Carrié, du même corps, remplit les fonctions d'accusateur. Le 17 mai, le conseil se réunit à l'effet de juger les accusés au nombre de treize; il y avait quatre autres, contumax.

Raymond et Desfontaines avaient fait les aveux les plus complets durant l'instruction du procès; ils les renouvelèrent à l'audience publique, pendant qu'Augustin Gabriel et les autres persistaient à tout nier. Raymond déclara audacieusement : « qu'étant tous mécontens des deux traités » que Boyer venait de conclure avec la France, ils avaient » résolu sa mort afin de changer le gouvernement; que » n'ayant pu exécuter leur dessein pendant la cérémonie du » 1er mai, ils avaient espéré en trouver l'occasion en tuant » le secrétaire général, aux funérailles duquel le Président » n'aurait pas manqué de se trouver, etc. » Desfontaines confirma ces déclarations, en désignant Augustin Gabriel comme le chef de cet horrible complot et chez qui ils se réunissaient tous. Ce dernier, pressé par les deux autres, leur dit enfin : « Vous dites que j'étais votre chef? Eh bien! » taisez-vous, ne déclarez plus rien. » Ils se turent en effet. Cette apostrophe de sa part fit penser que d'autres révélations auraient pu surgir des déclarations de Raymond et de Desfontaines.

Il fallut suspendre l'audience du conseil spécial, à cause de plusieurs témoins qui furent entendus le lendemain. Les accusés avaient tous des défenseurs publics, soit choisis par eux, soit nommés d'office, pour défendre leur cause ; ces officiers ministériels remplirent leur devoir, mais les faits étaient plus éloquens 1.

Le 18 mai, le conseil spécial condamna à la peine de mort *Augustin Gabriel, Raymond, Desfontaines, Corvel, Michel Abraham* et *Augustin Mercier*, et à trois années de réclusion tous les autres accusés. Le lendemain matin, les cinq premiers subirent leur condamnation au Port-au-Prince ; *Augustin Mercier* fut envoyé à Léogane où il fut exécuté.

En sortant de l'audience, après le prononcé du jugement, Raymond avait dit aux juges : « Je vous fais mes » complimens, magistrats. » Et Augustin : « Quoi ! je vais » mourir *pour d'autres !* » Sur le lieu d'exécution, le premier dit au public, « que le peuple avait un bandeau sur » les yeux qui l'empêchait de voir que le gouvernement le » trahissait. » Tous s'accordèrent à espérer « qu'ils se-» raient *vengés* par la Chambre des communes 2. »

On reconnaît, dans ces paroles, l'influence exercée sur l'esprit de ces conspirateurs, par les actes de l'Opposition dans la Chambre des communes et surtout, en dernier lieu, par son adresse du 27 avril. Si des hommes éclairés étaient satisfaits de son langage, de ses propositions au pouvoir exécutif pour en obtenir tout ce qu'elle considérait comme des *améliorations* au système gouvernemental et administratif, les ignorans traduisirent ces vœux en accusations contre le Président d'Haïti, et ils se crurent autorisés à employer l'assassinat et le pillage des deniers publics pour *améliorer* leur situation personnelle. Le danger du *régime*

1 C'étaient MM. Laborde, D. Lespinasse, Sanders, Mullery, Daphné, Zamore et Nathan.
2 Tous les condamnés à la réclusion furent internés dans plusieurs communes de l'Est, où ils restèrent jusqu'en 1843. Alors, on proclama qu'ils étaient des victimes innocentes de la tyrannie de Boyer.

parlementaire, pour un pays comme Haïti, ressortait de ces faits [1].

Dans ces circonstances, avons-nous dit, l'opinion publique se rapprocha du Président, parce qu'elle voyait que la société était menacée d'une grande perturbation, sinon d'une subversion totale. Le jour de l'exécution à mort des condamnés, on vit toute la garde nationale à cheval se réunir spontanément aux troupes, pour prêter main-forte et manifester par là le concours des citoyens.

La Chambre des communes elle-même avait senti la nécessité de donner au pays et au gouvernement, un témoignage public de ses sentimens. H. Dumesle la convoqua dans une séance extraordinaire, qui eut lieu l'après-midi du 2 mai, après la séance du matin où elle élut le sénateur Décossard. On est seulement *étonné* qu'il ne saisit pas l'instant de cette réunion ordinaire, pour prononcer les paroles que nous allons reproduire, puisque l'attentat contre la vie du secrétaire général avait eu lieu dans la nuit et avait mis toute la capitale en émoi : c'est une preuve qu'il subit la *pression* de l'opinion publique.

En ouvrant la séance, à 4 heures, il dit à ses collègues :
« qu'un événement sinistre a frappé les esprits d'horreur
« et de surprise; qu'une entreprise d'assassinat, suivie de
» l'effet, avait eu lieu sur la personne du secrétaire géné-
» ral vers la fin de la nuit dernière; que sans doute les
» membres en particulier en avaient connaissance; mais
» qu'il importait au corps de faire éclater son indignation
» contre cet acte odieux; qu'en conséquence il proposait à
» la Chambre de députer son bureau vers le chef du pou-

[1] Il y a bien d'autres pays où ce régime présente des dangers réels! Et pourquoi donc le chef de l'Opposition, devenu ministre en 1844, fit-il cesser les séances de l'assemblée législative et emprisonner son président Dumai Lespinasse ? Un certain *boyériste* a eu l'honneur de concourir à sa mise en liberté.

» voir exécutif, pour lui exprimer ses regrets de cet affreux
» événement, et en même temps pour s'informer si la sécu-
» rité publique est menacée. 1 » La Chambre accepta la proposition, et le lendemain, son président et ses deux secrétaires virent Boyer. Dans la séance ordinaire du 4 mai, cette députation rendit compte de l'accueil qu'elle avait reçu. Le Président lui aura dit : « qu'il n'en attendait pas
» moins des hommes moraux et amis de l'ordre public qui
» composent la Chambre, et que la tranquillité ne sera
» nullement troublée. La vertueuse indignation que vous
» avez fait éclater, ajouta H. Dumesle, contre un crime si
» nouveau parmi nous, et qui prouve une si froide atro-
» cité dans son auteur, a été appréciée. »

Trois jours après, on sut dans le public que certains accusés du complot dont s'agit avaient parlé de la Chambre des communes et de son adresse dans leurs déclarations. Cette particularité porta H. Dumesle à proposer à la Chambre, dans la séance du 7, d'envoyer une grande députation auprès du Président d'Haïti, « pour s'informer de
» l'état des choses et lui porter de nouveaux témoignages
» du dévouement de la Chambre au maintien des princi-
» pes constitutionnels. » La proposition fut acceptée, et six membres furent choisis pour s'adjoindre au bureau, et un message adressé au Président pour lui demander le jour et l'heure où la députation pouvait se présenter au palais. Il y fut répondu que ce serait le lendemain : elle s'y rendit.

Le même jour, une députation envoyée par le Sénat se trouvait aussi auprès du Président : c'était à raison de la révolte d'Étienne Manga qui venait d'être comprimée. Les deux corps avaient ainsi pensé devoir faire une démarche

1 *Bulletin des lois*, n° 2,

auprès du chef du gouvernement, afin de prouver leur attachement, sinon à sa personne qui avait couru des dangers, du moins aux institutions publiques.

En présence de ces deux députations, le Président manifesta les sentimens qu'il éprouvait sur la situation présente et sur celle qui pouvait résulter dans l'avenir, des opinions exprimées inconsidérément par les hommes éclairés et surtout par les corps politiques. Il reprocha à la Chambre d'avoir fourni aux anarchistes, des *prétextes* pour commettre un assassinat sans exemple précédent, pour troubler l'ordre public et essayer de renverser le gouvernement afin de se livrer au pillage; il dit que c'était l'adresse de la Chambre et les discours imprudens prononcés dans son sein qui étaient cause de ces mauvaises passions, parce que ces actes représentaient le gouvernement comme ne voulant rien faire pour le pays, etc.

Ces reproches s'adressant plus particulièrement à H. Dumesle, et comme président de la Chambre, il prit la parole pour se disculper et disculper ce corps, en prétendant que ses actes étaient dans la nature des choses et dans « le pouvoir d'opinion » qu'elle devait exercer dans l'État, etc.

A ces mots, des membres de la députation du Sénat prirent aussi la parole pour lui faire observer, que la Chambre semblait croire qu'elle seule devait avoir ce « pouvoir d'opinion, » et que c'était un tort de sa part, une prétention insolite, puisque le Sénat et le Président d'Haïti avaient des attributions bien supérieures à celles de la Chambre, d'après la constitution, et qu'ils devaient par conséquent exercer plus d'influence sur l'opinion publique et sur les affaires de l'État.

Il s'ensuivit dès lors une vive discussion entre les membres des deux députations. Boyer la fit cesser, en les invitant d'être modérés et de tenir le *secret* sur cette discussion, dont les malveillans pourraient vouloir tirer partie dans l'intérêt de leurs vues coupables ; et il leva la séance.

Mais, recommander le secret à seize membres réunis, du Sénat et de la Chambre, le recommander à H. Dumesle qui ne visait qu'à la popularité ; leur recommander la modération, c'était prêcher dans le désert. Les passions, au contraire, allaient animer les rapports entre les deux branches du corps législatif. Déjà le Sénat s'était en quelque sorte vu rappeler à l'ordre, par la juste exigence de la Chambre, pour ne s'être pas conformé à l'art. 118 de la constitution dans les cas de vacances dans son sein. Le 9 mai, lendemain de la discussion entre les deux députations, H. Dumesle prononça les paroles suivantes, à l'ouverture de la séance de la Chambre.

« Représentans, — Votre députation s'est rendue au palais national où était une réunion des membres du Sénat, et a été admise à la même audience. Le chef du pouvoir exécutif lui a donné de nouvelles assurances que le mouvement insurrectionnel des montagnes de Léogane sera bientôt comprimé [1], et que la paix publique ne cessera pas de régner au milieu même du bruit des armes. Dans cette conférence, il s'est élevé des objections sur l'exercice du « pouvoir d'opinion » dont vous avez donné l'exemple dans votre adresse en réponse au discours d'ouverture du Président d'Haïti ; mais comme ces objections ne sauraient se soutenir en présence des vérités de droit public proclamées par le siècle, votre commission s'est abstenue de dé-

---

[1] A la date du 8, la révolte d'Etienne Manga était déjà comprimée. Une proclamation du Président parut ce jour-là et l'annonça au peuple, de même que l'attentat commis sur le général Inginac.

rouler la théorie sur laquelle repose l'application des principes constitutionnels; car cette théorie est devenue, en quelque sorte, une tradition de bon sens. Elle s'est donc bornée à prouver, avec concision, que par son essence la Chambre est l'expression de la volonté populaire, qu'il lui appartient d'exposer les vœux, les nécessités et les sentimens de la nation, et a laissé au pays et au monde entier à apprécier votre adresse, et surtout à juger si elle est une anticipation sur les prérogatives des autres pouvoirs. Du reste, elle a laissé tomber un mot sur les *perfides* insinuations que des êtres, qui professent l'art de la *délation*, ont cherché à diriger contre le corps, toutefois en se pénétrant de la pensée que vous ne pouvez descendre jusqu'à vous justifier contre d'ignobles calomnies. »

La Chambre, satisfaite de ce rapport, en ordonna l'impression au *Bulletin des lois*. Mais avant que cela ne pût se faire, H. Dumesle fit publier ce rapport sur le journal *l'Union* [1]. Une certaine agitation en résulta dans le public; les opposans approuvèrent naturellement les représentans de prétendre au « pouvoir d'opinion, » et, en conséquence, ils blâmèrent les sénateurs de le dénier à la Chambre.

Boyer en prit de l'humeur. A l'audience du dimanche 20 mai, il déclara hautement : « que la Chambre s'étant
» plue à agiter l'esprit public par son adresse qui réclamait
» une foule de choses, il ne lui présenterait aucun projet
» de loi ; et que si les agitateurs persévéraient, il mettrait de côté la constitution pour faire juger et fusiller
» *n'importe qui* serait dénoncé comme ourdissant des trames contre la tranquillité publique [2]. »

Ces paroles si graves ayant été prononcées le lendemain

---

[1] Ce journal était rédigé par M. Emile Nau et d'autres jeunes hommes de son âge.
[2] Dans sa séance du 18, la Chambre avait adopté sa nouvelle devise sur la proposition de H. Dumesle.

de l'exécution à mort des assassins du secrétaire général, quelques individus attachés au Président voulurent prouver leur zèle; ils s'entendirent avec certains représentans, pour que ceux-ci proposassent à la séance de la Chambre, le lundi 21, l'*expulsion* de son sein de H. Dumesle, D. Saint-Preux, Valencia, E. Lartigue, Couret et Beaugé, tous six des plus ardens parmi les opposans. Mais ce projet étant parvenu à la connaissance de Boyer, dans la journée même du 20, il y mit empêchement. La Chambre en eut également connaissance. Dans sa séance du 16, elle avait élu Couret, président en remplacement de H. Dumesle; en ouvrant celle du 21, Couret invita ses collègues à passer en comité général : sur sa proposition, la Chambre résolut immédiatement de suspendre ses séances jusqu'au lundi 28, et elle se sépara.

Tandis qu'elle détournait ainsi l'orage qui avait été sur le point d'éclater dans son sein, le Sénat s'était réuni également. Se ravisant tardivement, la députation que ce corps avait envoyée, le 8 mai, auprès du Président d'Haïti, crut devoir imiter celle de la Chambre en rendant compte de ce qui s'était passé ce jour-là au palais national; elle le fit en ces termes :

« Citoyens sénateurs, — La députation que vous avez envoyée auprès de S. E. le Président d'Haïti, s'est acquittée de sa mission. Son Excellence a été satisfaite des sentimens que les membres du Sénat lui ont fait exprimer dans cette déplorable circonstance, où l'indignation et l'horreur de tous les bons citoyens se sont manifestées d'une manière si remarquable. Une députation de la Chambre partageait avec nous l'audience de Son Excellence ; c'était l'occasion d'une effusion de sentimens et de pensées patriotiques. Nous en avons profité pour présenter quelques réflexions tendantes à démontrer combien il importait à l'ordre et à la tranquillité publique, que les différens pouvoirs de l'État fussent d'accord et marchassent en harmonie, afin d'atteindre plus sûrement le but désiré, — celui de la prospérité nationale. Nous avons ajouté : que l'on ne pouvait se dissimuler, qu'entraînée par des *esprits turbulens*, quelquefois la Chambre s'est occupée de questions en dehors de ses attributions, et s'est écartée des limites tracées par le pacte constitutionnel; que, par cette conduite imprudente, on pourrait lui reprocher d'avoir fourni des prétextes aux malveillans et aux anarchistes pour colorer leurs projets de subversion. Nous n'avons pas entendu sans étonnement le chef de la députation de la Chambre répondre avec amertume à nos observations, en quittant l'objet de la discussion pour se retrancher derrière *une théorie du pouvoir d'opinion*, qu'on ne pouvait pas de bonne foi invoquer ici, à moins qu'on ne prétende mettre en question la constitution elle-même et saper toutes nos existences politiques. Mais, citoyens sénateurs, s'il n'a fallu à votre députation que du bon sens et quelque peu de vrai patriotisme pour relever ces *folles imaginations*, ne devez-vous pas, comme elle, être assurés que la nation fera justice de *ces vaines théories* qui ne tendent qu'à fasciner les esprits et à attirer sur le pays des maux infinis ? »

Le Sénat arrêta l'impression de ce rapport, qui ne produisit pas sur l'esprit public le même effet que les paroles prononcées le 9 mai par H. Dumesle à la Chambre, parce qu'il venait un peu trop tard pour rendre compte de la discussion qui avait eu lieu au palais entre les députations de ces deux corps. Le bureau du Sénat ayant voulu que ce rapport parût aussi dans l'*Union*, le général Inginac, avisé de son intention, fit tous ses efforts pour s'y opposer, prévoyant bien qu'une animosité en naîtrait entre la Chambre et le Sénat. Il essaya, au contraire, de rapprocher les deux corps; et à cet effet, il convoqua chez lui H. Dumesle, D. Saint-Preux et d'autres représentans, afin de concerter avec eux une sorte de rétractation de la part de la Chambre. Pendant qu'il s'occupait de cette bonne œuvre, le Sénat lui envoya ce rapport pour être publié officiellement dans le *Télégraphe*. Apprenant cela, H. Dumesle et D. Saint-Preux engagèrent leurs collègues à ne pas céder au désir du secrétaire général, qui se vit lui-même forcé d'obéir à l'invitation du Sénat. Il s'ensuivit une rupture complète entre les deux branches du corps législatif.

Dans ces entrefaites, des malveillans, des pervers osèrent adresser au Consul français une lettre anonyme, dans laquelle ils lui disaient : « que la nation veut acquitter la » dette contractée envers la France ; mais que le Président » ayant *volé* l'État, il avait fait déposer dans les banques » d'Europe 22 millions de francs que le gouvernement » français pourrait y faire saisir. » Cette lettre était signée : » *L'Épée*, successeur d'Etienne Manga. » M. Cerffber s'empressa de l'adresser au secrétaire général, en lui exprimant l'étonnement et l'indignation qu'il en éprouvait. Ces mêmes misérables firent parvenir en même temps à la Chambre des communes, une autre lettre anonyme, par laquelle ils l'invitaient « à persister dans la voie de son » adresse du 27 avril, afin de renverser le Président ; et » que si la Chambre n'y réussissait pas, mille poignards fe- » raient justice du chef de l'État. » La Chambre imita la conduite du consul français : elle fit parvenir au Président cette lettre anonyme.

Il était évident que de lâches séditieux, complices des assassins-conspirateurs qui venaient de subir une juste punition, essayaient encore de troubler la tranquillité publique par leurs infâmes calomnies contre le Président et par les excitations au crime adressées à la Chambre. Tout autre chef que Boyer s'en fût indigné, et avec raison. Mais lui, dont le caractère vif et le tempérament ardent le portaient trop souvent à un emportement toujours regrettable dans sa haute position, il ne put se contenir. Se rappelant que la même manœuvre avait été insidieusement employée, l'année précédente, auprès du général Guerrier, il tira de son bureau le billet anonyme qui lui avait été adressé, pour le comparer aux lettres mentionnées ci-dessus. Il résulta de cet examen et, dit-on alors, d'un rapport qui lui fut fait par le général Inginac, que Boyer *soupçonna* le sénateur Pierre André d'être l'auteur du billet adressé au général Guerrier, s'il n'était pas aussi celui des lettres anonymes.

A l'audience du dimanche 3 juin, en présence du grand nombre de sénateurs, de représentans et de fonctionnaires publics qui se trouvaient au palais, il communiqua ces anonymes à tous en leur tenant un langage qui prouvait sa profonde irritation, et il leur dit que l'auteur de ces machinations perverses était parmi eux. Il eût suffi d'un geste, d'un de ses regards perçans pour faire comprendre à cette assemblée, sur *qui* planaient ses soupçons, si certaines personnes n'y avaient été peut-être initiées d'avance : aussitôt le vide se fit autour du sénateur Pierre André qui, naturellement, parut *troublé*. Pour la plupart des auditeurs de cette dénonciation lancée avec tant de feu et si publiquement par le chef de l'État, le malheureux Pierre André était atteint dans sa considération, *convaincu* du crime reproché ; car tout examen préalable devenait inutile, du moment que le chef avait paru lui-même *convaincu*. La séance fut levée dans ce sentiment général.

En sortant du palais, le sénateur inculpé si gravement se rendit chez le général Inginac, probablement pour trouver quelque consolation, quelque appui auprès de lui ; mais là, où d'autres personnes s'étaient portées également, Pierre André se vit interpelé, apostrophé par le secrétaire général qui lui demanda avec vivacité, « s'il pouvait déclarer, en » conscience, qu'il n'avait aucune connaissance des choses » qui avaient motivé les soupçons du Président ? » Dans sa pénible situation, Pierre André ne put opposer que des larmes versées abondamment ; et ce qui résulte souvent de la conviction de l'innocence qui se sent outragée injustement, fut interprété comme un indice, sinon une preuve de la culpabilité reconnue intimement.

Dans ces circonstances, il fallait un *bouc émissaire* : le Sénat, corps politique autant que législatif, se réserva de le trouver et de le charger de tous les péchés d'Israël pour le chasser dans le désert. A sa séance du lundi 4 juin, un de ses membres osa proposer à ses collègues d'*expulser* de leur sein celui qui avait, disait-il, compromis l'honneur du corps ; il fut appuyé dans sa motion si insolite. Pierre André, présent, protesta de son innocence et essaya de se justifier par les sentimens de gratitude qu'il devait au président Boyer, par sa position de chef d'une nombreuse famille : ses collègues le contraignirent à sortir de cette séance à huis-clos. La délibération continuant sur la proposition d'expulsion, pure et simple, un sénateur demanda l'exhibition des pièces qui motivaient l'accusation et qu'il n'avait pas vues ; un autre proposa d'en référer préalablement au Président d'Haïti ; enfin, un troisième, s'appuyant judicieusement sur la constitution, demanda l'observation des articles relatifs à la mise en accusation d'un sénateur, afin de procéder régulièrement comme le voulait le pacte social. Toutes ces représentations furent inutiles devant la majorité prévenue et passionnée : elle prononça l'*expulsion* de Pierre André. Elle aima mieux imiter la Chambre des communes dans ses momens d'égarement, sans réfléchir aucunement aux funestes conséquences d'une décision dénuée de toutes les formes, de toutes les garanties établies dans la constitution, qui devait être toujours la seule boussole du Sénat qui en avait la garde.

C'était suicider ce corps essentiellement modérateur dans l'État; c'était procurer une grande satisfaction à la Chambre des communes, un beau texte aux déclamations de l'Opposition établie dans son sein. Désormais, le Sénat ne pourrait plus exercer aucune influence sur l'opinion publique, pour la rallier au pouvoir exécutif dans sa lutte contre cette Opposition systématique, dont les conséquences pouvaient être fatales au pays, par le renversement de Boyer de ce pouvoir.

Supposons, au contraire, le Sénat résistant à l'emportement momentané de Boyer, examinant avec calme la dénonciation qu'il avait portée contre Pierre André, lui demandant officiellement les pièces anonymes pour les comparer avec l'écriture de ce sénateur, pour l'entendre dans ses moyens de justification; il est probable qu'il en fût résulté une appréciation tout autre, une décision de *non lieu* à l'égard de l'inculpé; mais peut-être seulement la *censure* ou les *arrêts* durant quinze jours, conformément au règlement du Sénat qui avait adopté ces peines, prévues en l'art. 77 de la constitution, si Pierre André venait à être *convaincu* d'avoir tenu quelques propos légers qui donnèrent lieu de le soupçonner d'être l'auteur des écrits anonymes. Enfin, le Sénat, qui crut en cette circonstance fortifier l'autorité du Président, oublia entièrement cette sentence fameuse : « On ne s'appuie que sur ce qui résiste. »

Le même jour, 4 juin, le Sénat adressa un message à la Chambre pour l'informer que « la clameur publique ayant » signalé le sénateur Pierre André comme l'auteur des » lettres anonymes, » il avait décrété « à l'unanimité » l'expulsion de ce sénateur de son sein. En conséquence, le Sénat prévint la Chambre qu'il y avait lieu de le remplacer ; il donna une pareille information au Président d'Haïti.

Après cette décision, Pierre André se présenta au palais pour voir le Président; mais l'entrée lui en fut refusée. Le 9 juin, le ministère public requit le juge d'instruction de décerner contre lui un mandat d'amener qui, après son interrogatoire, fut converti en mandat de dépôt. Le lendemain, ces deux magistrats firent une descente de lieux chez lui et en sa présence, afin de rechercher dans ses papiers des preuves de sa culpabilité ; ils n'y trouvèrent rien dans ce but, et ils réintégrèrent l'inculpé en prison. Mais le lundi 11, à 8 heures du soir, il fut remis en liberté, par ordre de Boyer qui arrêta ainsi toute poursuite ultérieure à son égard.

Il devenait évident que le Président regrettait déjà de l'avoir signalé comme auteur des lettres anonymes. Il en donna une preuve incontestable, en se refusant de proposer à la Chambre des communes, des candidats pour qu'il fût procédé à son remplacement au Sénat ; et il fit encore plus, en lui payant ses appointemens mensuels comme sénateur, de sa cassette particulière. Il est vrai que ce sénateur n'avait cessé de lui adresser des lettres, dans lesquelles il protestait de son innocence et lui rappelait ses bontés antérieures qui commandaient sa gratitude.

Revenons à la Chambre des communes. Le 28 mai, elle avait repris ses séances suspendues pendant huit jours.

Dans celle-ci, D. Saint-Preux fit une proposition qui, au terme du règlement, dut être communiquée à ses sections pour avoir leur opinion ; elles l'examinèrent immédiatement et l'approuvèrent. Dans la séance du 30, cette proposition fut lue publiquement, après que le président Couret eût prononcé un discours exprimant le regret que les représentans devaient éprouver, à l'occasion de la controverse qui avait eu lieu entre la députation de la Chambre et celle du Sénat, laquelle tendait à détruire toute harmonie entre les grands pouvoirs de l'État. Il invita ses collègues à ne conserver aucun ressentiment à ce sujet, et il témoigna l'espoir que le Président d'Haïti proposerait à la Chambre des projets de loi ; ces paroles étaient motivées sur la déclaration que le Président avait faite publiquement au palais, le 20 mai. Quant à la proposition de D. Saint-Preux, elle consistait « à donner au Président des gages du désir de » la Chambre de marcher toujours d'accord avec lui ; » et il demanda à la développer dans la séance du 4 juin. Ce jour-là, il pria ses collègues de ne l'entendre que le 6 ; la veille avait eu lieu la fameuse audience du palais relative aux lettres anonymes, et il voulait attendre le résultat prévu à l'égard du sénateur Pierre André.

Enfin, la séance du 6 arriva. Dix orateurs prirent la parole sur la proposition de D. Saint-Preux, dont le but essentiel était de réfuter le compte-rendu de la députation du Sénat dans sa séance du 21 mai. Parmi tous les discours prononcés en cette occasion, celui de l'auteur de la proposition fut sans contredit le plus important, comme il fut le plus long : par ce motif, nous croyons devoir en reproduire les principaux passages, et parce que ce représentant étant le second chef de l'Opposition, il nous semble juste d'exposer les principes sur lesquels il s'appuyait, aujourd'hui qu'il comparaît devant l'histoire et la postérité.

Il commença par rappeler, qu'en apprenant le crime commis sur la personne du secrétaire général, crime précurseur d'une révolte à main armée, la Chambre s'était empressée d'envoyer une députation au Président d'Haïti, pour lui exprimer l'indignation et l'horreur qu'elle éprouvait de ces deux faits anarchiques, et sa ferme intention de concourir au maintien, à la défense de la constitution menacée par les révoltés; que cette députation se trouva en même temps au palais avec celle du Sénat, et que celle-ci « osa déverser le blâme sur les intentions de la Chambre, » à la face du pouvoir que nous affectionnons tous; » il cita les expressions outrageantes employées par ces membres du Sénat, tant à cette audience que dans leur compte-rendu : « esprits turbulens, yeux fascinés, prétextes à la » malveillance et aux anarchistes, folles imaginations, » vaine théorie de pouvoir d'opinion, maux infinis attirés » sur le pays. » Il continua ainsi :

« Faut-il le dire? des mots sont sans importance, quand les choses n'existent pas. Faut-il le dire encore? quand la justification est désespérée, la calomnie est un refuge. Mais, non : l'horison vient de s'éclaircir, ayons foi dans les convictions du Sénat!... Il est désormais incontestable que le nuage qui recelait les esprits turbulens, les folles imaginations, les malveillans, les anarchistes, tous les maux enfin, le nuage qui renfermait la tourmente révolutionnaire était dans l'atmosphère du Sénat. Honneur à la Chambre! Elles se conçoivent, ces calomnieuses imputations dirigées contre notre incorruptible patriotisme! Toutefois, la Chambre ne s'abaissera pas à relever de telles erreurs. S'il était dans l'État une autorité dont le Sénat fût justiciable, la Chambre l'aurait sommé d'y rapporter la preuve de ses outrageuses allégations...

» Ainsi, autre chose est un conseil législatif, soumis à des volontés supérieures; autre chose, une représentation nationale, *non souveraine, mais indépendante*. Sous un gouvernement qu'on appelle constitutionnel, la puissance représentative est la pondération du pouvoir exécutif. Le but utile de l'institution de ces deux grands pouvoirs, c'est de *lutter* constamment d'*opinion*, jusqu'à ce qu'ils aient saisi le grand secret de combler les vœux publics. Le Sénat est revêtu d'un pouvoir essentiellement *modérateur*, chargé d'établir l'équilibre entre la nation et son chef : il prend part à l'administration; *il fixe les dépenses, il décrète le budget*. Mais possédant une plus grande extension de puissance législative, la Chambre exerce *le veto absolu*, en ce sens qu'elle sanctionne ou improuve l'administration, en accordant ou refusant *les impôts* dont l'initiative lui appartient exclusivement.

» S'il m'est permis de me fier à mon intelligence, c'est bien là la théorie des droits et des devoirs du gouvernement de la République, précisée par la constitution.

» Je soutiens donc, que toutes les fois qu'une assemblée législative est libre de déduire les motifs qui ont déterminé ses résolutions, elle est indépendante; et cette indépendance lui confère l'investiture du *pouvoir d'opinion* sur tout ce qui peut devenir l'objet des lois... De là le droit et le devoir de la Chambre de proclamer toutes les vérités de sa conviction. En effet, c'est par son organe que le pouvoir exécutif doit apprendre le bien à faire et le mal à corriger... Les représentans des communes sont appelés à placer sous les yeux du Président d'Haïti, la véritable situation intérieure de la République, sinon la mission de représentant est une dérision, une comédie où nul citoyen dévoué, nul homme de bien, nul homme éclairé n'acceptera désormais de rôle... Qu'on se le persuade ; la tranquillité sera inébranlable, lorsque l'inviolabilité sera une garantie réelle et non le privilége du mal, que les députés auront le courage d'émettre leurs opinions au milieu des dangers les plus imminens... Tout ce qui n'est pas *principe* est *arbitraire :* la théorie du pouvoir d'opinion découle de la constitution qui pose la stabilité civile et politique de la nation sur des bases solides. Il est donc démontré que cette théorie du pouvoir d'opinion n'est pas une chimère, non plus une création d'esprits turbulens et de folles imaginations...

« Vingt-cinq années forment l'âge requis pour être représentant. C'est donc implicitement entendu que la pétulance et la candeur de jeunesse, dont il ne faut point se corriger *avant le temps*, sont des conditions représentatives... Si donc les débats de la Chambre n'offrent pas ces tièdes méditations, ce calme injustement exigé, ne serait-il pas raisonnable d'imputer au tempérament des députés l'émotion irritante de la parole et le bouillon du patriotisme avec lesquels ils expriment leurs opinions?

» Le Sénat est *modérateur* par devoir et par cette prudence qui est inséparable d'un âge refroidi. Si ses actes cessent d'être l'image de cette modération qui est l'unique puissance qui ne trahit pas, de cette impassibilité qui n'aliène jamais la prééminence du sage ; si ses actes, dis-je, sont la triste peinture des mécomptes d'une rivalité illusoire, très-poliment le Sénat nous permettra de renvoyer tout entier le compte-rendu de sa députation à ses auteurs... Le Sénat n'a pas le droit de *censurer* la conduite de la Chambre...

« En vain l'on conteste à la représentation nationale le pouvoir d'opinion. Il y a pourtant vingt ans que, dans cette même enceinte, sur la table de la loi, au milieu des agitations convulsives, en présence du tyran du Nord, qui secouait la torche des discordes civiles au sein de la République, le Président d'Haïti, de cœur excellent, a proclamé ce pouvoir :

« Citoyens législateurs, dit-il, j'aurai souvent besoin
» de l'assistance de vos lumières; et puissé-je toujours
» vous trouver disposés à me communiquer tout ce qui
» pourra tendre à consolider l'œuvre de la félicité pu-
» blique. »

... « Ne nous arrêtons donc pas aux futiles résultats d'un choc inattendu et d'une lutte involontaire entre la députation de la Chambre et celle du Sénat. D'un pas ferme, que la représentation nationale marche à l'accomplissement de sa mission d'amélioration, d'ordre et de progrès ; qu'elle jette un voile d'oubli sur tout ce qu'elle peut avoir de griefs à venger, maintenant surtout que le Sénat a lieu *de se repentir,* puisqu'il dit avoir trouvé dans ses membres *le machinateur* de toutes ces mésintelligences... »

L'orateur conclut à l'envoi d'une députation auprès du Président d'Haïti, dans le but qui a été dit plus avant. Il est inutile de citer aucun des autres discours qui furent ensuite prononcés, même une simple allocution de H. Dumesle qui parla le dernier : tous conclurent de la même manière. La députation fut aussitôt formée de neuf membres, parmi lesquels se trouvaient les deux chefs de l'Opposition, et le président de la Chambre adressa un message au Président d'Haïti pour l'annoncer et lui demander le jour où il lui conviendrait de la recevoir. Boyer y répondit le 6 même, qu'une indisposition (il avait la fièvre) s'opposait à sa réception, mais que la Chambre pouvait lui *écrire* ce qu'elle avait à lui communiquer.

Dans la séance du 8, où sa réponse fut lue, la Chambre se décida à lui adresser un message qui fut exactement le discours que son président Couret avait préparé pour cette occasion. C'était une assurance à lui donner du désir de la représentation nationale de marcher en harmonie avec le pouvoir exécutif, etc. Le lendemain, Boyer répondit à ce message : .... « Je m'attendais à une communication de la » Chambre sur des objets spéciaux ; mais je n'ai trouvé dans » ses paroles que des idées générales sur la bonne harmonie » qui doit régner entre les corps constitués et sur les dispo- » sitions que témoigne la Chambre de concourir au bon- » heur du pays. Sans doute, la patrie a dû compter sur tous » les fonctionnaires publics..... Toujours invariable dans » mes principes, *les complots de quelques pervers* ne sau- » raient me faire dévier de la ligne que je me suis tracée. »

Cette réponse mit fin à toutes ces communications que la Chambre voulait avoir avec le Président par ses députations, afin de discuter verbalement sur les objets d'intérêt public. Si les opposans en recherchaient incessamment l'occasion, de son côté, Boyer resta convaincu qu'elles étaient parfaitement inutiles.

Malgré sa déclaration, faite publiquement le 20 mai, il proposa à la Chambre un projet de loi sur l'administration des douanes. Il avait été reconnu que celle de 1835 avait tarifé les droits à l'importation des marchandises exotiques à un taux trop élevé, à raison de la loi de la même année qui faisait payer ces droits en monnaies étrangères. Une commission spéciale de fonctionnaires publics fut chargée de remanier le tarif, en appelant même des négocians nationaux et étrangers pour les entendre dans leurs observations à ce sujet ; il en résulta un travail plus en harmonie avec le cours des marchandises sur les places de commerce du pays. Le projet de loi avait donc d'avance l'assentiment public. La Chambre ne put qu'accueillir la loi ; mais l'Opposition qui la dominait, qui la dirigeait, prétendit que le tarif y annexé, établissant un impôt sur le peuple, était entièrement dans les attributions de la Chambre. En conséquence, celle-ci vota ce tarif, le 9 juillet, comme s'il émanait uniquement de son initiative ; et les dispositions réglementaires de l'administration des douanes, d'après la proposition du pouvoir exécutif. Le 10, elle adressa les deux lois au Sénat avec un message longuement motivé pour justifier cette prétention.

C'était placer le Sénat dans la fausse position, ou de sanctionner cette prétention en votant ces lois telles quelles, ou de les rejeter. Mais le Sénat, considérant que le projet primitif améliorait le système douanier, qu'il était une nécessité actuelle, et argumentant de l'art. 158 de la constitution qui attribuait au Président d'Haïti « les relations » extérieures et tout ce qui les concernait ; » le Sénat vota une loi unique, en y substituant la formule usitée dans les cas de proposition faite à la Chambre par le Président d'Haïti : celui-ci la promulgua le 23 juillet.

Le 10 même, la Chambre avait clos sa session de trois mois. La discussion avec le Sénat sur ce point n'était pas possible, du moins pour la présente année. Il est à remarquer que la Chambre ne voulut voter, ni la loi sur les patentes, ni la loi sur l'impôt foncier, parce que celles qu'elle avait décrétées en 1837 furent rejetées par le Sénat, par les motifs qui ont été déduits. L'administration se trouva ainsi forcée de faire percevoir encore ces impôts, en 1839, d'après les lois précédentes déjà interprétées par le secrétaire d'État Imbert, sur l'ordre du Président; et cette mesure allait faire éclater une opposition à Jérémie, de la part de certains contribuables.

Pendant la session législative et après, diverses circulaires du Président d'Haïti, du secrétaire d'État et du grand-juge, sur des objets du service public, et adressées aux commandans d'arrondissement et aux fonctionnaires relevant des deux ministres, furent publiées. La commission d'instruction publique fit un règlement pour l'école nationale de médecine et une autre pour l'école nationale de navigation, établies à la capitale. Enfin, cette année 1838 se termina par un arrêté du Président qui interdit l'établissement des spéculateurs en denrées dans les lieux où il n'y avait ni juge de paix, ni préposé d'administration des finances, à partir du 1er janvier 1839.

CHAPITRE II.

1839. — Prorogation de la session législative au 12 août. — Refus d'impôts à Jérémie. — Négociations pour un traité de commerce et de navigation entre la Grande-Bretagne et Haïti. — La République prend des arrangemens avec les porteurs de titres de son emprunt de 1825. — Ouverture de la session législative. — H. Dumesle et David Saint-Preux font deux motions qui sont adoptées et insérées dans l'adresse de la Chambre. — Boyer lui propose des candidats au sénatoriat. — Son message au Sénat sur le système monétaire du pays. — Le Sénat réintègre le sénateur Pierre André dans ses fonctions. — Discussion de l'adresse de la Chambre; elle l'envoie au Président d'Haïti. — Compte-rendu de la députation sur l'accueil qu'elle a reçu. — La Chambre élit un sénateur pour cause de décès. — H. Dumesle fait publier un article sur la question de la loi des douanes. — Boyer fait rectifier le compte-rendu de la députation de la Chambre. — Il lui propose trois nouveaux candidats au sénatoriat. — Elle refuse l'élection et demande une liste générale des candidats pour cinq sénateurs à élire. — Boyer soumet la question au Sénat. — Son message et celui du Sénat à ce sujet. — Message de la Chambre concernant des bruits sinistres et insistans pour avoir la liste générale. — Boyer lui demande des explications sur ces bruits, ensuite il lui répond sur la question de la liste générale, en lui envoyant copie du message du Sénat à ce sujet. — Publication de toute cette correspondance. — Le 4 octobre, la Chambre discute de nouveau la question des listes de candidature; discours véhément de D. Saint-Preux à cette occasion. — La Chambre décide de protester préalablement à l'élection des sénateurs. — 31 de ses membres font scission et protestent contre cette décision; ils adressent leur protestation à Boyer et en demandent la publication. — Séance orageuse du 6 octobre au palais de la présidence, allocution de Boyer aux officiers militaires, destitutions prononcées. — 37 représentans reconstituent le bureau de la Chambre, et élisent un sénateur sur une liste de trois candidats. — Une députation va annoncer ce résultat à Boyer; elle se rencontre au palais avec une députation du Sénat; accord et félicitations entre les deux députations qui rétablissent ainsi l'harmonie entre le Sénat et la Chambre. — La Chambre somme six représentans opposans de se rétracter, sinon ils seront éliminés de son sein. Ils persévèrent dans leurs opinions et envoient leur déclaration motivée. — Le 9 octobre, la Chambre déclare qu'ils sont éliminés. — Elle informe le Président d'Haïti et le Sénat de cette résolution. — Destitutions de fonctionnaires publics au Port-au-Prince et à Jérémie, dans ce dernier lieu à cause d'une médaille en or décernée à H. Dumesle. — Boyer rétablit dans leurs emplois ceux qui font leur soumission. — H. Dumesle et D. Saint-Preux sont arrêtés et emprisonnés au Petit-Goave; Boyer les fait relaxer. — Sa proclamation du 10 octobre. — Adresse à Boyer par les officiers supérieurs du Port-au-Prince, suivie de beaucoup d'autres dans toute la République. — Réflexions sur tous les faits précédens. — La Chambre rend diverses lois. — Message du Sénat au Président d'Haïti sur le système monétaire, et mesures qu'il propose pour l'améliorer. — Mission envoyée à Jérémie; le colonel Frémont en devient commandant.

Les faits qui avaient eu lieu en 1838 et l'attitude que la Chambre des communes avait prise envers le pouvoir exécutif, faisaient prévoir de nouvelles agitations dans la session législative de la présente année. Ce fut sans doute par ce motif que Boyer crut devoir en éloigner l'époque, en publiant une proclamation, le 25 février, qui ajourna la réunion du corps législatif au 12 août suivant ; car aucune cause apparente ne légitima cet ajournement. Evidemment, le Président commençait à se fatiguer de cette lutte incessante que lui suscitait l'Opposition, installée dans la Chambre des communes depuis deux ans. Mais, éloigner le danger ce n'est pas le détruire ; c'était seulement procurer au pays un repos momentané pour respirer à son aise. Aussi verra-t-on que l'Opposition ne lui tint pas compte de cette intention, parce qu'elle était impatiente de lui faire entendre sa voix.

En attendant ce moment, elle se refléta à Jérémie. Un certain nombre de contribuables de cette ville refusèrent de payer l'impôt des patentes et celui établi sous le nom d'impôt foncier, par l'exemple que traça le fonctionnaire public entre les mains duquel aboutissent tous les revenus de l'État. Ce fut M. Honoré Féry, trésorier particulier de cet arrondissement, qui assuma sur lui cette responsabilité. Il considéra, que le Sénat ayant rejeté les lois que la Chambre avait rendues sur ces matières, en 1837, et que la Chambre n'ayant pas voté d'autres lois en 1838, ces impôts ne devaient pas être exigés des contribuables, parce qu'il n'appartenait ni au secrétaire d'État des finances, ni au Président d'Haïti, de suppléer au silence des lois y relatives. M. Féry possédait des propriétés urbaines soumises à l'impôt sur la valeur locative des maisons, et une habitation rurale, qu'il avait relevée de ses ruines, où il produisait du sucre et du sirop pour alimenter une guildiverie établie sur cette habitation, qui fabriquait du rhum ou du tafia ; le sucre et le sirop étaient soumis à l'impôt foncier, les deux derniers produits au droit de patentes. Homme de bien, citoyen éclairé, fonctionnaire irréprochable dans sa gestion, M. Féry jouissait à juste titre de la considération générale, non-seulement à Jérémie, mais dans tout le pays. En le voyant refuser de payer ces impôts, les contribuables durent se croire autorisés à un pareil refus. Le général Segrettier dénonça le fait et le fonctionnaire au chef de l'État [1]. Mais à cause des égards qu'il devait à M. Féry, le Président envoya à Jérémie le sénateur Bazelais, avec la mission de le persuader de revenir sur sa détermination, présumant bien que les autres contribuables se guideraient encore sur lui. Cette mission eut tout le bon effet que désirait le Président, M. Féry s'étant laissé persuader, s'il ne fut pas entièrement convaincu [2].

Peu après, le 2 mars, la corvette anglaise *la Dee* arriva de la Jamaïque, ayant à son bord M. Courtenay, nommé consul général à Haïti et plénipotentiaire de S. M. B., chargé de proposer au gouvernement de faire « un traité de commerce et de navigation, » entre la Grande-Bretagne et la République. Admis par le Président, deux jours après son arrivée, M. Courtenay entra bientôt en conférences avec MM. Imbert, Voltaire et Inginac, grands fonctionnaires, et le sénateur Gayot. Mais elles ne tardèrent pas à être rompues par divers motifs.

Le plénipotentiaire anglais proposa : 1° que ses nationaux eussent la faculté de construire des temples pour les divers rites religieux qu'ils professent, et des cimetières particuliers pour les inhumations; 2° l'admission des noirs

---

[1] Le général Segrettier était d'ailleurs en mésintelligence avec M. Féry.
[2] Nous dirons bientôt les motifs particuliers que M. Féry *a pu avoir* pour refuser de payer ces impôts.

capturés par les navires de guerre de sa nation sur ceux qui se livraient à la traite, moyennant une somme à payer par la République, aux équipages de ces navires de guerre; 3° que les bâtimens marchands de la Grande-Bretagne fussent traités comme les bâtimens haïtiens dans les ports d'Haïti, à charge de *réciprocité;* 4° enfin, il déclara que les ports de la Jamaïque seraient ouverts au commerce et aux bâtimens haïtiens, si le gouvernement de la République s'engageait à ne *modifier* en aucune manière, durant dix années consécutives, les tarifs annexés à la loi rendue sur les douanes en 1838.

Le gouvernement n'admit que la seule proposition relative aux noirs capturés, sauf à débattre le chiffre de la rémunération. Il ne pouvait consentir aux autres qui étaient aussi contraires à la constitution politique qu'aux intérêts bien entendus du pays. Le commerce à établir entre Haïti et la Jamaïque ne pourrait jamais être assez important, pour le payer au prix qu'en demandait la Grande-Bretagne.

Le plan proposé par M. J. Laffitte, pour la libération de l'emprunt d'Haïti, n'ayant pas été agréé des prêteurs, Boyer avait envoyé à Paris, à la fin de 1838, MM. Frémont et Faubert afin de prendre des arrangemens avec eux. Les bonnes dispositions montrées par M. le comte Molé, président du conseil des ministres, pour faciliter ces arrangemens par ses avis, avaient déjà préparé les prêteurs à entendre raison, à faire des sacrifices à l'instar du gouvernement français. MM. Frémont et Faubert leur firent un exposé de la situation financière de la République, dans une assemblée générale où se réunit la majorité d'entre eux. Il en résulta une convention d'après laquelle les prêteurs consentirent : 1° à abandonner 20 coupons d'intérêts échus, de 1828 à 1838 ; 2° à réduire l'intérêt primitif de 6 pour cent, à 3 pour cent ; et ce, moyennant l'affectation, par le gouvernement haïtien, d'un million de francs annuellement pour le payement des intérêts et l'amortissement successif d'un certain nombre d'actions par le tirage au sort. Le service de l'emprunt étant ainsi réglé, M. J. Laffitte opéra immédiatement, pour l'année 1839, le tirage au sort et le payement des intérêts, avec le million qui avait été versé dans sa caisse l'année précédente. Il venait d'ailleurs de recevoir un nouveau million que Boyer fit expédier en France, en même temps que la somme de quinze cent mille francs destinés à l'annuité de l'indemnité. Ces deux dettes continuèrent à être exactement payées jusqu'à sa chute, en 1843. Dans les premiers jours de juillet, MM. Frémont et Faubert arrivèrent au Port-au-Prince sur la corvette *la Sabine*, partie de Toulon ; le 8, le Président réunit les principaux fonctionnaires et magistrats, et leur donna connaissance des arrangemens que ces envoyés avaient conclus d'une manière si avantageuse pour le pays.

La prorogation de la session législative amena à la capitale les membres de la Chambre des communes et ceux du Sénat, à la mi-août. La Chambre se constitua à la majorité de 39 représentans sur 72 dont elle se composait : M. Georges Jean-Baptiste (de Vallière), fut élu président, et les secrétaires étaient MM. Kenscoff et Imbert. Le lendemain, une députation en prévint le Président d'Haïti. Le Sénat, moins diligent, ne put se constituer en majorité que le 29 ; M. B. Ardouin fut élu président, et MM. Bazelais et J. Noël, secrétaires. Ce corps adressa un message au Président d'Haïti pour l'informer de sa constitution, et en même temps de six remplacemens à opérer dans son sein, par le décès d'un sénateur et l'expiration prochaine des fonctions de cinq autres. La Chambre des communes en fut également avertie par un message [1].

Dès le 19, Boyer avait procédé à l'ouverture de la session, en improvisant un discours. La Chambre, ne voulant pas en faire un résumé, comme l'année précédente, lui adressa un message pour lui en demander copie; il répondit que l'ayant improvisé, il ne s'en souvenait plus. Cette demande était même superflue; car, le président de la Chambre lui ayant dit, au terme du règlement, qu'elle y répondrait par une adresse, on va voir dans cette adresse de quoi Boyer l'entretint.

Dans sa séance du 28, pendant qu'un comité la rédigeait, H. Dumesle et D. Saint-Preux firent chacun une motion en proposant qu'elles y fussent consignées : l'une était relative au changement opéré, par le Sénat, dans la rédaction des deux lois rendues en 1838 sur les douanes; l'autre consistait à demander, que le Président d'Haïti présentât une *liste générale* de candidats pour les six sénateurs à élire en remplacement de ceux désignés par le Sénat. Ces deux motions furent adoptées. Mais le 30, avant le vote de l'adresse, Boyer adressa à la Chambre un message accompagnant une liste de trois candidats, pour l'élection d'un sénateur en remplacement de M. Sully, décédé en fonction. La Chambre ne tenait pas séance ce jour-là.

Le 31, le Président adressa au Sénat un message, par lequel il lui demandait son avis « sur les moyens les plus » propres à amener la modification du système monétaire » de la République, sinon actuellement, du moins à une

---

[1] Les six sénateurs à remplacer étaient : MM. Sully, décédé, Frémont, Bayard, Noël Piron, J. Georges et Labbée dont les fonctions allaient expirer.

» époque le plus rapprochée possible. » Cette question importante était à l'ordre du jour, elle préoccupait beaucoup d'esprits désireux de voir cesser l'émission continuelle du papier-monnaie ou billets de caisse, par le trésor public, depuis l'année 1826. Le Sénat prit connaissance de ce message dans sa séance du 2 septembre, et chacun de ses membres fut invité à examiner la question posée par le pouvoir exécutif, afin de la débattre plus tard.

Dans la même séance, ce corps s'occupa d'une lettre que lui adressa M. Pierre André, tendante à obtenir sa réintégration parmi ses membres. Il est à remarquer que le Sénat, ayant vu que Boyer n'avait pas proposé à la Chambre des candidats pour qu'il fût remplacé en 1838, s'était abstenu de le désigner de nouveau dans ses messages relatifs aux autres remplacemens à opérer dans son sein : la conséquence inévitable de cette abstention était la réintégration pure et simple de ce sénateur dans ses fonctions. Cependant, lorsqu'en comité général, le Sénat délibéra sur sa demande, on vit encore l'égarement de l'année précédente se faire jour parmi quelques-uns des membres qui avaient voté l'expulsion; des paroles peu convenables furent prononcées, et l'un des opposans à la réintégration demanda le vote au scrutin secret. Ce vote eut lieu d'après le règlement et produisit 5 boules noires et 8 boules blanches, sur les treize sénateurs présens. La majorité décida ainsi la réintégration de Pierre André, par un décret qui rapporta celui de 1838. Huit jours après, ce sénateur vint reprendre ses fonctions.

La Chambre des communes s'était réunie aussi le 2 septembre. Une foule de citoyens, de jeunes hommes surtout, occupaient la partie de la salle des séances réservée au public, pour entendre le projet d'adresse qui était à l'ordre du jour; du reste, depuis 1837, il y avait toujours un auditoire nombreux.

Le représentant Daguerre (du Port-au-Prince) eut la malheureuse idée de demander que ce projet fût « lu, discuté, » adopté et expédié au pouvoir exécutif en comité général, » avant que la lecture en fût donnée au public. Car, enfin, » ajouta-t-il, à qui écrivons-nous? Est-ce au public ou » au chef de l'État...? » Il fut très-facile aux membres de l'Opposition de repousser cette proposition insolite. Beaugé, E. Lartigue et D. Saint-Preux prirent successivement la parole à cet effet, et Daguerre monta quatre fois à la tribune pour soutenir son opinion; le *public* finit par se montrer impatient de son insistance et témoigna son improbation. La Chambre alla aux voix et décida la lecture et le débat de l'adresse séance tenante. La voici :

« Président. — Les représentans des communes, obéissant à la voix impérieuse du devoir et conduits par le patriotisme vers le dépositaire de la confiance publique, viennent vous présenter l'expression des sentimens nationaux dont ils sont les organes.

« Si des circonstances particulières ont retardé l'arrivée de la plupart d'entre eux, ils n'en sont pas moins tous demeurés d'accord, que la prorogation de la session a dû être commandée par une impérieuse nécessité. Le désir que le Président d'Haïti a constamment manifesté d'assurer, d'affermir les principes constitutionnels, la nécessité d'en conserver l'intégrité, en sont du moins des gages. Toutefois, la Chambre est heureuse du concert qui existe entre sa persuasion et les assurances que vous lui donnez, que la paix publique est établie sur des bases durables. Elle pense qu'à aucune époque de notre existence politique, l'administration du pays ne s'est trouvée plus avantageusement

placée pour donner aux formes conservatrices la *réalité*
qu'elles attendent, pour faire grandir les âmes avec les institutions, pour organiser la liberté légale sur les bases de
la liberté politique.

» Mais, elle ne le dissimulera pas. Elle osait s'attendre
à être entretenue des grands intérêts du pays, de ses relations extérieures ; et, sans alléguer la raison constitutionnelle, les circonstances semblaient lui promettre d'être
initiée aux affaires publiques, pour que son concours offrît
l'alliance de la conviction et du dévouement. Cependant,
elle n'a pas entendu sans une profonde émotion le témoignage que vous rendez du bon esprit qui anime le peuple
haïtien. Oui, Président, la confiance de ce peuple en ses
chefs est un vrai modèle, il est digne d'être éclairé ; il est
digne du bonheur que produisent la sagesse des institutions
et ces principes salutaires qui donnent la vie aux États, assurent leur avenir, et les élèvent au plus haut degré de
splendeur et de gloire. Qu'il soit donc permis aux représentans de ses vœux et de ses besoins, de vous exposer
encore que son agriculture, son commerce et son industrie,
ces sources fécondes de la prospérité ; que le développement de son intelligence, que les progrès auxquels il aspire, que son système monétaire enfin réclament un regard
protecteur du Président d'Haïti.

» La Chambre n'en saurait douter ; votre volonté du
bien dont elle retrouve l'expression dans ces actes accueillis
par l'enthousiasme du patriotisme, salués par les vœux
publics, et enregistrés par l'espérance des citoyens, s'accomplira *enfin*, et les causes du malaise public disparaîtront
du sol de notre belle patrie.

» Arrivée à une époque de transition sociale, la cinquième législature a fait de la vérité le palladium de ses devoirs. Les entreprises *malicieuses* n'ont jamais osé y pénétrer ; le saint amour de la patrie a dirigé toutes ses inspirations ; elle a proclamé les principes d'ordre, de liberté, d'amélioration et de conservation. En invoquant les voies du progrès, elle a exalté les bienfaits de l'éducation et du travail ; elle a surtout rendu hommage aux brillantes qualités qui vous distinguent ; elle a attesté que la gloire du civilisateur vous était réservée, que vous en aviez reçu la mission de l'estime publique. Mais elle s'est fait un devoir de chercher les vrais principes de la société, de les séparer de l'erreur, d'éviter la confusion dans l'action constitutionnelle ; et elle a pu s'applaudir de l'harmonie de ses idées avec l'opinion éclairée du pays et celle des esprits les plus éminens du siècle. C'est ainsi que, portée par un avertissement du Sénat à étudier la théorie de notre constitution à l'égard des remplacemens à faire dans son sein, elle a découvert que l'élection des sénateurs manquerait de *légalité*, si elle n'était le résultat d'un véritable *concours* dans la candidature. Elle a reconnu indispensable que la *liste générale* offre à la liberté du choix, les voies larges indiquées par la constitution pour éviter l'inconvénient du *double concours*.

» L'adresse que la Chambre a eu l'honneur de vous présenter à l'ouverture de la session dernière, exprima des vœux qui étaient sans doute dans votre cœur ; elle n'a donc fait qu'aller au devant de vos intentions. Le sentiment intime du vrai et du juste uni au patriotisme, la dicta ; ce sentiment est encore pour la Chambre une garantie que, retournant vos pensées vers les *améliorations* qu'elle sollicite, vous comblerez les *espérances* du pays.

» En parcourant l'échelle des droits et des devoirs, la Chambre a remarqué qu'une des causes qui retardent le plus le développement des principes et ralentissent le jeu de la machine politique, c'est que les grands fonctionnaires, ces orateurs du pouvoir exécutif, *se dispensent* d'assister aux séances des Chambres et parconséquent de prendre part aux discussions des intérêts publics. Pour donner toute l'extension possible à l'accomplissement de leurs devoirs constitutionnels, la Chambre des représentans leur offre la *concession* dont le gouvernement qui a le plus anciennement essayé le régime constitutionnel donna le premier l'exemple; c'est d'admettre avec ces grands fonctionnaires des *commissaires* de leur choix auxquels il serait permis, au besoin, de porter la parole pour leurs commettans et en leur présence. Ce moyen remplira le but d'une des dispositions les plus essentielles du pacte social [1].

« La Chambre ne terminera pas sans renouveler ses doléances sur le budget des dépenses publiques dont la forme est proclamée depuis 1817. L'honneur national, intéressé à l'acquittement des conditions de la paix, nous avertit sans cesse que la loi des dépenses est un des principaux moyens d'atteindre à l'ordre et à l'économie; il nous apprend aussi que ce n'est qu'à l'aide de ces deux puissances que notre administration prospérera, et que nous parviendrons à donner à l'univers la preuve incontestable de notre probité politique, et aux citoyens le sentiment de leur liberté et de leurs droits.

---

[1] La Chambre avouait ainsi, qu'elle reconnaissait peu d'aptitude en MM. Imbert et Voltaire à discourir, à discuter avec ses orateurs.

En ma qualité de président du Sénat, j'allais voir Boyer assez souvent. Il me fit lire l'adresse de la Chambre; arrivé à ce passage, je lui dis : « Eh! bien, Président, ce serait » un moyen, pour le gouvernement, d'éclairer la majorité et de la porter à être plus » en harmonie avec vous. — Non, me répondit-il, c'est inutile; cette majorité sera tou» jours entraînée par les avocats qui la dirigent depuis trois sessions; ils ne sont pas de » bonne foi. »

« Le souvenir des conflits qui agitèrent la dernière session a trop vivement occupé la sollicitude des membres de la représentation nationale, pour qu'ils ne cherchent pas encore à rétablir l'harmonie entre eux et les autres grands pouvoirs de l'État. Sans doute, ils ont pu se dire, en interrogeant leurs consciences : « Nous avons fait tout » ce qui était possible pour maintenir l'accord des pou- » voirs. » Mais l'amour du pays, la modération dont ils font vœu de donner toujours l'exemple, tout leur dit qu'ils ne sauraient faire trop pour ranimer les sympathies nationales, et obtenir le noble et précieux résultat qu'ils désirent. Ils viennent donc supplier le Président d'Haïti de convoquer *en conférence* une députation du Sénat et une de la Chambre des communes sous sa présidence. Les temps sont arrivés où les discussions, loin d'être des brandons de discorde, sont des phares qui éclairent la route du vaisseau public. C'est par elles qu'on parvient à la découverte des vérités utiles et à saisir le secret de la science sociale. Dans cette conférence se traiteront les grands intérêts nationaux. Là, les questions qui forment les dissidences d'opinion entre ceux qui sont chargés d'appliquer, de vivifier les principes constitutionnels, seront discutées, et de la discussion naîtra la lumière. Là aussi se résolvra, en faveur de tous, la question de *l'inviolabilité* dans l'exercice et hors l'exercice des fonctions législatives, et de cette conférence ressortiront les vraies et saines doctrines; elle sera pour la patrie l'inauguration d'une ère de bonheur, et pour la postérité, la conférence d'harmonie. »

La discussion étant ouverte sur ce projet d'adresse, le représentant **Daguerre** fut le seul qui prit la parole pour faire observer que, d'après la constitution, la Chambre ne

pouvait exiger du Président d'Haïti une *liste générale* de candidats quand il y avait lieu d'élire plusieurs sénateurs; qu'en conséquence, le paragraphe de l'adresse concernant ce point devait en être retranché. Mais D. Saint-Preux lui répondit : « que la Chambre avait déjà résolu que la
» liste générale serait demandée, qu'il n'avait pas assez
» d'ascendant, pas assez de puissance d'entraînement pour
» la porter à revenir sur sa résolution... Arrière vos vues,
» votre système et vos doctrines, ajouta l'orateur. En
» suivant le système du collègue Daguerre, *la liberté du*
» *choix*, je le répète, est tuée ; la Chambre et ses opinions
» seront pour rien dans la composition du Sénat. En effet,
» quel compte a jamais tenu un sénateur à la représen-
» tation nationale pour ses honorables suffrages ? Agis-
» sent-ils ainsi envers le pouvoir qui nous les propose?
» Je réclame l'ordre du jour. »

Et cette adresse fut adoptée par tous les représentans, moins Daguerre. Elle en disait assez, certainement, au pouvoir exécutif. Mais E. Lartigue monta à la tribune et signala une foule de besoins pour la ville de Jérémie, et de maux dont souffrait sa population : « La prison faisait
» horreur à l'humanité, les prisonniers pour toutes sortes
» de délits y étaient confondus ensemble et mal nourris
» avec 25 centimes par semaine ; l'église nécessitait d'ur-
» gentes réparations; la police était nulle; la ville récla-
» mait une fontaine, un hospice pour les pauvres indi-
» gens, etc. » L'orateur demanda l'insertion de son dis- cours au *Bulletin des lois*, et ses réclamations dans l'a- dresse : la Chambre accorda le premier point et passa à l'ordre du jour sur le second. Elle nomma, en comité général, neuf de ses membres pour la députation qui de- vait apporter son adresse au Président d'Haïti : H. Du-

mesle et D. Saint-Preux en faisaient partie. Ce fut alors qu'elle prit connaissance du message du Président, du 30 août, qui proposait trois candidats afin de remplacer le sénateur Sully, décédé.

Dans la séance du 4 septembre, la députation rendit compte de sa mission auprès de Boyer, en ces termes :

« Représentans, — L'accueil que le Président d'Haïti a fait à votre députation est des plus gracieux. Il a proposé des observations sur la forme de la présentation de l'adresse et sur sa constitutionnalité. Votre députation a expliqué la raison de la révision de cette partie des anciens règlemens de la Chambre, et ses explications ont *satisfait* l'attente du pouvoir exécutif : il a apprécié la *réforme* d'un usage illusoire, sans objet certain, remplacé par des procédés vraiment parlementaires dont l'adoption est une utilité et un progrès. Et, si jamais les témoignages d'affection donnèrent l'espérance d'une *réponse* favorable, c'est dans cette circonstance; car le Président d'Haïti, rappelant des souvenirs chers à la patrie, a dit à votre députation : « Soyons fidèles à la mémoire du grand
» Pétion, en conservant, en perfectionnant son œuvre
» immortelle, et répétez à la Chambre, qu'elle peut être
» fermement assurée que je serai toujours dans son sein
» de cœur, pour affirmer les principes constitutionnels et
» pour défendre avec elle toutes les libertés publiques.
» L'arbitraire n'a pas de plus grand ennemi que moi. »
Législateurs, que ces paroles mémorables retentissent sans cesse dans cette enceinte, et qu'elles soient la consécration d'une époque constitutionnelle ! »

En ce moment, l'ordre du jour appelait la Chambre à décider si l'élection d'un sénateur aurait lieu parmi les trois candidats déjà proposés. On pouvait s'attendre à ce

que cette élection ne se fît pas, en vertu de la réclamation consignée dans l'adresse pour avoir une liste générale à propos de six sénateurs qu'il fallait remplacer ; mais D. Saint-Preux fit observer « qu'il s'agissait d'un remplace-
» ment pour cause de *décès*, que cela constituait une *ex-*
» *ception*, et que le paragraphe de l'adresse n'était appli-
» cable qu'aux cinq autres dont les fonctions cesseraient
» bientôt. » Son observation ayant été prise en considération, la Chambre élut sénateur le colonel Chardavoine, aide de camp du général Borgella [1]. Elle en informa le Président d'Haïti et le Sénat, en motivant cette élection.

En attendant l'impression du *Bulletin des lois*, l'adresse de la Chambre, les discours prononcés dans son sein, le compte-rendu de sa députation, etc., parurent le 7 septembre sur le journal *l'Union*, n° 4. H. Dumesle y fit publier en même temps un article destiné à justifier sa motion relative à la loi sur les douanes ; il commençait ainsi :

« La question de l'impôt des douanes, une des plus importantes qui ait occupé les deux Chambres d'Haïti à la session dernière, a fixé l'attention de ces célébrités européennes qu'on peut appeler les oracles du droit public de l'époque présente. Ce point d'économie politique, qui ne peut soulever le moindre doute dans l'esprit des hommes qui ont étudié de bonne foi la théorie de notre constitution, a été défini par M. Dupin aîné dont l'opinion est conforme à celles des lord Brougham, des Daniel Oconnel, des

---

[1] Le fait vrai qui détermina cette élection est que H. Dumesle et D. Saint-Preux avaient beaucoup d'estime pour le colonel Chardavoine, et qu'en cela ils voulaient être agréables au général Borgella. Il faut dire la vérité en histoire, autrement elle ne serait d'aucune utilité pour les peuples. Qu'on nous pardonne, ou qu'on nous sache gré de la dire toujours : le pays avant tout !

Isambert, des Odilon Barrot, des Lainé de Villévêque, etc., etc., et des plus savans économistes des États-Unis. La voici : — « On *demande* si les impôts directs et
» indirects prélevés par l'administration des douanes, font
» partie des contributions publiques pour la proposition
» et l'assiette desquelles l'initiative appartient à la Cham-
» bre des représentans d'Haïti, aux termes des articles 57
» et 153 de la constitution de ce pays ? »

Et cette opinion, ou réponse faite à la question proposée par H. Dumesle à ces personnages, concluait à dire : « que la loi des douanes rentrait dans les attributions » de la Chambre. » De là la conséquence : que le Sénat n'avait pas eu raison d'agir comme il avait fait en 1838, par rapport à la loi sur les douanes.

Pour le dire en passant, on reconnaît que H. Dumesle, par sa correspondance, recherchait autant de popularité à l'étranger que dans son pays même. En produisant l'opinion de ces personnages, il fortifiait l'Opposition dont il était le chef évident [1].

Mais la députation de la Chambre, dans son compte-rendu, ayant prêté à Boyer des paroles qu'il n'avait pas dites, à ce qu'il paraît, il fit publier dans le *Télégraphe* du 8 septembre, un article officiel qui rétablissait la vérité sur l'entretien qu'il avait eu avec cette députation. Et, comme *réponse* à l'adresse concernant la proposition de candidats pour le sénatoriat, il envoya à la Chambre un message accompagnant une liste de trois candidats, afin qu'elle élût un sénateur en remplacement de Frémont dont les fonctions allaient expirer le 12 octobre suivant. Ce mes-

---

[1] Et en 1843, on adressa une lettre à M. Isambert, pour lui demander des conseils sur la réorganisation de la République, sur la refonte de sa législation tout entière ; lettre devenue célèbre dans nos annales.

sage, en date du 9, disait à la Chambre : « que le pouvoir
» exécutif voyait avec étonnement l'étrange préoccupation
» qui la portait à vouloir changer aujourd'hui le mode de
» proposition et d'élection des sénateurs, après l'usage
» suivi à cet égard depuis plus de vingt ans; et il rappelait
» que dans son entretien avec la députation qui lui apporta
» l'adresse, le Président avait déclaré qu'il agirait comme
» il avait fait antérieurement. »

Le même jour, 9 septembre, la Chambre tint sa séance en comité général pour prendre connaissance de ce message; le 11, en séance publique, elle décida qu'elle *n'élirait pas* un sénateur sur la liste de trois candidats adressée par le Président; le 13, elle n'eut pas de séance, et le 16, elle lui écrivit un message pour expliquer les motifs qui la portaient à exiger une *liste générale* de candidats pour les cinq sénateurs qu'il fallait élire. Elle déclara : « que le long
» usage suivi à cet égard ne pouvait prévaloir sur les dis-
» positions de la constitution; que dans les temps passés on
» avait pu *fausser* leur sens, mais qu'aujourd'hui il fallait
» cesser ces erreurs; qu'en méditant les art. 101, 102, 107,
» 108 et 109 de l'acte constitutionnel, la Chambre demeu-
» rait convaincue que le Sénat doit être renouvelé *intégra-*
» *lement* comme elle-même; que les remplacemens à y
» opérer pour cause de mort, de déchéance ou de démission,
» *restreignaient la durée* de ces remplacemens dans le
» cercle du temps à parcourir pour *accomplir* la période de
» neuf années de l'élection primitive; enfin qu'en tout cas,
» soit qu'il s'agit d'un renouvellement total ou partiel du
» Sénat, il fallait une liste générale de candidats, afin
» de donner toute l'*extension* désirable à la *liberté* du
» choix. »

C'était une théorie toute nouvelle que la Chambre adoptait sur la foi des deux avocats qui la dirigeaient. Que devait faire le Président d'Haïti dans une telle circonstance ?

Le 17, il appela les sénateurs Bayard, Bazelais et Ardouin, afin de leur donner communication du message de la Chambre et de prendre conseil d'eux. Ces sénateurs furent unanimes à l'engager de s'adresser au Sénat, éminemment intéressé dans la question pour avoir son complément, et à lui demander son opinion sur le sens des articles cités de la constitution.

Précédemment, dans la session de 1838, l'un de ces avocats, — David Saint-Preux, — avait reconnu, le 6 juin, « que la représentation nationale, la Chambre, était *indé-* » *pendante*, mais *non souveraine;* que sa mission était de » *lutter* constamment *d'opinion;* et que le Sénat était revêtu » d'un pouvoir essentiellement *modérateur*, chargé d'établir » l'*équilibre* entre la nation et son chef, etc. »

L'avis des trois sénateurs était donc basé, et sur la constitution elle-même et sur l'aveu de l'un des deux chefs de l'Opposition. Mais Boyer hésita à le suivre; il savait qu'une grande partie du public s'était passionnée pour ces prétentions de la Chambre, que plusieurs sénateurs étaient liés d'amitié avec H. Dumesle et D. Saint-Preux, et il craignait même que le Sénat n'adoptât leur opinion. Les trois sénateurs le rassurèrent à ce sujet, en lui disant : « que depuis que la Chambre avait soulevé la question d'une liste générale de candidats, les membres du Sénat l'avaient examinée, non en séance, mais dans leurs réunions habituelles, et qu'ils ne pensaient pas qu'elle eût raison. »

Sur cette affirmation, le Président se décida à adresser, le 18, un message au Sénat : il l'accompagna de celui de la Chambre, du 16, et d'une copie de son propre message du 9 écrit à ce corps. On y lisait :

« L'adresse que la Chambre des représentans des communes a votée dans sa séance du 2 de ce mois, a mis au grand jour le plan de réformes qu'elle croit pouvoir introduire, de sa propre autorité, dans l'application de la loi fondamentale de l'État...

» La Chambre avait, d'abord, parfaitement compris que l'article 107 n'entendait parler que du renouvellement *partiel* des sénateurs ; mais, s'apercevant, sans doute, que dès lors l'exigence, de sa part, d'une *liste unique, générale*, de proposition, ne pouvait être sérieusement soutenue contre le texte de cet article qui prescrit la présentation d'une liste pour chaque sénateur à élire ; préoccupée surtout de la pensée dominante d'élargir le cercle de son vote, en limitant celui de l'initiative du pouvoir exécutif, elle a maintenant recours à une autre combinaison d'où elle s'efforce de faire sortir le principe du renouvellement *intégral* du Sénat ; et si elle ne prétend pas l'imposer dès à présent, c'est que, dans son système, elle n'oserait tenter ouvertement de renverser, tout d'un coup, l'édifice constitutionnel que la nation a élevé, au prix de tant d'épreuves sanglantes...

» Je me bornerai à rappeler que le renouvellement des sénateurs doit être *partiel*, et que l'initiative du pouvoir exécutif ne peut être limitée ; d'un autre côté, que l'idée actuellement émise d'un renouvellement intégral du Sénat, semblable à celui de la Chambre des représentans, ne saurait se concilier ni avec la permanence de ce corps, consacrée par l'art. 114, ni avec la nature de son institution qui a pour but de conserver, comme le feu sacré, aussi longtemps que la constitution elle-même subsistera, les traditions de son culte et de ses dogmes. — Je m'arrête ici. « Le Sénat est chargé du dépôt de la constitution (art. 113).... » C'est donc au Sénat que je dois m'adresser, dans cette circonstance, pour lui demander la solution de cette question :

« La Chambre des représentans des communes a-t-elle
» le droit d'interpréter, à son gré, la constitution ; et, par
» suite, de changer aujourd'hui le mode observé, depuis
» plus de vingt ans, pour procéder aux remplacemens à
» opérer dans le sein du Sénat? »

Le Sénat se réunit extraordinairement, le 20, pour prendre connaissance, à huis-clos, de ce message. La délibération s'ouvrit immédiatement sur son objet. La plupart des membres présens, au nombre de dix-sept, prirent la parole sur la question et opinèrent *contre* les prétentions de la Chambre des communes, d'exiger une liste générale de candidats; à l'unanimité, moins une voix [1], le Sénat décida donc en faveur de l'opinion du Président d'Haïti. Il chargea son bureau, auquel furent adjoints deux autres membres, de préparer un message en réponse à celui du Président, lequel projet lui serait présenté dans la séance ordinaire du lundi 23 septembre. Ce jour arrivé, le message fut approuvé et signé de quinze sénateurs présens à la séance [2]. Une députation l'apporta au Président dans l'après-midi; il en fut on ne peut plus satisfait, dans la pensée surtout que la Chambre renoncerait à ses prétentions, en voyant deux des trois grands pouvoirs constitutionnels d'accord sur l'interprétation des articles du pacte social invoqués par elle-même.

Ce message fut longuement motivé, d'après l'opinion du

---

[1] Celle du sénateur Dieudonné, qui observa le mutisme le plus complet.

[2] Les sénateurs Dieudonné et Rigaud, opposans, n'assistèrent pas à cette séance, afin de ne pas signer le message du Sénat, bien que Rigaud eût voté, le 20, comme ses autres collègues.

comité chargé de sa rédaction, qui résuma ainsi celles professées dans la discussion par tous les sénateurs qui avaient pris la parole. Il était essentiel, en effet, que le Sénat prouvât à la nation, qu'il avait de bonnes raisons pour approuver le Président d'Haïti contre les prétentions de la Chambre des communes ; car les deux corps ayant été en une sorte d'hostilité, et l'Opposition répandant le bruit que le Sénat ne jouissait pas de son indépendance, surtout depuis l'affaire de Pierre André, il était convenable de raisonner son message d'après la constitution. Le comité de rédaction visa à un autre but en discutant cette question : c'était de convaincre la *majorité* de la Chambre, que les chefs de l'Opposition égaraient par des argumens spécieux, afin de ramener l'harmonie entre ce corps et le chef de l'État par la puissance du raisonnement ; et ce but à atteindre résultait de la mission du Sénat, reconnu par l'un et l'autre pouvoir comme étant le pouvoir modérateur, conciliateur entre eux [1]. Aussi le message disait-il :

« .... Le Sénat remarquera que ce n'est pas bien comprendre l'exercice d'un pouvoir défini et circonscrit par le pacte fondamental, que de confondre, comme le fait la Chambre des représentans, ce pouvoir constitutionnel avec les *théories* adoptées par plusieurs de ses orateurs, sur la forme qu'ils croient plus convenable de donner à la présentation des candidats nécessaires pour les remplacemens à opérer au Sénat. En effet, la Chambre n'est qu'une branche du pouvoir législatif ; elle ne saurait avoir *le droit de réformer* la constitution en adoptant toutes les *subtilités* qu'on pourrait produire à sa tribune pour en empêcher la

---

[1] Je sais bien que l'Opposition m'attribua uniquement ce moyen employé pour convaincre la majorité, parce qu'elle sut que j'avais rédigé le message. Elle le qualifia de *machiavélique* ; mais je viens de dire quel fut le motif du comité.

religieuse exécution. En interprétant donc les art. 101, 102, 107, 108 et 109 de la constitution comme elle l'a fait, la Chambre des représentans, *entraînée dans une fausse voie*, donnerait à penser, s'il était possible qu'elle y persistât de nouveau, qu'elle ne prétend pas seulement limiter, circonscrire la prérogative que cet acte a accordée au Président d'Haïti pour la présentation des candidats; mais qu'elle veut insensiblement *s'arroger le droit* de donner une *direction politique* à la marche du gouvernement, et que, de progrès en progrès, elle en viendrait à fixer l'époque où le Sénat devra être intégralement renouvelé, selon les idées émises à sa tribune. Si telle n'est pas textuellement la déclaration consignée dans son message du 16 courant, telle est du moins l'induction nécessaire de ses opinions sur le sens de ces articles constitutionnels.... »

Le message examina ensuite le vrai sens de ces articles, rappela que depuis l'institution de la Chambre ils furent toujours compris de cette manière par les trois grands pouvoirs, réfuta l'opinion du renouvellement intégral du Sénat par sa *permanence* et ses nombreuses *attributions*, en le comparant à celui de la Chambre qui, arrivant tous les cinq ans, « peut quelquefois apporter dans l'exercice de ses
» fonctions des vues *prématurées*. » Et il disait :

« Comment pourrait-on donc soutenir que le vœu de la constitution ait été de soumettre le Sénat au renouvellement *intégral* ? Comment concevoir qu'un pouvoir qui est chargé principalement de conserver, de maintenir dans leur intégrité les principes qui animent le gouvernement, qui, par sa nature même, doit avoir *un esprit de suite* dans ses opérations ; que ce pouvoir, enfin, soit exposé, dans le cas du renouvellement périodique de tous ses membres *à la fois*, à ces *variations* d'idées et de vues politiques qu'un tel changement pourrait amener? Dès-lors, on doit franchement reconnaître qu'il est impossible que les rédacteurs de la constitution aient entendu que le Sénat doit être *intégralement* renouvelé [1]. »

Et le message conclut négativement sur la question posée au Sénat par le Président d'Haïti, à la fin du sien en date du 18 septembre. Toutefois, la délibération et le vote du Sénat ayant eu lieu à huis-clos, on n'en sut que le résultat dans le public ; car le Président ne s'empressa pas même d'en donner communication à la Chambre des communes.

Dans l'intervalle, celle-ci avait renouvelé son bureau, le 19, en nommant H. Dumesle pour son président. Le 26, la Chambre adressa un nouveau message à Boyer, dans le but de l'informer d'abord, que « des bruits sinistres, annonçant des projets plus atroces encore, venaient de
» frapper les oreilles des hommes attachés à leur pays par
» les plus puissantes affections du cœur, et les avertir qu'ils
» devaient expier dans leur sang leurs convictions constitutionnelles ; que le nom du Président, qu'accompagnaient de si nobles, de si précieux souvenirs, était le
» mot dont on se servait pour encourager cette funeste entreprise ; » et ensuite, de dire au Président, que la Chambre venait de découvrir dans ses archives des documens dont elle ne se doutait pas, qui légitimaient de sa part la demande d'une liste générale de candidats, par le même procédé dont A. Pétion avait usé en 1817 pour l'élection de six sénateurs, procédé que Boyer lui-même avait imité, le 24 septembre 1821, dans un cas semblable ; et ce mes-

---

[1] On pouvait concevoir le renouvellement du Sénat par *séries*, par *tiers*, comme le prescrivait la constitution de 1806, mais non pas *intégralement*. Le renouvellement par séries se concilierait avec la permanence de ce corps, parce qu'il y conserverait l'esprit de tradition. Voyez la note 1 à la page 206 du 8e tome de cet ouvrage.

sage fut accompagné des deux listes générales, envoyées en communication.

La veille, dans la séance publique de la Chambre, lecture avait été donnée de ces documens et le message ci-dessus avait été résolu. Aussitôt, les opposans de la Chambre et dans le public, de faire grand bruit de cette découverte qui, selon eux, prouvait que la législature avait raison, puisque Boyer et son prédécesseur avaient agi comme elle le désirait.

Quand le Président reçut ce message, il fit appeler le sénateur Ardouin, président du Sénat, vers sept heures du soir, le 26, pour le lui communiquer. Il lui dit : « Voilà
» tous mes raisonnemens et ceux du Sénat *renversés*, à pro-
» pos de la liste générale, puisque Pétion en avait adressé
» une à la Chambre et que j'ai suivi son exemple, sans m'en
» ressouvenir aucunement.— Rassurez-vous, Président, lui
» répondit son interlocuteur : j'ai lu toutes les archives du
» Sénat, et je sais que vous êtes dans le vrai de la question,
» comme Pétion y était lui-même. En 1817, quand il pro-
» posa à la Chambre 18 candidats pour l'élection de six sé-
» nateurs, il présenta une seule liste, il est vrai, mais il la
» *fractionna* par groupes de *trois candidats* pour chaque
» sénateur à élire, en séparant ces groupes par un trait. Il
» fit plus : prévoyant que la Chambre pourrait croire qu'elle
» avait le choix entre ces 18 candidats, il chargea le prési-
» dent de cette législature, M. Pierre André, d'expliquer
» son intention d'après le vœu de la constitution, afin
» qu'elle n'élût les 6 sénateurs que dans les groupes dis-
» tincts de candidats. Ce que je vous dis, Président, est cons-
» taté dans le procès-verbal de leur élection dont la Cham-
» bre envoya une copie au Sénat[1]. En 1821, vous avez agi

[1] Voyez à ce sujet, la 274e page du 8e tome de cet ouvrage.

» comme votre prédécesseur ; vous avez proposé, le 24 sep-
» tembre, 15 candidats pour l'élection de 5 sénateurs, en
» fractionnant la liste ; le 26, vous avez encore proposé
» 15 candidats de la même manière, en reproduisant
» M. J. Thézan, non élu le 24, mais élu le 26. Ainsi la
» Chambre n'a pas raison de vous opposer aujourd'hui votre
» procédé et celui de Pétion : ses orateurs l'égarent. Demain
» matin, je vous apporterai en communication les procès-
» verbaux de la Chambre qui sont aux archives du
» Sénat[1]. »

Après s'être convaincu de la vérité de ces assertions, Boyer répondit, le 26 septembre, à la partie du message de la Chambre concernant le prétendu assassinat médité contre les membres de l'Opposition. Il le fit avec une énergique indignation :

« Mais d'où viennent ces bruits ? dit-il. Quels en sont les auteurs ? Voilà, ce me semble, ce que la Chambre, avant de leur donner une extrême publicité, aurait dû chercher à connaître et à signaler d'une manière précise. D'un autre côté, comment expliquer dans le message de la Chambre, ce mélange de soupçon qu'elle accorde à ce projet abominable, et d'hommage rendu aux sentimens du Président d'Haïti ? Si la Chambre ne croit pas à la vérité des bruits dont il s'agit, pourquoi l'éclat qu'elle leur a donné ? Pourquoi la démarche officielle qu'elle fait auprès de moi, et qui pourrait blesser la délicatesse de mon caractère ? Si elle y croit, c'est une offense plus grave encore, que je repousse de toute l'énergie de mon âme et dont l'opinion nationale fera justice. Ma vie privée, ma carrière publique, sont au

---

[1] Dans son message du 23 septembre, le Sénat avait parlé de l'interprétation donnée par Pétion à la constitution, et de celle suivie par Boyer d'après lui ; mais le Président n'y avait pas fait attention.

grand jour... Je m'attends que la Chambre reconnaîtra qu'il est de son devoir de me donner, sur la dénonciation contenue dans son message, les explications indispensables que je suis dans l'obligation de lui demander, afin d'être fixé sur ce qui y a donné lieu... »

Mais la Chambre garda un silence absolu à cet égard, et il est probable que l'Opposition qu'elle avait dans son sein n'avait imaginé ce moyen que pour se rendre *intéressante* aux yeux du public.

Le 28, Boyer répondit à la seconde partie de son message, relative à la liste générale et à la grande découverte des précédens de 1817 et de 1821. Cette fois, son argumentation fut péremptoire, et il devait convaincre la Chambre, si les opposans avaient voulu qu'elle fût convaincue. Après avoir rappelé ce qui eut lieu depuis le commencement de la session et cité les messages de Pétion et le sien, le Président dit :

« La Chambre serait dans une grande erreur, si elle pouvait penser que j'eusse *oublié* ces précédens... Que renferme la question ? Deux points distincts : l'*initiative* et la *nomination*. L'*initiative* appartient au pouvoir exécutif... la Chambre ne la conteste pas, seulement elle veut la régler, la limiter. La *nomination* est du domaine de la Chambre : point de difficulté à cet égard. Mais, quelle est la pensée des art. 107 et 108, si ce n'est de faire de l'*initiative* la base principale de l'élection, et de lui subordonner le reste ? Tel est, en effet, l'esprit de ces articles qui ne donnent à l'initiative du pouvoir exécutif d'autres limites que la *généralité* des citoyens, c'est-à-dire les limites mêmes de la nation ; tandis qu'ils restreignent le droit de nomination de la Chambre dans le nombre de *trois candidats* par chaque proposition. Et dans quel but ? pour assurer au Sénat une organisation qui, dérivant directement du pouvoir exécutif et recevant néanmoins la sanction de la Chambre, pût transformer ce corps en un pouvoir *modérateur* destiné à maintenir l'harmonie entre les deux autres pouvoirs, et à rappeler à l'observation des principes celui d'entre eux qui s'en écarterait… Néanmoins, comme dans une question aussi importante, il m'a paru qu'il ne convenait pas que je fusse moi-même juge de mon droit, j'ai réclamé sur ce point l'opinion du Sénat. Ce corps me l'a envoyée par son message en date du 23, dont j'adresse sous ce pli une copie à la Chambre.

« Si, après avoir mûrement examiné, et mon présent message et celui du Sénat, la Chambre continue de persister dans l'opinion qu'elle a tout récemment adoptée, la nation sera à même d'apprécier quel est celui des deux pouvoirs, de la Chambre ou du Président d'Haïti, qui se place en dehors de ses attributions. »

Le lendemain, le *Télégraphe* publia officiellement toute cette correspondance, à partir du message présidentiel du 9 septembre. Cette publication eut le bon effet de mettre la Chambre en demeure de se prononcer ; ses orateurs le comprirent.

Si l'Opposition qui la dirigeait était seulement animée de l'esprit du gouvernement représentatif, de celui de la constitution prise dans son vrai sens et dont elle réclamait sans cesse la littérale exécution, elle eût dû déférer à l'opinion exprimée par les deux autres grands pouvoirs, sur la question soulevée par elle, sans y trouver une nouvelle occasion de manifester des sentimens peu dignes d'elle-même. Les précédens qu'elle avait invoqués, de la part de Pétion et de Boyer, réduits à leur juste valeur, lui en faisaient même une obligation plus stricte. Elle aurait dû remarquer aussi que, par son insistance, elle avait réussi à amener Boyer à ne pas compter sur sa seule puissance, et à consulter le Sénat sur la solution qu'il fallait donner à cette importante question. C'était là, sans doute, un grand résultat obtenu en faveur du gouvernement représentatif. Mais, après tout le tapage qui avait eu lieu à la Chambre; après avoir entraîné la majorité de cette assemblée et de nombreux citoyens dans le public à penser comme elle, — que le Président d'Haïti devait fournir une liste générale, unique, de quinze candidats pour l'élection de cinq sénateurs; après la mésintelligence survenue l'année précédente et subsistante encore entre la Chambre et le Sénat, l'Opposition aurait cru déchoir, perdre son « pouvoir d'opinion, » se suicider enfin, si elle s'était rangée purement aux opinions émises par le Sénat et par le Président d'Haïti dans leurs messages.

Dans sa séance publique du lundi 30 septembre, la Chambre entendit la lecture de ces messages. Son président H. Dumesle dit : « qu'elle devait prendre un délai moral » afin d'y réfléchir et d'y répondre avec la sagesse qui con- » vient à la représentation de la nation. » Plusieurs représentans insistèrent pour que la Chambre, au contraire, prît immédiatement une décision ; mais D. Saint-Preux appuya le président pour ajourner la décision au vendredi 4 octobre : « Messieurs, dit-il, moi aussi, moi-même je puis » céder comme beaucoup d'entre nous; mais avant de » céder, il faut mûrir, il faut approfondir cette question de » l'élection des sénateurs. » On alla aux voix ; une quinzaine de membres votèrent pour la décision immédiate, la majorité pour l'ajournement au 4 octobre. Douze orateurs s'inscrivirent pour parler sur la question.

L'auditoire était nombreux; il allait être plus nombreux encore à cette nouvelle séance. Des murmures d'improbation sortis de son sein avaient accueilli les paroles des représentans qui opinèrent en faveur de la décision immédiate ; l'autorité militaire jugea convenable de renforcer la garde ordinaire de la Chambre pour y maintenir l'ordre, à l'intérieur. H. Dumesle s'en aperçut et demanda des explications à ce sujet à l'officier commandant cette garde ; celui-ci lui répondit que sa consigne était d'être entièrement aux ordres du président de la Chambre, pour assurer sa police.

A cette fameuse séance, trois orateurs seulement prirent la parole pour conseiller à la Chambre de se rallier purement à l'opinion du Sénat et du Président d'Haïti : c'étaient Kenscoff, Roquirol et Daguerre. Mais huit autres furent d'avis de *protester* contre cette opinion avant d'y souscrire : c'étaient Beaugé, Tesson, Lochard, Obas fils, Lartigue, Pierre Charles, Imbert et Loizeau. Ce dernier fit savoir le vrai motif qui portait l'Opposition à vouloir exiger du pouvoir exécutif une liste générale de quinze candidats pour les cinq sénateurs à élire : « Vous n'avez pas oublié, Mes
» sieurs, dit-il, que l'année dernière, lors de l'élection des
» sénateurs Michel et Décossard, élus sur deux listes par-
» tielles, les citoyens Rouanez et Calice Bonneaux, recom-
» mandables d'ailleurs sous tous les rapports, furent deux
» fois et successivement proposés, et qu'ils le seraient, 3, 4,
» 5, 6 et 7 fois même, s'il y avait eu autant de sénateurs
» à élire. »

Or, malgré le mot « recommandables » dont se servit cet orateur, le fait vrai était : qu'aux yeux de l'Opposition, M. Rouanez passait pour être un favori de Boyer, que M. Calice Bonneaux était considéré comme tel aussi, ayant été aide de camp du Président [1]. C. Bonneaux

---

[1] En ce moment, il était commissaire du gouvernement près le tribunal de cassation;

avait un autre tort, — celui d'avoir pris une part active à l'arrestation des représentans, dans l'affaire du 30 août 1822.

Il résultait maintenant de tous ces discours, que l'Opposition semblait renoncer à l'idée de faire concourir les quinze candidats exigés, à l'élection des cinq sénateurs, pour admettre néanmoins cette liste générale *fractionnée* comme Pétion et Boyer l'avaient fait antérieurement; et ce, afin que ce dernier n'eût pas la faculté de reproduire les mêmes candidats à la même session. Mais tous ces orateurs repoussèrent les argumens du message du Sénat avec plus ou moins d'aigreur; ils lancèrent des traits contre ce corps, en rappelant les faits de l'année précédente entre les deux branches du corps législatif, notamment la substitution que le Sénat avait opérée, de son chef, dans la loi rendue sur les douanes.

Le rôle que le représentant D. Saint-Preux jouait dans l'Opposition, mérite une mention particulière du discours qu'il prononça dans cette séance : aussi bien ses lumières supérieures à celles des autres orateurs lui valent cette distinction. Répondant d'abord à certaines paroles de son collègue Roquirol, qu'il considérait comme un fait personnel, il dit :

« Les principes que je professe me donnent la conscience de toujours rendre hommage à la vérité, alors même qu'elle fait honneur à mes plus acharnés et puissans ennemis. Le représentant Roquirol m'aurait-il fait l'injure de penser qu'il m'arrive d'être *flatteur* quelquefois, et que c'est pour plaire que je l'ai dit et que je le répète encore : Sous aucun gouvernement le peuple haïtien n'a eu plus de garanties, contre l'arbitraire et le despotisme, qu'aujourd'hui. »

Mais il expliqua sa pensée, en faisant allusion à la constitution dont Pétion dota le pays, « en créant la repré- » sentation nationale pour contrepeser le pouvoir exécutif » empêcher le retour du despotisme et donner au peuple » le sentiment de ses droits, de sa force et de son de- » voir... »

« Ainsi, poursuivit-il, les garanties dont le peuple jouit actuellement, pour être plus efficaces que celles de ces époques de despotisme et d'anarchie, ne sont certainement pas toutes les garanties qu'assure à la nation la constitution revisée. *L'armée* est-elle formée, entretenue, organisée, payée et gouvernée conformément à l'art. 58 de cette constitution? Le mode de son recrutement, celui de l'avancement de ses officiers, et la durée du service militaire, sont-ils réglés par une loi? L'agriculture, le commerce, l'industrie, les arts et les sciences, reçoivent-ils cette protection légale que leur assure la constitution? L'administration générale des finances n'est-elle pas un épisode des administrations de ces temps déplorables, abandonnée à l'arbitraire? Les dépenses publiques même, en ce moment où le pays est obligé envers une grande puissance étrangère, sont-elles réglées par un budget voté d'avance, pour empêcher la dilapidation des revenus publics? Enfin, le peuple est-il aussi heureux que la fécondité du sol lui donne le droit de l'être? »

A ce moment seulement, le président de la Chambre s'aperçut que son lieutenant s'écartait de la question ; il l'y rappela.

L'orateur discourut alors sur le texte de l'art. 108 de la constitution et y trouva de nouveau et suivant sa manière de l'interpréter, que le pouvoir exécutif était tenu de présenter à la Chambre une seule liste de quinze candidats pris dans la généralité des citoyens, possédant des talens, des vertus et du patriotisme, qualités requises par l'article 104, et non pas une liste distincte pour chacun des cinq sénateurs qu'il fallait élire dans cette session.

« Car, dit-il, la Chambre a besoin d'être en garde contre l'affection qui, en haute politique, est la plus dangereuse des passions, et dont l'influence, dans la composition du Sénat, peut donner au pays un gouvernement *de famille* [1]. Sans doute, le plus affreux, le plus désespérant désenchantement attaché au malheur, c'est la défiance de l'avenir. Eh! pourtant, le système dans lequel on persiste nous l'inspire! Est-ce là l'intention du peuple? Était-ce là le but de la révolution? Non! sans doute non! Au nom du *peuple*, qui est essentiellement souverain; au nom de *l'armée*, au nom *de sa pauvreté et de ses souffrances*, je *proteste* de toute la force d'une âme libre et fière de ses convictions profondes et intimes, contre toute élection *partielle* et *successive*, contre toute délibération de la Chambre elle-même, dont l'objet serait de fouler aux pieds l'exemple que nous a légué l'immortel fondateur de la République, si digne d'une admiration pleine d'estime, si digne enfin d'une noble imitation! »

Supposant ensuite que la Chambre cédât au vœu du pouvoir exécutif et du Sénat, l'orateur dit :

« La Chambre deviendra *complice* et assumera la responsabilité de cette manœuvre *aristocratique*; elle contribuera à fermer les portes du Sénat au talent, à la vertu et au patriotisme, dont le malheur serait, non de déplaire, mais

---

[1] L'Opposition reprochait à Boyer, la présence au Sénat de MM. Bazelais, son gendre, et Madiou, son neveu par alliance. Elle lui reprochait encore, nous venons de le dire, d'avoir proposé deux fois MM. Ronanez et C. Bonneaux. Voilà à quoi cette phrase faisait allusion, si elle n'y comprenait pas encore d'autres sénateurs « rédacteurs de messages. »

de ne point appartenir à ce petit nombre de *privilégiés* qui, depuis vingt années, alternent tour à tour au Sénat et aux grandes fonctions administratives, quoique *dénués* de cette honorable passion du bonheur des citoyens, qui seule affermit les gouvernemens et rend imperturbable la paix publique. »

Engageant ensuite la Chambre à persévérer dans l'interprétation qu'il donnait à l'art. 108, l'orateur dit :

« Que de graves conséquences ne doivent pas découler des erremens dont vous voulez sortir ! Si vous y retombez..., vous mettrez dans les mains du pouvoir exécutif, s'il est méchant, le plus puissant moyen d'organiser le despotisme légal. Il composera un Sénat à sa dévotion, lequel sera le plus terrible instrument de ses funestes desseins. Alors, vous aurez cessé d'être, ou l'âge vous aura éloignés de cette tribune, et le boulet que vous aurez lancé contre la liberté, ira mourir sur la tête de vos fils et de vos neveux ! »

Après ces considérations générales le fougueux tribun continua :

« Entre un pouvoir qui, ayant *l'initiative* des lois d'amélioration, *s'obstine* à ne point adhérer à aucune des plaintes, des doléances du peuple, et l'assemblée de ses représentans, qui n'a pas le droit de lui demander compte de sa *résistance* à l'accomplissement du bien public; en présence de la *misère générale*, quel moyen reste-t-il pour obtenir les améliorations sociales ? Or, quand un tel moyen ne se trouve pas dans l'organisation politique, les représentans conservent leur honneur et leur intégrité, en *protestant* contre la force, la violence et l'arbitraire, dont on pourrait se servir pour leur arracher un consentement que réprouvent leur conscience et la constitution, qui est l'étoile polaire de leurs actions. La question est arrivée à son point culminant.

» Examinons l'*immixtion* inconstitutionnelle du Sénat dans cette affaire.... Il est vrai que depuis l'ouverture de cette législature, il s'est appliqué, avec une préoccupation persécutrice, à provoquer, à outrager et à censurer injurieusement la Chambre, comme si les représentans du *souverain* pouvaient dépendre et être placés sous l'obéissance d'un *Sénat*, ouvrage de leur vote! Eh! comment ne s'arrogerait-il pas cette puissance incommensurable et despotique, ce Sénat qui, en 1825, sans discussion des intérêts nationaux, accepta l'ordonnance du 17 avril dont les dispositions causèrent une telle crise dans le commerce, que les contre-coups ont jeté le pays dans cet état de *pauvreté* dont il ne se relèvera jamais, tant que le Sénat n'abjurera pas son système stationnaire ? Ce Sénat qui, en 1834, au mépris de l'art. 161 de la constitution dont les principes ne confient au pouvoir exécutif que la simple surveillance de la perception des contributions publiques, et à la faveur de son funeste *veto* ou plutôt de *l'abus* qu'il en fait, priva la Chambre de l'initiative du mode de perception des impôts, et la conféra au pouvoir exécutif sous le titre de *régie* [1]. Ce Sénat qui, en 1837, a rejeté les lois de patentes et d'impôt foncier votées par la Chambre pour l'année 1838, sous le prétexte inconstitutionnel qu'elles avaient empiété sur les attributions du pouvoir exécutif qui, en matière d'impôt, n'a que des ordres à donner pour en faire opérer le versement. Ce même Sénat, bien qu'il ne puisse exercer son veto absolu qu'une fois, mais s'embarrassant si peu de la constitution et de cette misère générale qui accable

---

[1] J'ai déjà dit que cette distinction entre les lois d'impôt et leur régie, fut provoquée en 1833 par le sénateur J. Georges, ami des chefs de l'Opposition.

toutes les familles, quelle que soit leur condition, rejeta souverainement les mêmes lois de patentes et d'impôt foncier, adoptées pour cette année dans un esprit relatif à la stagnation des affaires, et autorisa la perception *arbitraire* des quotités d'impôt que les représentans du peuple n'ont pas consentie. Ce Sénat qui, dans la même année 1838, usurpa sur les pouvoirs de la représentation nationale l'initiative de la loi d'impôt indirect prélevé aux douanes sur les consommations du peuple, à dessein d'illimiter la puissance exécutrice, de détruire l'équilibre social et d'arracher à la Chambre cette force indispensable pour contrepeser l'autorité envahissante de l'exécutif.... Ce Sénat qui a *expulsé* de son sein un de ses membres, parce qu'il avait cru faire *hommage* de la violation de la constitution, en se *prosternant* devant un pouvoir dont les actes sont soumis à son contrôle, et qui n'a pas *rougi* de la *réintégration* du sénateur accusé ; s'il n'est pas coupable, du moins il n'est pas justifié aux yeux du pays. Lorsque les garanties sénatoriales sont des déceptions, des illusions trompeuses, des piéges tendus à la confiance, que peuvent être les garanties publiques dans un tel état de choses ?

» C'est encore ce Sénat qui, aujourd'hui, vient s'ingérer dans une question qui, par sa nature, est préexistante à sa composition, uniquement pour jouir de sa toute-puissance législative. Aux yeux *d'un ennemi si acharné* de la représentation nationale et de ses vœux de progrès et d'amélioration, Haïti et le monde civilisé, à l'avance, demeuraient persuadés que la Chambre n'aurait jamais eu raison. En général, on s'attendait à tous les *sophismes* les plus *grossiers* comme les plus *limés*, qui auraient une tendance à tout déguiser. Le message du Sénat a confirmé ces prévisions....

» Enfin, Messieurs, le Sénat *sépare* les orateurs et la tribune, de la Chambre, sans doute dans la secrète intention de *signaler* les représentans qui ont le courage de leur opinion, à la vindicte de quelque puissance vengeresse : comme s'il ignorait que le système dominant est en *désaccord* avec la disposition des esprits, comme si le pays, si les citoyens, les familles, tous les Haïtiens enfin, ne préféreraient *le malheur* qu'on leur fait appréhender, *à cette misère hideuse* qui jette toutes les espérances dans une longue et cruelle agonie. La Chambre ne *séparera* pas le Sénat, *de ses rédacteurs de messages et de comptes-rendus*, parce que la Chambre n'a pas à incriminer la jouissance de la liberté d'opinion ; mais elle signalera au pays toutes les déviations de la constitution, tous les abus de ses plus saintes maximes ; en un mot, elle dira : — de violation en violation, d'interprétation en interprétation, le Sénat transformera la constitution en un code de despotisme pour le méchant qui saisira les rênes du gouvernement.

» Je persiste et je vote qu'il n'y ait point d'élection, à moins qu'on n'ait remis tous les candidats pour l'élection des sénateurs. Je vote, avant tout, pour la *protestation* préalable contre la décision du Sénat. »

« Le président de la Chambre mit aux voix : si l'on vo-
» tera la protestation avant de passer à l'élection du séna-
» teur à élire? A une grande *majorité*, la Chambre a décidé:
» que la question préalable est la *protestation*, et ensuite
» l'*élection* du sénateur. La séance publique est levée et ren-
» voyée à lundi 7 octobre. La Chambre passe en comité
» général [1]. »

Le fait est que, sur 53 membres présens, 32 votèrent

[1] La *Feuille du Commerce*, à défaut du *Bulletin des lois*, nous a fourni tout ce que nous venons de rapporter.

pour discuter le projet de protestation au lundi suivant, mais acquis dès le 4, et 21 votèrent contre cette résolution.

On peut concevoir l'agitation qui eut lieu à cette séance du 4 octobre, tant parmi les représentans que dans le nombreux auditoire qui y assistait, quand les paroles véhémentes de D. Saint-Preux remuaient toutes les fibres. Ceux des membres de la Chambre qui étaient en opposition à ses opinions n'osèrent pas aborder la tribune; ils craignaient les murmures du public, qui accueillaient Daguerre toutes les fois qu'il y montait lui-même; mais ils se réservèrent une action *extérieure*, afin de se séparer de la majorité qui venait de décider qu'une protestation préalable serait rédigée contre l'opinion du Sénat et du Président d'Haïti.

A cet effet, le 5 octobre, ils signèrent, au nombre de 31, une *protestation* contre la résolution de la Chambre et qu'ils adressèrent à Boyer. Après lui avoir dit qu'ils ne voulaient point coopérer à aucun acte subversif de l'ordre et de la tranquillité publique, ils ajoutèrent :

« Nous vous présentons donc, Président, notre protestation qui renferme nos motifs, en nous réservant de les expliquer plus amplement au peuple, si le cas y échet. Nous prions V. E. de ne pas taire ces circonstances à la nation, et d'ordonner que la publicité de ces pièces ait lieu sous le plus bref délai pour notre garantie légale, tant envers elle qu'envers les autres pouvoirs délégués par l'acte constitutionnel. » — La protestation se terminait ainsi : « Nous déclarons, en outre, à la nation et à la Chambre, *protester* contre tout ce qui a été fait à la séance du vendredi 4 du courant. Nous déclarons de plus à la Chambre notre détermination de ne plus assister à ses séances, jusqu'à ce qu'elle ait pris une marche plus en harmonie avec nos convictions, et qui nous assure la libre manifestation de nos opinions. »

Ces deux pièces parurent le 6 octobre dans la partie officielle du *Télégraphe* [1].

Si l'on ne considère que le résultat définitif de l'entreprise formée par l'Opposition, convaincue ou non des doctrines qu'elle professait, — le renversement de Boyer du pouvoir, — en se plaçant à son point de vue, on applaudira sans doute à ses efforts dans le but qu'elle poursuivait, aux attaques passionnées contre le pouvoir exécutif, contre le Sénat, dont le discours prononcé par D. Saint-Preux offre l'expression. Mais, si l'on se reporte à l'année 1839, si l'on examine froidement ce résultat définitif en lui-même, pour juger s'il a produit *plus de bien que de mal* pour la patrie, peut-être blâmera-t-on l'Opposition et son véhément orateur d'avoir poussé les choses si loin. Après avoir proclamé, en 1838, que « le Sénat était revêtu d'un » pouvoir essentiellement modérateur, chargé d'établir » l'équilibre entre la nation et son chef, » comment cet orateur pouvait-il décliner l'opinion de ce corps, ainsi qu'il le fit, par des paroles aussi acerbes, en lui supposant de perverses intentions contre les libertés publiques, en faisant remonter ses accusations jusqu'à l'acceptation de l'ordonnance de Charles X, pour mieux prouver, selon lui, que le Sénat connivait avec le Président d'Haïti pour faire le malheur du pays, pour opprimer la nation? Si les membres de la Chambre, ou plutôt de l'Opposition, avaient

---

[1] Je dois dire ici que ces deux actes furent rédigés par M. Auguste Brouard, devenu par la suite un chaud opposant au gouvernement de Boyer. J'affirme, sur mon honneur, qu'il m'en montra les projets qui furent retouchés par le général Inginac. Voyez ce que ce général dit à ce sujet dans ses Mémoires de 1843, page 96. M. A. Brouard et son oncle Valery Renaud firent des démarches actives auprès des représentants de la partie de l'Est, pour les déterminer à se rallier au pouvoir exécutif. A chacun sa part de responsabilité devant la postérité !

leur opinion sur le sens qu'il fallait donner aux art. 107, 108 et 109 de la constitution, ceux du Sénat pouvaient bien aussi avoir la leur ; et en leur contestant ce droit, c'était faire preuve d'une prétention inscutenable ; de même qu'en *suspectant* la sincérité du patriotisme des sénateurs, on prouvait une prévention injuste. Les antécédens des hommes, opposés les uns aux autres dans cette interprétation constitutionnelle, pouvaient se comparer, et les sénateurs n'avaient rien à redouter dans cette comparaison.

Le seul reproche, fondé en apparence, que l'Opposition pouvait faire à Boyer dans la présentation des candidats, était celui qui fut exprimé par le représentant Loizeau (de Jacmel), en rappelant que le Président avait reproduit, dans la session de 1838, une seconde fois, deux des mêmes candidats, MM. Rouanez et C. Bonneaux. Mais la constitution ne lui ôtait pas textuellement cette faculté ; en cela, il se faisait *tort* à lui-même, en faisant penser à la généralité des citoyens, qu'il ne trouvait pas en quelque sorte parmi eux des personnes aussi distinguées que ces candidats pour être présentées à la Chambre. Mais quand l'art. 112 permettait la *réélection* d'un ancien sénateur, après un intervalle de trois années entre l'expiration de ses premières fonctions et cette réélection, les autres citoyens auraient donc eu autant de raison de se plaindre, et du Président et de la Chambre ?

Il est certain qu'en demandant une liste générale de quinze candidats, l'intention de l'auteur de cette proposition avait été : que l'élection des cinq sénateurs roulerait parmi ces candidats, sans fractionnement. Il ne parut soumis à l'idée du fractionnement que lorsque la Chambre, ayant opposé à Boyer son propre précédent en 1821, et celui de Pétion en 1817, le Président fit remarquer ce fractionnement. Eh bien! en admettant qu'il eût envoyé une liste générale, on est autorisé à penser que, même après cette remarque, l'Opposition eût fait adopter la première pensée de la proposition. Comment aurait-on pu ensuite porter la Chambre à revenir sur cette élection ainsi consommée? Il aurait fallu, de guerre lasse, accepter les sénateurs élus, et cela eût été une règle pour l'avenir.

Qu'on ne croie pas que nous faisons là une supposition gratuite; car il parut dans la *Feuille du Commerce* du 6 octobre un article signé : *Le Patriote*, qui expliquait la véritable pensée de l'Opposition dans la question qu'elle souleva. L'auteur de cet article examina la théorie de la constitution de 1816, afin de prouver que la Chambre seule avait raison à ce sujet. Il dit que dans l'article 107 se trouvaient *l'initiative* attribuée au pouvoir exécutif pour la présentation des candidats, et *l'élection*, et non pas *la nomination*, réservée à la Chambre; « que les listes par-
» tielles facilitaient la *reproduction* des mêmes candidats
» et annihilaient la coopération de la Chambre; que Pétion
» avait *sainement* interprété la constitution, son ouvrage; »
et cependant, en parlant de la liste générale qu'il envoya à la Chambre, en 1817, l'auteur de l'article dit encore :

« La Chambre avait à remplir ses obligations tracées par
» l'art. 108, à *élire* sur cette liste. Or, rien ne *limite* cette
» élection à chacune des *fractions* de la liste; la *liberté* du
» choix est *absolue* sur la liste fournie. Si les suffrages de la
» Chambre ont porté sur chacune des six propositions,
» c'est que cette élection est née *de sa volonté*; rien ne la
» lui imposait[1]. »

[1] L'article signé *le Patriote* fut attribué à M. Damai Lespinasse, défenseur public à la capitale. Il l'avoua plus tard.

Ainsi donc, même en reconnaissant que Pétion comprenait *mieux* que personne le sens de la constitution, puisque « il avait présidé à la révision de celle de 1806, » l'Opposition n'admettait pas qu'il fût fondé à fractionner la liste générale qu'il fournit, afin que la Chambre n'élût les six sénateurs que parmi ces groupes de candidats, comme il chargea son président Pierre André de l'expliquer à ses collègues ! La Chambre était *souveraine!*

D'après les doctrines émises par l'Opposition, on peut concevoir que si le Sénat avait résolu la question des listes de candidature telle qu'elle le voulait, pour contraindre Boyer à fournir à la Chambre une liste générale, la *révolution* eût été complète alors ; car le chef de l'État eût perdu tout son prestige aux yeux du peuple, le Sénat eût été placé à la remorque de la Chambre, dirigée elle-même par les innovateurs dont l'éloquence l'entraînait sur cette mer orageuse.

Aussi Boyer se saisit-il de la protestation qui lui fut remise dès le 5 octobre, par les 31 représentans qui se séparèrent de leurs collègues. Le dimanche 6, après avoir passé l'inspection des troupes de la capitale, entouré d'un grand état major, il revint au palais de la présidence. Les troupes l'avaient accueilli au cri de : Vive le Président d'Haïti ! Il ordonna que tous les corps d'officiers se rendissent au palais ; la plupart des magistrats et des fonctionnaires publics s'y trouvaient déjà réunis. En montant l'escalier du péristyle, le Président rencontra M. David-Troy, directeur de l'école nationale primaire, qui lui avait été dénoncé, il paraît, comme ayant approuvé la marche de l'Opposition, de même que presque tous les jeunes hommes de son âge. Boyer ne put se contenir ; il adressa à David-Troy les plus vifs reproches, en lui rappelant qu'il n'avait cessé d'avoir des bontés pour lui depuis sa sortie du lycée, et il finit par le *destituer* de l'emploi qu'il occupait[1]. David-Troy se conduisit avec dignité; il essaya d'abord de donner des explications; mais voyant que le chef de l'État en était plus irrité, il se retira du palais pendant que celui-ci y entrait, emportant sans doute dans son cœur le souvenir de ces reproches et de sa destitution si publiquement prononcée; car il resta toujours opposant.

La scène qui suivit celle-là fut plus orageuse encore. Boyer, à l'apogée d'une regrettable colère, tonna contre les membres de l'Opposition qu'il qualifia de *factieux* qui voulaient le renversement du gouvernement et des institutions du pays, qui égaraient l'opinion publique, etc., etc. Il fit une chaleureuse allocution aux officiers militaires au milieu desquels il se plaça, pour les inviter à défendre le gouvernement contre les machinations des *pervers*. Le cri de : Vive le Président d'Haïti! répondit à ces paroles, et jamais on ne vit les militaires plus animés du désir d'obéir à ses ordres, quels qu'ils fussent. Plusieurs officiers supérieurs, dégaînant leurs sabres à moitié ou y portant la main, lui dirent : « Parlez, Président, et vos ennemis dis- » paraîtront! — Non, leur répondit-il, non, ne faites rien » à ces *misérables!* Si vous m'aimez, ne touchez pas à un » seul de leurs cheveux! » Les chefs des corps reçurent l'ordre de tenir les troupes cantonnées durant une semaine.

Cette mesure, cette colère, ces accusations portées contre les opposans, la publication de la protestation des 31 repré-

---

[1] M. Emile Nau, employé d'administration, fut aussi destitné. Le journal l'*Union* qu'il rédigeait et qui avait publié les actes de l'Opposition, cessa de paraître. Ces deux destitutions et d'autres qui les suivirent, achevèrent de rendre opposans tous les jeunes hommes du pays, à peu d'exceptions près.

sentans : tout faisait pressentir quelque chose de grave à la Chambre des communes. Le 7 octobre, pendant que le commandant militaire du Port-au-Prince faisait publier une ordonnance, pour défendre toute réunion de citoyens dans le but « de traiter de matières politiques, soit dans » les rues ou places publiques, soit dans l'intérieur des » maisons, sous peine d'être considérés comme *séditieux*, » arrêtés et poursuivis, » 37 membres de la Chambre se réunissaient au local de ses séances : ils formaient la majorité de ce corps, même dans le cas où tous les représentans eussent été à la capitale. Les 31 *protestans* avaient réuni à eux six autres membres. Ils prirent la résolution de reconstituer la Chambre, de reformer son bureau, en nommant Phanor Dupin, président, Latortue et Kenscoff, secrétaires. Immédiatement après, ils procédèrent à l'élection d'un sénateur, pris parmi les trois candidats que le Président d'Haïti avait proposés, le 9 septembre : M. Tassy (du Cap-Haïtien), fut élu en remplacement du colonel Frémont. Une députation de neuf représentans, y compris les membres du bureau, alla de suite au palais annoncer à Boyer ce qui venait de se passer à la Chambre.

Le Sénat s'était réuni aussi le lundi 7, jour ordinaire de ses séances. En l'absence de tout travail, il avait jugé convenable, dans les circonstances actuelles, d'envoyer une députation auprès de Boyer : cette députation était déjà au palais quand celle de la Chambre y arriva. Introduite dans la même salle, mais se tenant au côté opposé à celui où se trouvaient les sénateurs, cette députation de la Chambre vit venir le Président d'Haïti au devant d'elle. Dès que Boyer eut su l'objet de sa visite, il l'annonça à haute voix à la députation du Sénat : celle-ci se porta aussitôt auprès des représentans et les félicita de la résolution qu'ils avaient prise et qui mettait un terme aux anxiétés publiques. Des poignées de main se donnèrent et la réconciliation entre le Sénat et la Chambre s'opéra de cette manière [1].

Le lendemain, la Chambre reconstituée se réunit à l'extraordinaire. Elle arrêta que : « les représentans H. Dumesle, » D. Saint-Preux, Beaugé, E. Lochard, E. Lartigue, Cou- » ret et Loizeau, ayant provoqué une *collision* entre les » pouvoirs politiques sur l'interprétation des art. 107, 108 » et 109 de la constitution, seront sommés de comparaître » pardevant la Chambre pour *se rétracter*, faute de quoi ils » seront *éliminés* de son sein. »

Les six représentans désignés ne s'étaient point présentés, ni à la séance du 7, ni à celle du 8. En recevant la sommation ci-dessus, ils rédigèrent ensemble une déclaration motivée dans laquelle, loin de se rétracter, ils soutenaient leurs opinions d'après leurs convictions sur le sens de ces articles constitutionnels. Ils adressèrent cette déclaration à la Chambre. Celle-ci se réunit le 9, et après en avoir pris lecture, elle décréta l'*élimination* de H. Dumesle, D. Saint-Preux, Beaugé, E. Lochard, E. Lartigue et Couret, attendu que Loizeau seul comparut à la séance et adhéra à l'œuvre de la majorité. La Chambre envoya immédiatement une députation auprès du Président d'Haïti pour lui annoncer la mesure qu'elle venait de prendre.

Le même jour, le Sénat se réunit à l'extraordinaire. Sa députation envoyée le 7 auprès de Boyer, lui rendit compte de sa rencontre au palais avec celle de la Chambre : il ordonna l'impression des paroles prononcées à cette oc-

---

[1] L'histoire, pour être complète, doit dire que cette réconciliation fut encore scellée par des bouteilles d'excellent vin de Champagne que fit apporter Boyer. Il était heureux de voir terminer tout conflit entre les pouvoirs politiques. Hélas! pourquoi ne fut-il pas doué d'un caractère moins ardent !

casion. Ensuite, il répondit au message de la Chambre qui l'informait de l'élection du sénateur Tassy, en la félicitant de cette résolution prise dans l'intérêt de la paix publique. En annonçant à son tour cette élection au Président d'Haïti, le Sénat lui exprima sa satisfaction de l'harmonie heureusement rétablie entre les trois grands pouvoirs politiques. Boyer répondit le lendemain à ce message et s'en félicita également [1].

Dans ces circonstances, le pouvoir exécutif se vit obligé à des mesures de sévérité à l'égard d'un certain nombre de fonctionnaires publics qui avaient manifesté de l'opposition envers lui. Le 9 octobre, le grand juge écrivit une lettre au commissaire du gouvernement près le tribunal civil du Port-au-Prince, par laquelle il lui ordonna de notifier à ce tribunal, que les citoyens Dumai Lespinasse, défenseur public, et Charles Devimeux, notaire public, étaient *suspendus* de leurs fonctions.

Le Président d'Haïti lui-même écrivit au général Segrettier, commandant de l'arrondissement de Jérémie, pour l'informer qu'il *destituait* tous les fonctionnaires de cette ville qui avaient voté « une médaille en or » avec des inscriptions louangeuses au représentant H. Dumesle, en lui faisant remettre par E. Lartigue, et cette médaille et une adresse, signée d'eux et de beaucoup de citoyens, où sa conduite à la Chambre des communes était considérée comme l'œuvre d'un bon citoyen, d'un excellent patriote, qui demandait des réformes et des améliorations dans les institutions du pays. M. Honoré Féry, trésorier particulier

---

[1] La Chambre élut ensuite, successivement, C. Bonneaux, Ph. César, Dalzon et Chégaray, sénateurs en remplacement de ceux dont les fonctions allaient expirer. On remarquera ici que le Sénat ne témoigna sa satisfaction, qu'à raison de l'élection du sénateur Tassy; il ignorait ce qui se passait à la Chambre le même jour, pendant que les deux corps étaient en séance.

à Jérémie, était l'auteur de cette adresse et du vote de la médaille; et son exemple, joint à la grande considération dont il jouissait, avait déterminé tous ceux qui y concoururent.

Cette décision du chef de l'État produisit une profonde sensation à Jérémie : la plupart des fonctionnaires destitués adressèrent au Président des lettres privées par lesquelles ils lui déclarèrent : qu'ils n'avaient point entendu faire de l'opposition au gouvernement, qu'ils avaient été induits en erreur sur le sens du vote de la médaille et de l'adresse, etc. Tous ceux qui firent ces déclarations privées furent replacés dans les emplois qu'ils occupaient [1]. Mais M. Féry et d'autres restèrent opposans par le fait même de leur destitution, et ne croyant pas qu'il était de leur honneur de se rétracter d'un acte qu'ils avaient souscrit en toute liberté [2].

---

[1] Il est juste de dire que la plupart d'entre eux s'étaient laissés persuader, que la Chambre marchait en harmonie avec le Président, d'après le compte-rendu de la députation en date du 4 septembre, publié sur la *Feuille du Commerce*.

[2] Au commencement de ce chapitre, on a vu un acte d'opposition de la part de M. Féry, dans le refus de payer la patente à laquelle il était soumis. L'histoire doit tout dire des hommes dont elle parle, afin que l'on sache les motifs de leur conduite; et ce que je vais relater, je l'ai su du président Boyer lui-même, dont on jugera aussi la conduite.

En 1837, M. Féry était venu au Port-au-Prince, appelé par le Président. Celui-ci me dit, après qu'il eût prononcé toutes ces destitutions à Jérémie, qu'ayant été mécontent de M. Merlet, substitut du commissaire du gouvernement, il avait voulu placer M. Féry, commissaire près le tribunal civil de ce ressort; que lui ayant proposé cette charge en lui témoignant le désir qu'il l'acceptât, M. Féry avait cédé à ses instances et recommandé M. Numa Paret, son gendre, pour lui succéder dans la charge de trésorier, étant déjà chef de ses bureaux et d'une probité honorable. Boyer accepta à son tour et promit à M. Féry de lui envoyer incessamment des lettres de provision pour lui et pour son gendre. Mais, me dit-il, à peine M. Féry était il retourné à Jérémie, qu'il fut dénoncé par le général Segrettier comme voulant favoriser le curé de la paroisse, dont la conduite scandaleuse avait suscité des plaintes de la part des autorités publiques et d'une grande partie des paroissiens. Alors, Boyer revint sur sa détermination et envoya un brevet de commissaire du gouvernement à M. Merlet, sans rien faire dire à M. Féry. Or, ces deux hommes étaient déjà en mésintelligence : on conçoit quel dut être le sentiment éprouvé par M. Féry, en voyant élever en grade son antagoniste dont le Président s'était plaint à lui-même, et en ne recevant aucune explication de sa part.

Quand Boyer m'eut dit ces choses, je lui répondis : « Je ne m'étonne pas de l'opposition que fait M. Féry à votre gouvernement; car permettez-moi, Président, de

H. Dumesle, D. Saint-Preux et les autres représentans éliminés de la Chambre des communes, n'avaient pas tardé à quitter la capitale pour se rendre aux lieux de leur domicile. Dans cette circonstance, le général Inginac, commandant l'arrondissement de Léogane, commit un acte arbitraire empreint de rancune : il envoya l'ordre au colonel Cerisier, commandant de la place et de la commune du Petit-Goave, d'exiger de H. Dumesle et de D. Saint-Preux l'exhibition du passeport qu'ils auraient dû prendre de l'autorité militaire de la capitale pour voyager à l'intérieur, et au cas qu'ils n'en seraient pas porteurs, de les arrêter et de les mettre en prison : ce qui eut lieu. Or, le passeport n'était jamais demandé par qui que ce soit dans l'étendue de la République ; chacun voyageait librement.

Aussitôt que Boyer eut appris l'exécution de l'ordre donné par le secrétaire général, il le fit révoquer et élargir les ex-représentans en blâmant Inginac. Néanmoins, cette persécution resta dans leur esprit et dans leur cœur, à la charge du pouvoir exécutif ; et ils lui en voulurent davantage, par le langage tenu par le Président dans la proclamation qu'il publia le 10 octobre. Voici les principaux passages de cet acte adressé « aux Haïtiens, » et qui leur rappelait l'harmonie, la bonne entente qui avait toujours existé entre les trois grands pouvoirs, depuis la publication de la constitution de 1816 :

« Il était réservé à la 5ᵉ législature de voir attenter à cet

» vous faire observer, qu'il n'avait pas sollicité la charge du ministère public, que c'est
» vous qui lui avez fait cette offre ; et après avoir espéré de recevoir sa nomination et
» celle de son gendre comme trésorier, en ne recevant de vous aucune communication à
» ce sujet, son mécontentement est bien légitime. » Le Président convint à peu près de son tort, et il me dit que son intention avait été de proposer M. Féry parmi les candidats au sénatoriat dans la session de cette année, mais qu'il n'avait pu le faire à raison de la médaille et de l'adresse qui l'accompagnait. On sait que M. Féry devint le chef de l'Opposition à Jérémie et qu'il contribua beaucoup à la chute de Boyer.

ordre de choses. Déjà, lors de sa première session, en 1837, la Chambre des représentans des communes, dominée par *une poignée d'hommes pervers*, avait donné le signal d'une dissidence dangereuse; toutefois, elle ne fit que s'essayer à des attaques qui devaient bientôt prendre un caractère plus hostile. En 1838, le masque tomba, et l'on vit paraître cette adresse *insidieuse* qui eut pour résultat l'assassinat et la révolte du 2 mai. La révolte étouffée, les assassins punis, les *factieux* craignirent avec raison que l'opinion nationale ne leur imputât les évènemens qui avaient eu lieu : car les coupables avaient fait de *terribles aveux*, car il y avait *une accablante coïncidence* entre la publicité de *l'adresse* et l'exécution du *complot*. On ne crut donc pas prudent de refuser son concours au pouvoir exécutif.

« Aujourd'hui, plus de frein. Enhardi par la modération du gouvernement, *cette poignée de factieux* a voulu s'arroger à elle seule la *souveraineté* ; elle a prétendu régenter le Sénat et le pouvoir exécutif ; elle a foulé aux pieds les formes constitutionnelles observées et consacrées depuis plus de vingt ans ; enfin, comblant la mesure, elle a fait à la tribune un *appel public à la sédition*, après s'être représentée comme exposée à devenir martyr de ses convictions et du saint amour de la patrie[1]. Eh ! quelle est donc la fatalité attachée à la 5ᵉ législature, que chacune de ses sessions est le présage de quelque évènement sinistre, ou de quelque agitation séditieuse [2]?... Que voulaient donc les factieux? Renverser la constitution pour renverser le gouvernement, se saisir du pouvoir pour fonder le règne de l'oppression...

---

[1] Les mots soulignés dans ce passage, le sont aussi dans la proclamation.
[2] Allusion à l'affaire du dragon de Saint-Marc arrêté en mai 1837 près de la chambre de Boyer, et muni d'un poignard ; à l'assassinat du général Inginac, à la révolte d'Etienne Manga, en mai 1838, et à une autre affaire passée à Saint-Marc.

» Dans ces graves circonstances, les commandans d'arrondissemens et de communes, les commissaires du gouvernement et tous autres officiers publics préposés à la répression des crimes ou délits, sont chargés, sous leur responsabilité personnelle, de poursuivre et de faire punir, conformément à la loi, tous agitateurs qui tenteraient de troubler l'ordre public. »

Pendant les agitations de la capitale, au mois d'octobre, il se passait un fait à Saint-Marc, dont aucun acte du gouvernement ne fit mention spécialement, mais seulement par cette simple allusion qu'on trouve dans la proclamation ci-dessus.

Le général Bonnet fut informé à temps, qu'une conspiration ourdie dans la plaine de l'Artibonite, devait éclater dans la ville par sa mort projetée. Il paraît que le licenciement du régiment des dragons de l'Artibonite, ordonné en 1837, avait été la cause originelle de ce complot par le mécontentement qu'il produisit. Quoi qu'il en soit, les auteurs visibles furent arrêtés et interrogés afin d'être jugés par un conseil de guerre; l'un d'entre eux, envoyé auprès du général Guerrier pour le décider à se déclarer chef du complot, fut arrêté par lui et expédié garotté au général Bonnet. Ce qu'il y eut de singulier dans cette affaire, c'est que l'un des prévenus déclara que le général Guerrier était lui-même l'âme du complot, et que, peu auparavant, il était venu de Saint-Michel passer une nuit dans l'Artibonite, chez le nommé Denis, ancien capitaine d'artillerie, reconnu pour être l'organisateur du complot. On dut passer outre sur cette déclaration en faisant juger les prévenus, à raison de l'arrestation opérée par le général Guerrier. Denis et deux autres furent condamnés à mort et exécutés à Saint-Marc. Pendant l'instruction du procès, l'ancien capitaine Joute Lérissé, arrêté comme complice, se donna un coup de couteau dans le ventre et n'en mourut pas, ayant été soigné ; mais il fut condamné avec d'autres à un emprisonnement durant quelques années. Dans cette affaire, des soupçons planèrent sur l'ancien représentant de Saint-Marc, nommé Adam, qui était un ami du général Guerrier et qui avait obtenu antérieurement l'estime et la confiance du général Bonnet [1].

Quelques jours après la publication de la proclamation de Boyer, les principaux officiers militaires de la garnison du Port-au-Prince lui présentèrent une adresse collective signée d'eux, par laquelle ils le remercièrent d'avoir fait une mention honorable de la conduite tenue par les troupes, durant les récentes agitations, et d'avoir dit « qu'elles avaient bien mérité de la patrie. » Ils lui rappelèrent tous les principaux évènemens antérieurs ; que durant la guerre de l'indépendance et longtemps après, les troupes haïtiennes ne recevaient ni solde, ni rations, ni vêtemens, et qu'elles n'ont pas moins toujours agi sous les ordres de leurs chefs, dans l'intérêt de la patrie ; qu'aujourd'hui et depuis longtemps, les troupes recevaient du gouvernement tous leurs besoins et qu'elles ne pourraient être dupes des factieux qui essayaient de les flatter pour les entraîner au désordre et à méconnaître leurs devoirs envers le chef de l'État ; qu'elles reconnaissaient clairement que ces factieux voulaient la révision de la constitution, pour y introduire

---

[1] A la fin de la même année, le général Bonnet vint au Port-au-Prince, et j'eus occasion de causer avec lui de cette affaire. Il me dit qu'il était convaincu qu'elle avait été le fruit des menées secrètes du général Guerrier, de même que la révolte d'Izidor ; qu'il était venu à la capitale expressément pour affirmer à Boyer toutes les particularités qui motivaient sa conviction, mais que le Président, influencé par Inginac, ne la partageait pas. Il est certain du moins qu'Inginac était l'antagoniste de Bonnet et suggérait souvent des préventions contre lui, peut-être par réminiscence de la scission du Sud, en 1810. Sans la présence de Bonnet à Saint-Marc, le Nord eût prononcé la sienne dans l'espoir d'y en traîner l'Artibonite.

des changemens funestes à la prospérité du pays, notamment en ce qui concerne « la présidence à vie et l'exclu-
» sion de la race blanche de la société haïtienne, etc. »
Enfin, ces officiers priaient le Président de compter sur la fidélité et l'obéissance de toute l'armée de la République dont ils se rendaient les organes [1].

Cette adresse fut publiée dans le *Télégraphe* du 27 octobre ; elle servit de type à une foule d'autres de la part des autres corps de l'armée, des généraux et autres officiers, des magistrats et des fonctionnaires publics dans toute l'étendue de la République. A l'envi, chacun se plut à témoigner de son dévouement au chef de l'État et de son désir de coopérer avec lui au maintien des institutions politiques du pays ; et ces actes ne servirent que trop à porter Boyer à penser que l'Opposition ne pourrait rien de plus que ce qu'elle avait fait, que de son côté il devait persévérer dans sa manière de voir les choses et d'administrer comme par le passé.

Cependant, il aurait dû réfléchir, quant à l'Opposition et à ceux qui s'en étaient déclarés les organes dans la Chambre des communes, qu'elle et eux ne s'arrêteraient pas là et qu'il n'était pas dans la nature des choses, que des représentans exclus, expulsés ou éliminés de cette Chambre, en violation ouverte du pacte social qui garantissait la liberté de leurs opinions, se soumissent passivement au décret rendu par leurs collègues. Aux yeux du public éclairé et de la majorité du peuple même, l'exclusion prononcée contre eux dans ces circonstances ne devait paraître que l'effet d'une passion, ou d'une intimidation exercée sur

---

[1] Il est certain que divers colonels s'étaient adressés au secrétaire général Inginac, pour lui manifester leur désir de donner publiquement à Boyer un témoignage de leur fidélité. Il leur conseilla de faire une adresse collective, et ils le prièrent de la rédiger pour eux.

l'esprit de la Chambre par le Président d'Haïti. Sans doute, cette exclusion était en grande partie le résultat de l'intimidation : mais, pour être juste envers Boyer, on ne doit pas oublier qu'il se trouvait dans la Chambre, des hommes qui avaient contribué à l'exclusion de H. Dumesle et de D. Saint-Preux, en 1833, et que, dans la séance du 3 juillet 1837 (nous l'avons fait remarquer), D. Saint-Preux avait prononcé des paroles violentes contre ces hommes qui ne lui répondirent point alors, mais qui gardèrent le ressentiment produit par ces paroles : de là l'exclusion de 1839 contre les deux chefs de l'Opposition et contre les autres représentans qui suivaient leur drapeau. Quand la Chambre reconstitua son bureau, le 7 octobre, qui fut élu président? Phanor Dupin. Qui fut élu principal secrétaire ? Latortue ; c'est-à-dire, les deux représentans qui avaient le plus secondé Milscent dans l'exclusion de 1833.

Une autre considération ressort de celle de la présente année et devait frapper les esprits, sinon dans le moment même, du moins dans un court espace de temps. De quoi les représentans exclus étaient-ils accusés par la Chambre ? « d'avoir provoqué une *collision* entre les pouvoirs poli-
» tiques sur l'interprétation des art. 107, 108 et 109 de la
» constitution. » De quoi étaient-ils accusés par le Président d'Haïti dans sa proclamation ci-dessus ? « d'être une
» poignée d'hommes pervers, de factieux, qui avaient
» voulu s'arroger la souveraineté pour régenter le Sénat
» et le pouvoir exécutif, qui avaient fait un appel public
» à la sédition, qui voulaient renverser la constitution
» pour renverser le gouvernement, se saisir du pouvoir
» pour fonder le règne de l'oppression. » Que l'on compare ces expressions à celles d'autres proclamations de Boyer, à propos de conspirations avortées qui entraînè

rent la mort des coupables, et l'on verra que c'est à peu près la même formule.

Or, le bon sens public ne pouvait manquer de faire cette comparaison et de dire : — Ou les représentans signalés ainsi sont coupables, et ils devaient être mis en état d'arrestation pour être jugés par la haute cour de justice ; — ou ils n'ont fait qu'user d'un droit constitutionnel en exprimant leurs opinions librement, et alors la Chambre ne pouvait les exclure de son sein, quand d'ailleurs la constitution ne lui en donnait pas le droit. En se posant ce dilemme, le public devait adopter la seconde proposition et considérer l'exclusion prononcée contre les représentans comme une *oppression*, déterminée surtout par l'intimidation exercée sur la Chambre par le Président d'Haïti ; car les circonstances favorisaient ce jugement, et c'était la troisième fois que la Chambre agissait ainsi à l'égard de ses membres, la deuxième fois à l'égard de H. Dumesle et D. Saint-Preux. Et alors, les représentans exclus devenaient « des victimes innocentes » aux yeux du public, Boyer perdait par là le prestige de la raison, et l'Opposition voyait ses rangs mieux garnis [1].

Tel fut le déplorable résultat de cette affaire.

Bientôt après, la Chambre rendit, sur son initiative, les lois sur l'impôt foncier et sur les patentes, et d'après la proposition du pouvoir exécutif, une loi qui porta amendement au code rural en attribuant aux commandans militaires des communes, seuls, la police des campagnes qu'ils

---

[1] Puisqu'une nouvelle majorité de la Chambre s'était formée pour repousser les doctrines de l'Opposition, il n'y avait qu'à la laisser parler inutilement et à voter toujours contre elle ; les opposans auraient fini par se lasser. Si on les avait laissés faire, ils auraient sans doute protesté contre la liste partielle de trois candidats, mais ils auraient élu un sénateur ou se seraient abstenus de concourir à l'élection. Dans tous les cas, la Chambre, pas plus que le Sénat, n'avait le droit d'exclure ses membres.

partageaient auparavant avec les juges de paix ; une loi sur la régie des impositions directes, enfin une loi sur la répression de la traite des noirs.

Cette dernière loi avait paru nécessaire, à l'occasion des négociations qui eurent lieu pour un traité de commerce et de navigation entre la Grande-Bretagne et la République et dont il est parlé au commencement de ce chapitre. Elle assimila la traite à la *piraterie* et donna le droit aux navires de guerre haïtiens » de capturer tout bâtiment, n'im-
» porte sa nationalité, qui serait surpris, faisant ou venant
» de faire la traite, et de l'amener dans un des ports de la
» République. S'il s'y trouvait des Haïtiens concourant à
» ce crime, ils seraient livrés aux tribunaux criminels ju-
» geant sans assistance du jury, et punis de mort; si des
» étrangers, ceux-ci seraient remis au consul de leur
» nation pour être livrés à la juridiction de leur pays, etc. »

Quant au Sénat, qui vota aussi ces lois, il put enfin répondre au message du Président d'Haïti, du 31 août, qui le consultait « sur les moyens qu'il croirait les plus propres à
» amener la modification du système monétaire d'Haïti. »
Sa réponse fut datée du 21 octobre ; elle se résuma ainsi :

« 1° Nécessité absolue d'équilibrer les dépenses de l'État avec ses recettes ; —2° Réduction autant que possible dans les chapitres de dépenses qui en sont encore susceptibles[1]; — 3° Perception plus intégrale des revenus du fisc par les agents de l'administration des finances ; — 4° Augmentation du droit d'exportation sur les principaux produits du pays ; — 5° Création d'un nouvel impôt sur les liqueurs fortes fabriquées et consommées dans le pays ; — 6° Em-

---

[1] A vrai dire, les dépenses faites pour l'armée, en solde, habillement, équipement, rations, étaient les seules qui comportassent des réductions.

ploi du surplus des revenus qui serait obtenu par les précédentes mesures, à amortir annuellement une partie des billets de caisse (papier-monnaie) ; — 7° Emploi du surplus des droits d'importation perçus en monnaies étrangères, à racheter les mêmes billets pour les amortir également. »

Chacun de ces moyens était développé dans le message du Sénat, pour mieux en prouver la possibilité graduelle, afin de ne pas apporter des perturbations dans les transactions du pays. Cet acte remonta à l'origine du papier-monnaie, créé en 1826 par suite de l'engagement contracté de payer une indemnité à la France ; il examina aussi l'infériorité existante dans la monnaie métallique d'Haïti comparée à celle des autres nations, pour conclure, que le gouvernement devait tendre à faire disparaître, graduellement, l'une et l'autre monnaie, afin de pouvoir en frapper une qui pût « remplacer la monnaie métallique actuelle » par une monnaie nationale d'une valeur réelle, surtout » dans les vues de faciliter les petits échanges, » ce qui aurait permis aux monnaies étrangères, ou tout au moins à celle d'Espagne, de circuler concurremment.

Mais, pour obtenir ces résultats, pour opérer des réductions, surtout dans les dépenses faites pour l'armée, il fallait, non-seulement un esprit de suite dans l'administration, mais un état de paix, de tranquillité intérieures, et non des agitations incessantes produites par une Opposition systématique, contre un chef qui avait sans doute des défauts dans son caractère obstiné, mais qui possédait aussi des qualités du cœur, fort appréciables dans un pays tel qu'Haïti [1].

---

[1] Je suis fondé à dire, qu'après cette session de 1839, Boyer était dégoûté du pouvoir et qu'il eut la pensée de s'en démettre. Mais, des considérations politiques lui ayant été exposées, en même temps qu'il prévoyait ne pas pouvoir habiter paisiblement son pays comme simple citoyen ou général en retraite, il renonça à ce dessein.

Au moment où la session législative était close, le 19 novembre, le Président expédia à Jérémie M. Paul, administrateur des finances du Port-au-Prince, et le colonel Cupidon, aide de camp, afin de transmettre aux fonctionnaires publics de cette ville sa ferme volonté de maintenir l'ordre, que ceux qui venaient d'être révoqués et qui persistaient dans leur opposition essayaient de troubler. En même temps, Boyer nomma le colonel Frémont, son aide de camp, pour y aller prendre le commandement de la place et de la commune, et concourir avec le général Segrettier aux mesures nécessaires aux vues du gouvernement. Le calme se produisit dans le moment à Jérémie et dans son arrondissement, mais l'Opposition n'y fut pas moins vivace et rancunière.

Elle le devint encore dans cette ville, à propos d'une circulaire, en date du 30 novembre, que le grand juge adressa aux commissaires du gouvernement près les tribunaux civils, pour leur rappeler l'*illégalité* des ventes d'*immeubles* faites à des *étrangers*, contrairement à la constitution. A Jérémie, se trouvait le sieur Smith, anglais, qui habitait le pays depuis 1804 et qui avait acquis des propriétés. Il était un intime ami de M. Féry qui s'intéressa naturellement à sa position. Mais comme ce qui le concerne à cet égard vint à prendre des proportions plus larges en 1841, nous renvoyons à en parler dans le narré des faits à cette époque.

CHAPITRE III.

1840. — Mesures administratives en faveur de l'agriculture et du commerce national. — Session législative : loi sur l'érection d'une chapelle destinée à recevoir les restes d'A. Pétion ; loi portant modifications au code civil. — Message du Président d'Haïti exposant les motifs de ces modifications : leur examen. — Le Sénat reçoit communication des traités conclus avec la Grande-Bretagne et la France, pour faciliter la répression de la traite. — 1841. — Affaire de T. B. Smith, anglais qui prétend être citoyen d'Haïti : rapport d'une commission à ce sujet. — Le Sénat sanctionne les traités ci-dessus qui sont publiés. — Projet de traité entre Haïti et la Belgique ; pourquoi il n'aboutit pas. — Session législative ; diverses lois rendues sur différentes matières ; sur les délits commis par la voie de la presse, sur la police urbaine, etc., — Publication du journal *le Manifeste* et d'autres. — M. Granier de Cassagnac arrive au Port-au-Prince ; ce qui s'ensuit. — Affaire du faux monnayeur Charles Touzalin. — Conduite de M. Levasseur, consul général de France, à cette occasion. — Le *Manifeste* publie contre lui un article outrageant; condamnation prononcée contre M. Dumal Lespinasse, rédacteur du journal et auteur de l'article. — Ce qu'exigeait M. Levasseur. — Il rompt toutes relations officielles avec le gouvernement et se retire à bord de la corvette *le Berceau*. — Il requiert que l'amiral commandant la station des colonies françaises vienne au Port-au-Prince avec des forces maritimes.

Dans ses diverses adresses au pouvoir exécutif, votées sous l'inspiration de l'Opposition qui la dirigeait, la Chambre des communes, avait réclamé des mesures spéciales en faveur de l'agriculture et du commerce, comme si les lois existantes n'y avaient pas pourvu. Ainsi, quant à l'agriculture, on ne pouvait reprocher à Boyer d'avoir été avare d'ordres, de circulaires, d'arrêtés incessans pour qu'elle fût protégée par toutes les autorités secondaires. Après le code rural de 1826, qui était une spécialité à cet égard, une loi du 29 juillet 1828 vint permettre « d'abattre les

» bêtes à cornes qui seraient trouvées dans les champs clos
» et cultivés, » parce que ce code prescrivait de n'établir
des hattes, de n'élever des bestiaux que dans les lieux écartés de toutes cultures. Mais, sans faire précisément de tels
établissemens, bien des propriétaires élevaient sur leurs
habitations des bestiaux qui nuisaient à leurs voisins. Le
1er février de la présente année, le Président rendit un arrêté en exécution de ces dispositions législatives, les prescrivant de nouveau. Cet acte constata que des autorités
même avaient établi des hattes à la proximité des terrains
en culture et il donnait aux propriétaires des campagnes la
faculté, le droit de réprimer cet abus de pouvoir dans l'intérêt de la production agricole.

Six jours après, le secrétaire d'État Imbert adressa une
circulaire aux administrateurs des finances pour leur prescrire de faire exécuter les dispositions des art. 9 et 25 de la
loi du 19 novembre 1839, sur la régie des impositions
directes, conçues pour la protection due au commerce national. L'art. 9 disait : « Le commerce de *détail* en achats
» ou ventes, soit sur une place, soit de port à port, ou de
» commune à commune, ou par le cabotage, est *interdit*
» aux étrangers et à leurs bâtimens. » Le 25e disait : « Il
» est défendu aux armateurs ou capitaines faisant le cabo-
» tage dans les ports ouverts au commerce extérieur, de
» recevoir à leur bord des *pacotilles* appartenant à des
» étrangers, sous peine d'une amende de 25 à 100 gourdes.
» L'amende contre les étrangers ou leurs bâtimens sera
» de 100 à 1000 gourdes, outre la confiscation des marchandises faisant l'objet de la contravention. »

Le commerce et l'agriculture du pays étaient donc l'objet de la sollicitude du gouvernement. Mais ses intentions
étaient-elles toujours appréciées, ses ordres toujours exé-

cutés ? Que d'opposans ne prêtaient pas une oreille complaisante aux plaintes que formaient des étrangers, toutes les fois qu'il revenait à prescrire l'observation de la législation à leur égard ? En 1837, on avait été à même de savoir les suggestions de certains négocians étrangers, quand la Chambre des communes demanda la suspension, sinon l'abrogation de la loi sur le payement des droits d'importation en monnaies étrangères. Et que de fonctionnaires publics, préposés pour l'exécution des lois, se montraient insoucians ou indifférens à cet égard ? Un opposant nous dirait, sans doute, qu'il fallait les révoquer. Oui, répondrions-nous, ce serait bien s'il était possible d'en trouver de meilleurs. Au resté, on a vu depuis d'autres gouvernemens, d'autres régimes ; on a vu ce qui est plus décisif encore, on a vu les opposans *à l'œuvre ;* la question est jugée, car ils n'ont pu mieux faire que Boyer.

La session législative de cette année eut lieu à l'époque ordinaire. La Chambre des communes rendit sept lois, dont cinq sur la proposition du pouvoir exécutif et les deux autres d'après sa propre initiative : 1° loi sur l'affermage des biens domaniaux ; 2° loi sur la vente des mêmes biens ; 3° loi sur l'administration curiale dans les églises catholiques : ces trois lois mettant plus d'ordre et de régularité qu'antérieurement dans les matières dont elles traitaient ; 4° loi sur les patentes pour l'année 1841 ; 5° loi sur l'impôt foncier ; 6° loi sur l'érection d'une chapelle destinée à recevoir les restes d'Alexandre Pétion ; enfin, 7° loi portant modifications au code civil d'Haïti.

Les causes de l'inexécution de la loi de 1818, sur l'érection d'un mausolée en l'honneur de Pétion, ont été exposées plusieurs fois dans cet ouvrage. Depuis plusieurs années, sa compagne, Madame Joute Lachenais (devenue celle de Boyer, au même titre), avait fait commander à Paris un mausolée de très-beau marbre blanc, exécuté par un habile sculpteur, pour renfermer le cercueil de Pétion, et un autre pour celui de sa fille Célie ; mais elle n'avait pu obtenir de Boyer de les y placer dans le modeste tombeau de la place Pétion où ces cercueils sont déposés[1]. En 1840, il accueillit ou conçut l'idée d'affecter à l'érection d'une chapelle pour les recevoir, l'emplacement situé au Port-au-Prince où naquit Pétion, sur lequel on voyait encore la maison qui avait appartenu à sa mère ; de là le projet de loi que la Chambre des communes vota d'urgence, et que le Sénat sanctionna, mais qui devait rester sans exécution par le fait de Boyer lui-même. L'art. 2 de cette loi disait : « Cette chapelle sera bâtie sur l'emplacement où naquit le » fondateur de la République, et dont la propriété a été, » pour cet objet, abandonnée au profit de l'État par sa fa- » mille[1]. » Et l'art. 3 était conçu ainsi : « Tout ce qui re- » garde l'étendue, la forme et la magnificence de ce mou- » nument, est laissé à la haute direction du gouverne- » ment. »

Par les soins du Président, M. Rouanez, qui avait des connaissances en architecture, dressa un plan et un devis pour cette chapelle qui aurait répondu à l'objet qu'on avait en vue : d'honorer la mémoire du grand citoyen dont

---

[1] Ces marbres, exposés aux injures du temps et écornés en partie, gisent encore près de la place Pétion. On ne conçoit pas le refus fait à cette femme, qui voulait avoir la satisfaction de marquer sa gratitude envers Pétion, et donner un témoignage de tendresse à son intéressante fille que la mort enleva à la fleur de l'âge.

[2] L'art. 2 de la loi votée par la Chambre disait seulement : « Cette chapelle sera bâtie sur l'emplacement où naquit le fondateur de la République. » Présidant le Sénat, je fis l'observation à mes collègues, que l'État ne pouvait pas disposer ainsi de cette propriété sans un acte de vente ou d'abandon de la part de la famille de Pétion. Le Sénat ayant agréé ces observations, elles furent communiquées à Boyer qui les accueillit et porta la Chambre à y consentir ; de là le second membre de cet article, mais j'ignore s'il y eut réellement un acte notarié constatant l'abandon, ainsi qu'il en était convenu.

toute la vie avait été consacrée au bonheur de son pays. Mais, le chiffre de la dépense ayant été porté (autant que nous nous en ressouvenons) à 70 mille piastres, Boyer recula devant l'*énormité* du sacrifice que le trésor national eût fait ; il ne fut plus question de chapelle, ni d'aucun autre monument en l'honneur de Pétion. Son successeur semble n'avoir pas compris qu'il ne devait pas léguer ce soin pieux à un autre chef d'État, et qu'en ajournant toujours le vœu de la nation, il se faisait un tort immense dans l'opinion publique.

A cette époque même, on n'accueillit pas, on reprocha à Boyer les nombreuses modifications qu'il proposa aux chambres législatives, sur certaines dispositions du code civil de 1826, et que les législateurs acceptèrent et sanctionnèrent. Outre l'Opposition dont le rôle était de désapprouver toujours, il y eut bien des esprits éclairés, amis du gouvernement, qui pensèrent que ces modifications altéraient trop les principes admis par les nations civilisées, dans les relations de la famille et dans les conventions sociales. Afin de mettre le lecteur à même d'apprécier ce jugement, nous allons exposer les idées émises par Boyer, dans son message adressé à la Chambre des communes, le 30 avril, avant de parler des principales de ces modifications.

« Citoyens représentans,

« Depuis quatorze années que le code civil d'Haïti a été promulgué, la nation a pu apprécier l'avantage de posséder un corps de lois, où se trouvent réunis, sous des classifications claires et précises, tous les principes qui régissent les deux grandes divisions du droit civil, *les personnes et les biens*. Mais l'expérience ayant démontré la nécessité de modifier plusieurs de ces lois, afin de mieux les approprier aux mœurs et aux besoins de la *généralité* des citoyens, il devient urgent d'y apporter les changemens que réclame la *civilisation* du pays.

» La condition de l'*enfant naturel* mérite d'être améliorée : sa reconnaissance résultera de tout acte *authentique*. Admis au nombre des membres de la famille, il *héritera* de tous ses ascendans et de tous ses collatéraux, comme ceux-ci hériteront de lui : sa part sera *moitié* de celle de l'héritier légitime. Il peut même acquérir *des droits égaux*, s'il vient à être *légitimé* soit par le mariage des auteurs de ses jours, soit par le mariage de l'un des deux avec une tierce personne.

» Tout le monde gémit de voir les biens du *mineur*, déjà assez réduits par les formalités ruineuses des partages, se convertir, par les licitations ou les ventes, en de modiques sommes que dissipe bientôt la négligence ou la prodigalité d'un tuteur. Désormais, *les partages* se feront *en famille*, et ce qui reviendra au mineur, en fait d'immeubles, après l'acquittement des dettes, demeurera *inaliénable*. Cette garantie réelle donnée au mineur, permettra de lever l'hypothèque légale qui frappe tous les biens du tuteur, et sera ainsi, pour l'un et pour l'autre, un véritable bienfait.

» Il a paru convenable d'étendre la capacité du *mineur émancipé*. Arrivé à cette époque de la vie où il doit se choisir une carrière, et souvent même un établissement, il faut qu'il puisse disposer de ses biens actuels pour se préparer un avenir. Il sera donc habile à faire, mais avec l'assistance de son curateur, tous les actes d'*aliénation* que le majeur peut faire seul : s'il abusait de cette capacité, le bénéfice de l'émancipation lui serait aussitôt retiré.

» D'après le système du code de 1826, *la femme mariée* ne peut passer aucun acte, autres que les actes de pure administration, sans y être *autorisée* par son mari, et à défaut, par la justice. Cette interdiction provient-elle de la faiblesse du sexe ? Non, sans doute, puisqu'avant la célébration comme après la dissolution du mariage, la femme, si elle est *majeure*, jouit de la plénitude de ses droits. C'est donc un hommage rendu à la puissance maritale. Mais, combien l'homme paie cher cette prééminence ! Une hypothèque générale pèse sur les biens du mari, et lorsqu'il en veut disposer, il faut, pour garantir l'acquéreur, que le mari obtienne, à son tour, le consentement de sa femme ; et si, dans un moment de caprice ou d'humeur, il plait à la femme de le lui refuser, le mari n'a pas même la ressource du recours à la justice.

» Les bases du régime de la *communauté* et du régime *dotal* ont été aussi changées. Rien ne s'oppose maintenant à ce que la femme commune en biens, ou séparée de biens, ait la *libre disposition* de ses propres. Le fonds dotal ne sera plus tenu en dehors du commerce du mari que par exception ; car l'*inaliénabilité* cessera d'être le principe d'un régime qui deviendra ainsi plus accessible aux diverses positions sociales.

» Enfin, deux modifications bien simples apportées au système hypothécaire, vont rétablir la confiance dans les transactions, en donnant aux tiers les garanties qu'ils peuvent désirer. La *publicité* de tous les *priviléges* et de toutes *hypothèques* par la voie de l'inscription, mettra à découvert la situation du débiteur ; et la transcription des titres de mutation purgera les immeubles de toutes charges et même de tous droits antérieurs.

» Je ne m'étendrai pas davantage, citoyens représentans, sur les changemens que renferme le projet de loi que vous avez sous les yeux ; ils ont tous pour but d'améliorer nos institutions civiles ; et à ce titre, ils appellent au plus haut degré la sollicitude de la législature. La Chambre, je n'en doute pas, apportera toute son attention à l'examen des systèmes nouveaux qui lui sont présentés, et elle en fera l'objet de ses plus sérieuses méditations.

« J'ai l'honneur, etc.   Signé : BOYER [1]. »

La loi rendue d'après cet exposé de motifs, remplaça 95 articles du code par autant d'autres, en ajouta 14 sous des numéros *bis*, et en supprima 66.

Le premier qui fut modifié était l'art. 14 relatif aux personnes qui, en vertu de la constitution, sont habiles à acquérir la qualité de citoyen d'Haïti. Cet article les obligeait, « à leur arrivée dans le pays, » à se présenter devant le juge de paix du lieu pour déclarer leur intention à cet égard. Mais il pouvait se faire que de telles personnes n'eussent pas cette intention tout d'abord, qu'elles voulussent seulement habiter Haïti comme *étranger*, ou qu'elles voulussent examiner, étudier le pays avant de s'y résoudre: le nouvel art. 14, par sa rédaction, prévoyait ces cas en leur laissant la faculté de se présenter devant le juge de paix à toutes époques. Il prévoyait aussi le cas où ce magistrat aurait lieu « de douter » de l'origine du postulant, et alors celui-ci serait tenu d'en justifier, soit par un acte de notoriété, soit par titres légaux.

Plusieurs des formalités relatives à la célébration du mariage, aux actes préparatoires, furent ou modifiées ou supprimées, surtout quant aux *oppositions*, afin de donner plus de facilité à ce contrat civil si peu pratiqué en Haïti.

Les art. 199, 200, 201, 202 et 203 du code s'oppo-

---

[1] Je sais que M. Villevaleix, notaire du gouvernement et secrétaire particulier du Président, contribua beaucoup à lui faire adopter cette loi, par l'expérience qu'il avait acquise dans les matières dont elle traite, et par les observations publiées en France par des jurisconsultes, surtout à l'égard du régime hypothécaire.

sant à bien des actes de la part de la femme mariée, à moins d'y être autorisée par le mari, ou par la justice en cas de refus, furent remplacés par cet article-ci sous le n° 201 : « La femme peut, sans l'autorisation de son mari, » recevoir un capital mobilier ou immobilier, s'obliger, » hypothéquer, acquérir et aliéner à titre gratuit ou oné-» reux, même ester en jugement, et généralement faire » toute espèce d'actes et de contrats. »

Ainsi, la femme était émancipée, tant à l'égard du mari qu'à celui du tribunal civil ou de son doyen, pour tous ces actes de la vie civile concernant ses intérêts propres.

Cependant, elle restait soumise à son mari dans le cas suivant, art. 204 nouveau : « La femme ne peut être » marchande publique sans l'autorisation de son mari. » Les obligations que la femme, autorisée à être mar-» chande publique, contracte pour ce qui concerne son » négoce, engagent aussi le mari, s'il y a communauté » entre eux. » La protection réclamée en faveur du commerce nécessita cette exception dans le nouveau système.

Les art. 208 à 211 inclusivement furent supprimés : ils avaient rapport au cas de condamnation du mari à des peines emportant la flétrissure, au cas d'interdiction ou d'absence, où la femme devait se faire autoriser par le doyen pour ester en jugement.

Ces nouvelles dispositions devaient paraître singulières aux magistrats, aux notaires, aux avocats, habitués à l'étude du droit civil français et aux commentaires de tant de jurisconsultes qui en ont traité dans leurs ouvrages, et dont l'opinion servait de boussole dans l'application du code civil d'Haïti. Aussi en fut-on généralement choqué. Mais, si l'on examinait et si l'on examine encore aujourd'hui, l'extrême différence existant entre la civilisation française et l'état si peu avancé de celle d'Haïti, entre les mœurs des deux sociétés et les idées prédominantes dans chacune d'elles, peut-être aurait-on été moins froissé de ces modifications introduites dans le code haïtien. La civilisation ne s'improvise pas chez un peuple quelconque ; elle est l'œuvre des siècles, du progrès des lumières, des institutions sociales perfectionnées successivement [1]. Le régime colonial a pesé si longtemps en Haïti, il y a laissé des mœurs si différentes de celles de la France, quant à la constitution de la famille surtout, qu'une législation aussi avancée que l'est celle de cette ancienne métropole, aurait pu, ce nous semble, ne pas être adaptée immédiatement en tous points au jeune pays qui en tire son origine. Et si l'on considère que depuis son indépendance, il a toujours manqué de l'influence qu'exerce le pouvoir religieux chrétien sur les âmes, pour les porter à consacrer les liens de famille par le mariage, on pourra reconnaître que la législation seule était insuffisante dans cette œuvre. Elle était même si impuissante à cet égard, que le chef du gouvernement qui fit adopter ces codes pour le pays, que Boyer ne subit pas l'influence qu'elle aurait dû exercer sur son esprit, pour *légitimer* les liens qui l'unissaient à sa femme ; car il fit la même faute, il eut le même tort que Pétion à ce sujet. En ne traçant pas l'exemple du mariage à ses concitoyens, il n'est pas étonnant qu'il ait été amené sitôt à proposer à la législature, cette émancipation de la femme mariée, quant à l'exercice de ses droits civils, qui, du reste, avait paru avoir sa raison d'être, dans l'aptitude incontestable des femmes haïtiennes à gérer, à administrer leurs propres biens, en dehors de la volonté de leurs maris, et

---

[1] N'osant pas dire qu'elle est l'*œuvre du temps* (pour cause), j'exprime mon idée par d'autres mots.

même des tribunaux. C'est particulièrement dans le commerce qu'elles prouvent cette aptitude ; mais là, elles disposaient des valeurs qui ne leur sont confiées que par le crédit dont elles jouissent et qui sont la propriété d'autrui ; il fallait alors le consentement du mari pour s'y livrer, et il s'obligeait en même temps qu'elle et sur ses propres biens, en cas de communauté entre eux. A un autre point de vue, la femme ne jouissant pas encore dans le pays de cette considération, de ce respect qui lui est dû par l'homme qui s'unit à son sort, qui contracte avec elle une société où elle est égale par sa personne, peut-être était-il convenable de l'émanciper quant à l'exercice de ses droits civils, afin de porter son mari à ces égards.

Les mêmes idées présidèrent à l'extension donnée à la capacité du *mineur émancipé*, assisté toutefois de son curateur, dans un pays où l'homme se forme plus tôt, et physiquement et moralement.

Le sort de l'*enfant naturel* attira spécialement l'attention du législateur, par l'état civil de la très-grande majorité du peuple haïtien, par la rareté du mariage occasionnée par les causes déduites ci-dessus.

D'après le code, « les enfans nés hors mariage, autres
» que ceux provenant d'un commerce incestueux ou adul-
» térin, légalement reconnus avant le mariage subséquent
» de leurs père et mère, *peuvent* être légitimés par ce ma-
» riage. »

Le nouvel article 302 ne faisait plus de leur légitimation une simple *faculté* pour le père et la mère, mais elle naissait « par le *fait* seul du mariage subséquent. » Rien n'était plus juste, et par conséquent plus moral, que cette légitimation légale, puisque ces enfans avaient été reconnus avant le mariage, ou qu'ils pouvaient l'être dans l'acte même de célébration.

Cet article donna de plus une faculté « à chacun des fu-
» turs époux, avec le consentement de l'autre, de *légiti-*
» *mer*, dans l'acte civil de leur mariage, les enfans naturels
» qu'il aurait eus particulièrement (d'une autre personne),
» et qu'il aurait reconnus auparavant. » Et par le nouvel
article 304, des enfans naturels ainsi légitimés, « issus
» de l'un des futurs époux, n'auraient droit qu'à la suc-
» cession de celui qui les aurait légitimés. »

Ces divers cas arrivaient souvent dans le pays; en disposant ainsi en faveur des enfans naturels, la nouvelle loi
établissait l'union et la concorde dans les familles, par son
équité basée sur l'amour que pères et mères doivent avoir
pour tous leurs enfans.

Enfin, le nouvel article 305 ne faisait plus une obligation
pour le père ou la mère d'un enfant naturel, de le reconnaître « par un acte *spécial* devant l'officier de l'état civil,
» lorsqu'il n'aurait pas été reconnu dans son acte de
» naissance; » mais « par *tout acte* authentique en mi-
» nute. »

A l'égard de la « puissance paternelle, » le code dispose
surtout en faveur du père marié, et l'art. 324 rend sept
autres de cette loi du code « communs aux pères et mères
« des enfans naturels reconnus. » Le nouvel article 324
disait : « Les dispositions des articles 314 et suivans, jus-
» ques et y compris le précédent 323, sont communs aux
» pères et mères des enfans naturels légalement reconnus,
» avec cette distinction que, si le père et la mère ne vivent
» pas sous le même toit, la puissance paternelle appar-
» tiendra exclusivement à celui des deux avec qui demeu-
» rera l'enfant et qui en prendra soin. » Que de cas sem-

blables n'existent pas dans le pays! En les réglant ainsi, la nouvelle loi prévenait une foule de contestations entre hommes et femmes, auteurs des jours d'enfans naturels reconnus par eux.

La loi n° 15 du code contient l'article 576, disposant pour le cas où un *trésor* sera trouvé dans un fonds appartenant à un propriétaire. La nouvelle loi publia un article 576 *bis* ainsi conçu : « Pendant *vingt années,* à comp-
» ter du jour de la promulgation de la présente loi, tout
» trésor qui sera trouvé dans un terrain ayant primitive-
» ment fait partie des domaines de la République, appar-
» tiendra, *moitié* à l'État, et *moitié* au propriétaire du
» fonds. Si le trésor a été découvert par un tiers, il sera
» partagé en *portions égales* entre l'Etat, le propriétaire du
» fonds, et celui qui l'aura découvert. Si le trésor est
» trouvé dans une propriété de l'Etat, celui qui l'aura dé-
» couvert en aura *le tiers*, et le reste appartiendra à
» l'Etat. »

L'esprit fiscal de Boyer se traduisait dans ce nouvel article. Ses motifs étaient : que l'Etat ayant vendu les biens du domaine public à très-bas prix, afin de rendre le plus grand nombre des Haïtiens propriétaires, n'avait pu, par cela même, aliéner en même temps les trésors qui y auraient été enfouis et que l'on parviendrait à découvrir [1].

---

[1] L'art. 576 *bis*, voté par la Chambre des communes sur la proposition du Président, attribuait à l'État la *totalité* du trésor. Lorsque la loi fut mise en discussion au Sénat que je présidais, je réclamai contre cette fiscalité que je trouvais injuste. Antérieurement, exerçant le ministère public, j'avais entendu les plaintes de quelques propriétaires de biens du domaine, dans les fonds desquels le gouvernement avait fait pratiquer des fouilles pour y chercher vainement des trésors, sans nul souci des détériorations occasionnées par ces fouilles. Je réussis à faire partager mon avis par le Sénat qui chargea son bureau de proposer à Boyer, « que le propriétaire du fonds eût la *moitié* de tout
» trésor que le gouvernement y découvrirait. » Il y consentit et cette modification fut agréée par la Chambre.

Dans la loi n° 16 « sur les successions, » d'importans changemens furent introduits en faveur « des enfans naturels. » L'art. 605 du code dispose : « que les enfans *légiti-* » *mes* ou leurs descendans succèdent à tous leurs ascen- » dans, etc. ; » mais l'art. 606 veut que : « les enfans » *naturels* n'héritent de leur père ou mère, ou de leurs » ascendans *naturels*, qu'autant qu'ils ont été reconnus. » — Ils n'héritent *jamais* des ascendans *légitimes* de leur » père ou mère. » Le nouvel article 606 avait supprimé l'adjectif *naturels* qualifiant « ascendans, » et le second paragraphe de l'ancien article : de sorte que, les enfans naturels venaient en concurrence avec les enfans légitimes, pour hériter des « ascendans légitimes » de leur père ou mère.

D'après l'art. 608 du code : « s'il y a concours de des- » cendans *légitimes* et de descendans *naturels*, la part de » l'enfant naturel devra toujours être le *tiers* de la part de » l'enfant légitime, etc. » Par le nouvel art. 608, cette part de l'enfant naturel avait été fixée à la *moitié*.

L'art. 624 exclut l'enfant naturel, même reconnu, de la succession des collatéraux *légitimes* de ses père ou mère ; et réciproquement, ces collatéraux n'ont aucun droit à sa succession, sauf l'exception consignée dans l'art. 625, en faveur de ses frères ou sœurs légitimes, dans certains cas. Mais le nouvel article disait : « Dans toute succession colla- » térale, s'il y a concours d'héritiers légitimes et d'héri- » tiers naturels, de la même ligne, le partage s'opérera » entre eux en observant la proportion établie en l'art. 608 » (nouveau). — L'enfant naturel hérite de ses collatéraux » des deux lignes, lorsqu'il a été légalement reconnu par » son père et par sa mère ; s'il n'a été reconnu que par l'un » des deux, il n'hérite que des collatéraux appartenant à

» la ligne de celui de ses père ou mère qui l'a re-
» connu.

Ces modifications apportées au code civil haïtien ont pu paraître et peuvent encore paraître de nature à ne pas favoriser le mariage en Haïti ; mais, outre les raisons déjà déduites, le législateur de 1840 se préoccupa en cela des mœurs régnantes qui, *malgré la loi*, répugnent à faire une *différence* entre des frères ou sœurs légitimes, et des frères ou sœurs naturels. Dès lors, et vu l'immense majorité de ces derniers, surtout dans les masses, n'y avait-il pas justice à les favoriser dans le partage des successions, plus que ne le fait le code ? à leur accorder la *moitié*, au lieu du *tiers*, de la part afférente aux enfans légitimes ? Les pères ou mères du pays n'aiment-ils pas également les uns et les autres ? Toujours est-il que la nouvelle loi, en établissant encore une différence dans les parts d'héritage, suscitait ainsi les pères et mères à légitimer par le mariage les liens qui les unissaient.

A l'égard du « partage des biens » entre cohéritiers, ou de la « licitation, » la nouvelle loi avait substitué un notaire pour y procéder au lieu du tribunal civil, après une réunion des parties intéressées, de leurs tuteurs ou curateurs, en « assemblée de famille, » sous la présidence du « juge de paix » de la commune où s'ouvre la succession. Les règles prescrites à ce sujet furent très-étendues, afin de garantir les droits de chaque partie. — Ainsi que le disait le message de Boyer à la Chambre des communes, on avait voulu éviter « les formalités ruineuses des partages » dans tous les cas où il y a des mineurs, ou des interdits ou des absens. En effet, les nombreux actes y relatifs, faits pardevant les tribunaux civils, le papier timbré et l'enregistrement auxquels ces actes sont soumis, les frais revenant aux défenseurs publics employés nécessairement dans ces cas, la lenteur mise dans toutes ces procédures : tout contribue à réduire beaucoup la valeur des successions. Ensuite, les tribunaux civils du pays ayant tous des juridictions fort étendues, tous ces frais et les lenteurs augmentent considérablement, quand l'ouverture d'une succession a lieu dans les communes éloignées du siége d'un tribunal civil.

L'objet de la nouvelle loi était donc de favoriser les partages, en les faisant régler par les familles elles-mêmes sous la présidence du juge de paix de chaque localité. Mais, cette partie de la loi nouvelle fut, sans contredit, ce qui fit jeter les plus hauts cris aux *avocats*, presque tous *opposans* au gouvernement de Boyer : aussi, l'un d'entre eux profita-t-il des premiers momens de la révolution de 1843 pour la faire *abroger* sous la dictature du gouvernement provisoire de cette année, et avec elle bien d'autres lois [1].

Nous nous arrêterons à ces explications qui, avec le message présidentiel, suffisent pour faire apprécier les motifs des modifications que le législateur avait cru devoir apporter aux dispositions du code civil.

A la fin de 1839, le gouvernement de Sa Majesté Britannique avait fait proposer à celui de la République, d'accéder aux conventions existantes entre la Grande-Bretagne et la France, dans le but de rendre plus efficaces les mesures antérieurement adoptées pour parvenir à la répression de

---

[1] Voyez le décret du 22 mai 1843 proposé et rédigé par l'avocat Franklin, conseiller du gouvernement provisoire. Mais il se trouvera sans doute un ministre de la justice qui examinera ce que cette loi avait de bon et d'utile, pour proposer au gouvernement haïtien de le consacrer de nouveau. Nous signalons surtout les dispositions relatives à l'*enfant naturel*.

la Traite. Cette proposition ayant été accueillie avec empressement, un traité avait été signé, le 23 décembre, entre le consul général, M. Courtenay, et le sénateur Viallet, portant accession à ces conventions, sauf quelques modifications jugées nécessaires par rapport à la situation d'Haïti au milieu des Antilles. Le Sénat était alors en ajournement; mais pendant la session législative, le 22 mai, Boyer lui adressa un message qui lui donnait connaissance de ce fait, en lui soumettant le traité pour être examiné, en attendant que les ratifications de la Reine de la Grande-Bretagne parvinssent à Haïti. Le 30, le Sénat lui répondit : qu'il trouvait ce traité parfaitement en harmonie avec les principes de la République, et avec l'intérêt naturel qu'elle porte à la race noire. Par cette approbation, le Président d'Haïti était autorisé à ratifier lui-même ce traité, pour recevoir ensuite la sanction du Sénat. Ces ratifications, de part et d'autres, n'eurent lieu que l'année suivante, et nous y renvoyons à en parler de nouveau.

Le gouvernement de Sa Majesté le Roi des Français ayant eu avis du traité conclu le 23 décembre 1839, chargea M. Levasseur, son consul général à Haïti, de faire une semblable proposition au gouvernement de la République; et le 29 août 1840, le sénateur Bazelais signa avec lui un autre traité d'accession dans le même but et à peu près dans les mêmes termes. Le Sénat ne put en avoir connaissance que dans la session de l'année suivante.

Une singulière affaire survint à Jérémie au mois de janvier 1841, dans laquelle on put reconnaître jusqu'à quel point l'Opposition de cette localité se laissait égarer par son aveuglement qui la portait à tout contester au gouvernement. On pourra juger ses procédés par les faits ci-après.

Dès 1804, un sieur T. B. Smith, anglais, vint s'établir en cette ville en qualité de négociant consignataire, en obtenant de Dessalines des lettres-patentes pour exercer cette industrie. Deux ans après, l'Empereur, se trouvant à Jérémie pendant sa dernière tournée dans le Sud, ordonna son renvoi du pays, soit que M. Smith lui en eût donné réellement sujet, soit qu'il fût encore sous la fâcheuse influence des mauvais sentimens qui occasionnèrent l'assassinat de Thomas Thuat à Jacmel. Cet ordre allait être exécuté, quand survint l'insurrection des Cayes, qui entraîna la mort de Dessalines. En cette circonstance, le général Férou envoya M. Smith à la Jamaïque pour en rapporter des armes et des munitions. On peut facilement croire que cet étranger remplit cette mission avec zèle : il acquit dès-lors des titres à la considération des autorités et des citoyens. La révolte de la Grande-Anse lui fournit encore l'occasion de prouver son attachement au nouvel ordre de choses ; il se joignit à la garde nationale pour aider au maintien de l'ordre public. Dans sa prospérité, rendant des services aux uns et aux autres, il finit par se faire considérer à Jérémie comme ayant des droits à la qualité de *citoyen* ; il obtint des *patentes* à ce titre pour l'exercice de son industrie, il acquit même des *propriétés* urbaines et rurales en son nom, il se maria en 1835 à une haïtienne. Dans tous ces actes et dans des procès qu'il eut pardevant les tribunaux, il fut qualifié de *citoyen*.

Cependant, en 1819, sur le refus que lui avait fait le conseil des notables, de lui délivrer une patente comme *haïtien*, M. Smith adressa au Président une pétition appuyée de plus de cent signatures, dans laquelle il sollicitait une « lettre de naturalisation » du chef de l'Etat pour faire cesser tout doute sur sa qualité. Mais, le 20 juillet, le Président écrivit au général Bazelais et aux autorités composant le conseil de notables, et leur enjoignit de ne pas considérer cet étranger comme ayant acquis la qualité de citoyen, en félicitant le conseil du refus qu'il lui avait fait. Par ces ordres, Boyer réfuta surtout les prétentions de M. Smith, d'après l'art. 28 de la constitution de 1806, corroboré par l'article 38 de celle de 1816, pour s'être trouvé présent dans le pays, avoir été *admis* dans la République à cette époque. C'était juger de la question comme le Sénat et Pétion en avaient décidé à l'égard de M. Olivier Carter, autre Anglais, en 1812 [1]. Malgré cette décision, d'autres autorités de Jérémie continuèrent postérieurement à qualifier M. Smith de « citoyen d'Haïti. » En 1828, la commission chargée de taxer les personnes pour la contribution extraordinaire, à raison de leurs propriétés, consulta M. Imbert, secrétaire d'Etat, à ce sujet; et ce fonctionnaire ordonna de taxer les propriétés possédées par le sieur Smith : de là l'idée que le gouvernement lui reconnaissait la qualité de citoyen, puisqu'il n'ordonnait pas en même temps de poursuivre l'annullation des actes en vertu desquels il les possédait, ce qui aurait dû avoir lieu dès 1819. Et notez qu'en 1828 le sieur Smith avouait lui-même, dans une lettre du 20 mars adressée à cette commission, « qu'il existait une équivoque dans son état civil. »

Il avait suffi des ordres du Président, en 1819, pour le rendre mécontent; et quand l'Opposition prit naissance à Jérémie, lié d'amitié avec M. Féry, le sieur Smith s'y rangea avec toute l'ardeur de son caractère irascible : personne n'était autant que lui actif dans les idées de résistance au gouvernement. Le 5 février 1820, dans la circulaire du secrétaire d'Etat aux conseils de notables, relative à la défense faite aux étrangers d'exercer aucune industrie réservée aux nationaux, il disait à celui de Jérémie : « Tel est le sieur Smith qui se disait Haïtien. » La patente lui fut donc encore refusée à ce titre. Aussitôt, les opposans de Jérémie se joignirent à lui pour se plaindre du gouvernement : son irritation fut telle, que le ministère public lui intenta un procès au tribunal civil du lieu, aux fins de voir prononcer l'annullation de son acte de mariage et des actes translatifs des propriétés acquises par lui; avec défense de prendre désormais la qualité de *citoyen*. Le tribunal ayant sursis à prononcer sur la demande jusqu'à la production d'une copie en forme de la lettre du Président d'Haïti au conseil de notables, du 20 juillet 1819, le ministère public le prit à partie en le dénonçant au tribunal de cassation.

Mais le Président jugea nécessaire de faire examiner par une commission les diverses questions qui se rattachaient à cette affaire, afin de les éclairer aux yeux du public. Cette commission fut présidée par le secrétaire d'Etat Imbert, et composée du grand juge Voltaire, du secrétaire général Inginac, de l'amiral Panayoty, des sénateurs Pierre André, C. Bonneaux et B. Ardouin, du colonel Victor Poil, des commissaires du gouvernement Louis Charles et F. Redon, près le tribunal de cassation et le tribunal civil du Port-au-Prince. Elle fit son rapport au Président d'Haïti le 12 mars, lequel fut imprimé. La commission examina les dispositions des constitutions successives du pays, depuis l'acte d'indépendance; l'interprétation donnée en 1812 par le Sénat et Pétion, de l'article 28 de celle de 1806, en insérant la pétition du sieur O. Carter et les autres actes y relatifs; la conduite tenue en 1822 à l'égard des blancs qui se trouvaient dans la partie de l'Est; les faits relatifs au sieur Smith, en produisant les lettres du Président, du 20 juillet 1819; et elle conclut enfin :

« A ce que l'erreur commise en diverses fois par les officiers publics de Jérémie, en qualifiant le sieur T. B. Smith de *citoyen*, en passant des actes en sa faveur contrairement aux diverses constitutions du pays, ne saurait lui conférer la qualité d'*Haïtien*; que ces actes étaient nuls de droit et devaient être annullés par le tribunal civil, à la requête du ministère public; que cet étranger devrait faire l'abandon ou une sorte de rétrocession des biens immeubles qu'il avait illégalement acquis, en faveur de ses enfans ou de qui lui plairait. » Quant à l'acte de mariage de 1835, la commission n'opina pas pour son annullation, bien que le gouvernement défendît de tels actes, en Haïti, entre Haïtiens et étrangers, parce que le code civil, art. 155, les autorisait en pays étranger.

La commission, réfléchissant aux diverses circonstances de cette affaire, crut devoir proposer au Président l'adoption d'une mesure par forme de règlement d'administration publique, en exécution de la constitution et de l'art. 14 du code civil. Cette mesure devait consister à faire tenir à la secrétairerie générale du gouvernement un registre destiné à l'enregistrement,

1° Des noms et qualités de tous les *blancs* qui étaient actuellement reconnus *Haïtiens* et habiles à en exercer les droits, en délivrant à ceux qui n'en auraient pas reçu, dans la partie de l'Est, des *lettres de naturalisation* dont la forme serait rendue publique, avec mention, sur le journal officiel, des noms et qualités civiles de ces citoyens;

2° Des noms et qualités de tous ceux qui, aux termes de l'art. 44 de la constitution, sont habiles à jouir des droits civils et politiques qu'ils n'exercent qu'après avoir rempli les formalités prescrites par le code civil.—Il était entendu que cette disposition n'aurait d'effet que pour l'*avenir* et à l'égard des personnes qui viendraient résider en Haïti, dans l'intention d'en devenir citoyens.

Le Président se borna à faire publier le rapport de la commission, qui démontrait que les prétentions du sieur Smith étaient contraires à la constitution. Le ministère public ne reçut point l'ordre de poursuivre l'annullation des actes notariés qui le concernaient ; son action en prise à partie contre le tribunal civil de Jérémie n'eut point de suite. C'est que Boyer n'agissait point en haine de ses ennemis, et qu'il était plus porté qu'on ne le croyait alors à user d'indulgence. Il considéra que le sieur Smith y avait droit par un séjour de 37 ans dans le pays, par les services qu'il avait pu rendre aux citoyens de Jérémie, par son mariage avec une Haïtienne, par la possession même des propriétés qu'il avait illégalement acquises, d'après l'erreur des officiers publics. Cet étranger était d'ailleurs d'un âge avancé et d'une santé débile ; il y aurait eu une sorte d'inhumanité de la part du pouvoir à faire agir contre lui ; et Boyer fit bien en s'abstenant, car il ne vécut pas longtemps après cette affaire.

Mais l'Opposition, à Jérémie, lui tint-elle compte de sa modération ? Elle profita de cette affaire pour pousser les hauts cris ; elle s'enhardit contre le chef du gouvernement que, pour son malheur, elle ne pouvait pas comprendre alors, tant la voix des passions prévalait dans cette localité et dans d'autres endroits [1].

---

[1] La commission m'avait chargé de rédiger son rapport à Boyer. Lorsqu'il fut publié, ce rapport devint un nouveau grief pour l'Opposition tout entière contre moi ; car l'année précédente, j'avais dû répondre à un écrit anonyme que fit M. Féry, à propos de la destitution des fonctionnaires publics de Jérémie, et dans ma réponse je justifiais le droit du gouvernement de prononcer cette destitution, parce qu'aucun fonctionnaire n'a celui de lui faire opposition.

Boyer n'adopta pas davantage la mesure proposée par la commission, relativement au registre à tenir à la secrétairerie générale. Il est vrai qu'en 1804 même, peut-être n'en fut-il pas tenu pour constater le nombre des blancs auxquels Dessalines délivra des lettres de naturalisation ; cette probabilité existe en présence du message du Sénat concernant le sieur O. Carter, à qui ce corps demandait la production d'une telle lettre pour être admis à jouir des droits d'indigénat [1].

Et quant aux personnes désignées par l'art. 44 de la constitution de 1816, nous ne croyons pas qu'il y en ait beaucoup qui auront reçu du Président d'Haïti l'acte prescrit au 3° paragraphe de l'art. 14 du code civil. Aussi est-il certain que des individus de cette catégorie, après avoir longtemps joui publiquement de la qualité d'Haïtien, ont réclamé leur nationalité primitive, selon les circonstances où s'est trouvé le pays. De deux choses l'une, cependant : ou vous consentez volontairement à être « citoyen d'Haïti » qui vous ouvre ses bras, et alors vous devez en supporter les charges et les inconvéniens, tout en jouissant des droits que cette qualité vous confère ; — ou vous devez rester ce que vous étiez, *étranger*, en mettant le pied sur le sol de cette patrie, sans vous mêler de ses affaires intérieures, sans prétendre exercer aucun droit attaché à l'indigénat.

En mai de cette année, le Président présenta à la sanction du Sénat, les deux traités d'accession conclus par la République avec la Grande-Bretagne et la France, pour

---

[1] On a vu dans une note précédente, que Louis-Philippe avait désiré savoir quel était le nombre des blancs qui jouissaient de la qualité d'Haïtien, et qu'il parut inséré dule à la réponse qui lui fut faite à ce sujet. Il avait raison de l'être, car aucun autre gouvernement que celui d'Haïti n'aurait été aussi négligent dans ce cas, qui formai une exception à la règle générale posée par la constitution du pays.

favoriser la répression de la traite. Le 19 du même mois, cette sanction ayant été obtenue, un arrêté du Président ordonna la publication officielle de ces deux traités.

Après ceux de 1838, conclus avec la France, S. M. le Roi des Belges avait nommé un consul au Port-au-Prince en la personne de M. Seeger, l'un des associés de la maison Weber qui entretenait des relations commerciales avec le port d'Anvers [1]. En 1841, ce consul fut chargé de proposer au gouvernement haïtien, de conclure un traité d'amitié et de commerce pour consolider les rapports entre la Belgique et Haïti. A cet effet, Boyer donna ses pouvoirs au sénateur Tassy, et le traité eut lieu ; et par un message au Sénat, en date du 31 juillet, il lui en donna communication, en attendant qu'il fût soumis à la ratification du Roi Léopold. Quoique Sa Majesté ne l'ait pas ratifié, il est convenable de faire connaître quelles étaient les vues de Boyer à cet égard, par cette partie du message du Sénat, en réponse au sien :

« Ainsi que le porte votre susdit message, le traité repose sur le principe général du traitement accordé à la nation *la plus favorisée*, et non sur celui de la *réciprocité*. Le Sénat pense comme vous, Président, que c'est sur cette base qu'il convient de traiter avec les puissances dont les nationaux entretiennent des relations avec Haïti, puisque dans l'état actuel de notre commerce et de notre navigation, il serait sans utilité pour le pays de stipuler des avantages dont il ne pourrait pas profiter, tandis que les

---

[1] En 1838, ayant eu l'honneur d'être présenté à S. M. le Roi des Belges qui se trouvait à Neuilly, je lui parlai des relations commerciales que la Belgique entretenait avec Haïti, par le port d'Anvers, et je lui citai M. Seeger, principal associé, alors, de la maison Weber. L'année suivante, M. Seeger reçut sa commission de consul.

étrangers retireraient tout le fruit de la réciprocité qui serait établie en leur faveur. Le Sénat approuve donc la teneur de ce traité. »

Depuis que M. Saint-Macary avait souscrit le traité avec le gouvernement français et que Boyer ne voulut pas ratifier, il était décidé à ne plus consentir à aucune clause de *réciprocité*, dans ceux relatifs au commerce que la République pouvait faire avec les puissances étrangères. C'est pourquoi, en 1838, dans l'art. 3 du traité politique entre la France et Haïti, il ne fut question que du « traitement fait à la nation la plus favorisée. » Mais, comme par ce même article, les deux gouvernemens s'étaient réservés de faire incessamment un traité spécial pour régler les rapports de commerce et de navigation entre les deux pays, plusieurs fois M. Levasseur, consul général, avait présenté des projets à cet effet. Boyer ne voulut jamais en accepter aucun, aimant mieux que la législation douanière réglât les choses, selon que le conseilleraient les intérêts du pays. Ce fut la cause de la non-ratification par S. M. le Roi des Belges, du traité dont il vient d'être fait mention : il trouva que ces stipulations générales ne nécessitaient pas un tel acte entre la Belgique et Haïti.

La session législative se passa avec autant de calme cette année qu'en 1840. Le pouvoir exécutif avait préparé divers projets de lois qui furent proposés et votés par la Chambre des communes et par le Sénat :

1° La loi qui exemptait, durant trois années consécutives, du payement de leurs patentes, ceux des habitans de la ville des Cayes qui furent victimes de l'incendie dont elle souffrit en 1840.

2° Une nouvelle loi sur les successions vacantes, abrogeant celle de 1832, et réglant mieux cette matière.

3° La loi qui autorisait le Président d'Haïti à prendre, dans l'intervalle de deux sessions législatives, les mesures qu'il jugerait convenables pour modifier ou changer le système monétaire de la République, si les circonstances le nécessitaient, sauf à soumettre ensuite ces mesures à la sanction de la législature pour être converties en loi. A cette époque, Boyer songeait sérieusement à ce projet sur lequel il avait consulté le Sénat, en 1839, et il parut urgent de laisser à l'administration toute la latitude dont elle avait besoin.

4° La loi qui modifiait celle de 1823 relative aux appointemens et solde des autorités militaires et des troupes de ligne. Par cette loi, les appointemens et la solde furent augmentés; et en vue de l'amélioration que le système monétaire du pays allait subir, la condition des militaires de tous grades était fixée équitablement; les colonels ne recevaient que 90 gourdes, ils recevraient désormais 100 gourdes; les soldats, au lieu de 3 gourdes, en recevraient 4, etc. Il était facultatif au Président d'Haïti de faire *alterner* dans le service, les sous-officiers et soldats, par des congés de *trimestre* ou de *semestre*; mais les officiers seraient censés toujours en activité pour recevoir leur solde : l'exécution de la loi fut fixée à partir du 1er janvier 1842. A la fin de 1841, une circulaire du Président prescrivit, en effet, aux commandans d'arrondissement, de mettre la moitié de chaque corps de troupes, en congé de trimestre, dès le 1er janvier suivant; mais cette mesure, qui devait produire une grande économie dans les dépenses relatives à l'armée, fut contrariée par les évènemens qui survinrent.

5° La loi qui établit un impôt de 3 gourdes sur le tafia, et de 6 gourdes sur le rhum, par chaque barrique de ces liqueurs fortes, à partir du 1er octobre de l'année courante. En exécution de cette loi, le secrétaire d'Etat Imbert fit un règlement pour la régie de cet impôt.

6° La loi sur l'organisation de la haute cour de justice. La constitution de 1816, comme celle de 1806, avait institué cette haute cour ; et, nous l'avons déjà dit, par ses dispositions à ce sujet, ce tribunal aurait pu fonctionner sans une organisation particulière, et appliquer les lois pénales qu'observaient les autres tribunaux civils, surtout depuis la publication du code pénal en 1827. Cette loi ne fut qu'une déférence *tardive* à l'opinion publique qui la réclamait, par rapport aux fréquentes exclusions que la Chambre des communes prononça contre ces membres et que le Sénat eut le tort d'imiter une seule fois.

7° La loi portant amendement à quatre articles de celle de 1834, sur l'organisation des conseils militaires et sur la forme de procéder devant lesdits conseils. Cet amendement était nécessité par l'état actuel du pays, dans le moment où le nombre des généraux de l'armée était très-restreint et où la plupart des arrondissemens n'étaient commandés que par des colonels.

8° La loi portant modification à celle de 1826 sur l'organisation des troupes de ligne. Par cette loi, en cas de guerre, tous les Haïtiens de l'âge de 16 ans jusqu'à 25 ans, et non compris dans les exemptions qu'elle établissait, pouvaient être recrutés pour faire partie de l'armée. En temps de paix, les recrutemens ne pourraient avoir lieu que pour remplacer les militaires décédés ou congédiés, sur l'ordre donné aux commandans d'arrondissement par le Président d'Haïti. Ces commandans devaient *désigner* ceux qui seraient recrutés parmi les jeunes gens de l'âge prescrit ci-dessus. Sept cas d'exemptions étaient fixés ; lorsqu'on était :

1° propriétaire de bien rural et qu'on faisait valoir sa terre soi-même ; 2° cultivateur pourvu d'un contrat synallagmatique conformément au code rural ; 3° chef d'un établissement de commerce ou d'industrie ; 4° marié et non séparé de son épouse; 5° fils unique d'une famille ; 6° l'un des fils au choix du chef de famille ; 7° enfin, ceux qui, apprenant des arts ou métiers, auraient des contrats non encore expirés. Tous ceux qui seraient enrôlés, à partir de la promulgation de cette loi, obtiendraient leurs congés après douze années de service, sauf le cas d'invalidité justifiée.

A cette époque, on congédiait les militaires qui avaient dix-huit années de service; ensuite, on devait successivement congédier ceux de seize, de quatorze, de douze années de service, pour entrer dans les termes de la loi.

9° La loi additionnelle au chapitre 3 de la loi n° 6 du code d'instruction criminelle, concernant les crimes ou délits commis par des *juges* hors de leurs fonctions et dans l'exercice de leurs fonctions. Cette loi rendait les dispositions du code communes aux tribunaux de paix, de commerce, criminels, et à tout juge du tribunal de cassation, dans les cas prévus ; et si le tribunal de cassation lui-même était prévenu de forfaiture, il serait dénoncé par le pouvoir exécutif au Sénat qui, s'il y avait lieu, le renverrait devant la haute cour de justice.

10° La loi portant modifications au code pénal et au code d'instruction criminelle, à un article seulement de chacun de ces codes.

L'art. 78 du code pénal contient une disposition commune à deux paragraphes de la 2° section de la loi n° 4 de ce code, « sur les crimes contre la sûreté intérieure de

» l'État, » et dit seulement : « Seront punis comme coupa-
» bles des crimes mentionnés dans la présente section, tous
» ceux qui, soit par discours tenus dans des lieux ou réu-
» nions publics, soit par placards affichés, soit par écrits
» imprimés, auront excité directement les citoyens ou ha-
» bitans à les commettre. »

Il y fut ajouté : « Si les auteurs des écrits imprimés sont
» inconnus ou ne résident pas en Haïti, ou si les écrits
» portent de faux noms d'auteurs, les éditeurs, et à défaut
» d'éditeurs, les imprimeurs en seront réputés les auteurs
» et punis comme tels. Néanmoins, dans les cas où les sus-
» dites provocations n'auraient été suivies d'aucun effet,
» les auteurs, ou ceux réputés tels, seront simplement
» punis d'un emprisonnement d'un an à cinq ans. »

L'art. 313 du code d'instruction criminelle, de 1836, *exceptait* déjà du jugement par jury, — « les faits de faus-
» ses monnaies, etc., ceux de vol emportant peine afflic-
» tive ou infamante, l'incendie, et tous autres faits qui sont
» ou seront prévus par des lois spéciales. »

Il y fut ajouté : « Les crimes prévus aux articles 63, 64,
» 65, 66, 67, 68, 69, 78 (ci-dessus), 224, 225, 226 et 227
» du code pénal; » c'est-à-dire, ceux commis contre la
sûreté intérieure de l'État, et ceux concernant toute
association de malfaiteurs, envers les personnes ou les propriétés [1].

Par cette loi, on reconnaît que Boyer se préoccupait
un peu tard de ces deux maximes politiques : « Les gou-
» vernemens sont faits pour prévoir, non-seulement ce qui
» doit arriver, mais ce qui peut arriver. » — « Les gou-

---

[1] Cette loi fut abrogée en 1843 ; mais par une autre publiée en 1845, aucune cause criminelle ne peut être distraite de la connaissance du jury, à l'exception des crimes qui sont jugés par les tribunaux militaires ou les cours martiales.

vernemens qui ne se défendent pas se suicident. » Nous dirons bientôt ses motifs.

11° *La loi sur la police urbaine.* —La surveillance de la police des campagnes avait été déjà attribuée aux commandans des communes, par la loi du 15 novembre 1839; celle des villes, bourgs et postes militaires leur fut encore dévolue par la présente loi, sous les ordres des commandans d'arrondissement. Cependant, la police urbaine devait être exercée par ces officiers militaires présidant un conseil composé du ministère public, dans les villes où siégent les tribunaux civils, du juge de paix, de l'agent des finances et des membres du conseil de notables : ce qui lui adjoignait au moins cinq fonctionnaires civils dans les plus petites communes, pour délibérer ensemble, une fois par mois, ou plus souvent s'il y avait urgence, « sur les faits ou » les mesures de police qui tendraient à consolider le bon » ordre ou qui seraient reconnues utiles à chaque loca- » lité. » En cas de mesures extraordinaires, ils devaient faire rapport de leurs vues au commandant d'arrondissement qui les soumettrait, avec ses observations, au Président d'Haïti dont l'approbation serait indispensable pour leur exécution. Cette loi créait des commissaires principaux de police pour les villes du Port-au-Prince, des Cayes, du Cap-Haïtien et de Santo-Domingo, et en outre, des commissaires de sections et d'îlets, selon l'importance des lieux; les autres, désignés par le conseil de la commune, exerceraient leurs fonctions gratuitement durant une année, et pourraient être renouvelés s'ils y consentaient. Les principaux objets dont la police doit s'occuper furent indiqués par la loi : l'arrestation des vagabonds, la poursuite des malfaiteurs, la propreté des rues, etc. Le corps de police, la gendarmerie, la troupe de ligne, en cas de besoin la garde nationale, devaient être employés à l'exécution des mesures qui seraient prises. Les obligations imposées aux propriétaires, locataires, aubergistes, etc., furent aussi déterminées [1].

Les lois annuelles sur les patentes et sur l'impôt foncier furent également votées par l'initiative de la Chambre des communes.

— Les motifs qu'avait le pouvoir exécutif pour obtenir du corps législatif des modifications à l'art. 78 du code pénal et à l'art 313 du code d'instruction criminelle, étaient fondés sur la marche, on peut dire audacieuse, quoique appuyée sur la constitution, de l'Opposition qui s'organisait chaque jour contre le gouvernement.

Dès le 4 avril de cette année, un nouveau journal hebdomadaire avait paru à la capitale sous ce titre : *le Manifeste* [2]. Il avait pris pour épigraphe l'art. 31 de la constitution disant : « Nul ne peut être empêché de dire, écrire et » publier sa pensée. » Il pouvait ajouter ce second paragraphe. « Les écrits ne pourront être soumis à aucune cen-» sure avant leur publication, » et il se borna au premier ; mais le gouvernement se rappela que le troisième paragraphe de cet article disait : « Nul n'est responsable de ce qu'il » a publié que dans les cas prévus par la loi, » et il fit faire la loi du 6 août dont s'agit.

Déjà de nombreux articles politiques avaient paru dans

---

[1] Les différentes lois rendues dans cette session ayant porté mon nom, comme président du Sénat, M. Isambert me fit l'honneur de m'adresser sa lettre du 18 novembre 1841 que je ne reçus que le 6 mars 1842. On sait que je la publiai avec ma réponse, pour me justifier du reproche que ce jurisconsulte me faisait, de concourir à l'oppression systématique d'une partie de mes concitoyens. La loi sur la police urbaine fut considérée par lui, comme organisant « des comités de salut public en Haïti, etc. »

[2] M. Dumai Lespinasse était le fondateur et le principal rédacteur de ce journal. Suspendu en 1839, de ses fonctions d'avocat, l'autorité l'y avait rétabli quelque temps après l'apparition de ce journal.

ce journal, et la même imprimerie publiait deux autres petites feuilles sous ce titre : *le Maringouin* et *le Cancanier*. Il ne parut pas nécessaire au gouvernement de faire ce qui a lieu dans d'autres pays : d'imposer par une loi des conditions à l'industrie des imprimeurs, aux éditeurs de journaux, à leurs gérans, les peines établies par le code pénal lui semblant suffisantes pour la répression des délits commis par la voie de la presse. Le cas échéant, c'était aux tribunaux à en faire une juste application; mais dans un prochain avenir, on allait reconnaître l'inefficacité de ces moyens légaux.

Si, au mois de mars, un accueil bienveillant avait été fait, au Port-au-Prince comme en d'autres lieux, à M. John Candler, quaker anglais, et à M. Victor Schœlcher, abolitioniste français, qui vinrent visiter Haïti [1], — au mois d'avril, peu de jours après la fondation du *Manifeste*, une réception différente fut faite à M. Granier de Cassagnac qui arriva à la capitale sur la corvette française *la Perle*, venant de la Martinique. On avait été avisé de sa prochaine visite, et à peine était-il débarqué, le 17, que dans la soirée une trentaine de jeunes hommes allèrent au devant de l'hôtel de la marine où il logea, effectuer un *charivari* qu'ils avaient médité, au souvenir des publications furibondes que ce partisan de l'esclavage, cet ennemi de la race africaine avait faites, deux ans auparavant, dans *la Revue de Paris*, pour soutenir ses opinions contre l'affranchissement des esclaves dans les colonies françaises. Or, les esprits les plus généreux, en France, réclamaient cette mesure humanitaire, et en 1840, la commission présidée par

[1] M. John Candler a publié un volume sur son voyage à Haïti. M. V. Schœlcher en a publié un également. On a pu remarquer dans ces volumes la différence qui existait entre un quaker et un abolitioniste.....

M. le duc de Broglie, avait fait son important rapport au gouvernement sur cette question, en concluant en faveur de l'abolition de l'esclavage. M. G. de Cassagnac ne s'était pas borné à applaudir à l'asservissement des noirs, aux préjugés ridicules qu'il fait naître contre leurs descendans; il s'était plu à proclamer sa haine contre les Haïtiens : son voyage dans la République ne fut envisagé par ceux dont nous parlons que comme un défi qu'il leur jetait, sous les auspices du pavillon français, et qui méritait d'être relevé de cette manière. Il dînait à l'hôtel, en compagnie de plusieurs officiers d'un navire de guerre anglais qui était dans la rade [1], à côté de *la Perle*, quand le charivari se fit entendre; ayant su que son nom était prononcé, que cette farce était à son adresse, il parut effrayé, a-t-on dit alors, au point de réclamer la protection de ces officiers ou leur concours pour sortir de ce pas. Enfin il fit prévenir M. Levasseur, son consul, qui envoya auprès de lui le chancelier du consulat avec lequel il s'y rendit pour y passer la nuit; il jugea prudent de se rembarquer sur *la Perle*, dès le lendemain matin.

Malheureusement, quelques gamins étaient accourus au bruit du charivari, et ils avaient envoyé des pierres sur le balcon de l'hôtel ; ce qui mit fin à cette sérénade d'une nouvelle espèce. En cette circonstance, plus risible que sérieuse, M. Levasseur crut l'honneur français intéressé à la punition de ceux qu'il appelait « les coupables auteurs » d'une tentative d'*assassinat* sur la personne de M. G. de Cassagnac, » bien que l'autorité militaire, avisée du fait, eût envoyé de suite une garde pour le protéger et dissiper l'attroupement formé devant l'hôtel de la marine. Nous

---

[1] La brig *le Victor*, capitaine Dawson, arrivé de la Barbade le 16 avril.

omettons diverses autres circonstances relatives à cette affaire, pour dire seulement que les auteurs du charivari, après avoir subi un emprisonnement de vingt-quatre heures [1], furent traduits pardevant le tribunal de police qui les acquitta, à la grande satisfaction de la population de la capitale.

Après ce jugement, MM. Dumai Lespinasse et Charles Alerte allèrent à bord de *la Perle* apporter à M. G. de Cassagnac un cartel que lui adressa M. Charles Nathan, qui lui proposait de vider le duel sur le pont du navire, si le commandant y consentait; mais ils n'obtinrent qu'un refus entouré de protestations en faveur des Haïtiens. Quelques jours après, les auteurs du charivari donnèrent un banquet et un bal où l'élite de la population fut invitée; et le *Manifeste* publia des extraits des articles de M. G. de Cassagnac contre la race africaine, afin de justifier l'indignation qu'ils avaient dû éprouver en voyant ce champion de l'esclavage oser mettre le pied sur le sol d'Haïti [2].

Dans ce même mois d'avril où M. Levasseur agissait en faveur de ce Français, il en dénonça un autre officieusement à Boyer, pour avoir conçu le projet de faire fabriquer à Paris de faux billets de caisse de dix gourdes qu'il devait introduire à Haïti. Cette démarche ayant ensuite porté le consul à des actes regrettables et même à cesser toutes relations avec le gouvernement haïtien, à la fin de cette année, la gravité de cette résolution nous oblige à préciser quel-

---

[1] Messieurs L. Cerisier, P. Elie, A. Elie, Saul Liautaud, Emile Nau, Mariet, Madiou fils, Saint-Amand, etc., etc. Durant leur emprisonnement, ils reçurent une foule de visites : toutes nuances d'opinions politiques disparurent dans ce témoignage d'intérêt.

[2] Rendu aux Etats-Unis et en France, M. Granier de Cassagnac publia, dans ces deux pays la relation de sa mésaventure à Haïti, selon l'impression qu'elle avait dû produire sur son esprit déjà prévenu contre les sauvages qui habitent cette île.

ques faits et circonstances qui en dépendent, afin que le lecteur en juge impartialement.

Il faut qu'il sache d'abord, que M. Levasseur se laissait facilement aller à des préventions contre les fonctionnaires publics du pays, qu'il essayait souvent de traiter dédaigneusement, en abusant de son esprit parfois caustique. Parmi eux, le général Inginac, avec qui il était le plus en rapport à cause de ses fonctions de secrétaire général qui en faisaient le ministre des relations extérieures, était celui qui éprouvait le plus ces préventions injustes, tant les agents français, en général, se persuadaient bénévolement qu'il inclinait toujours en faveur des Anglais, qu'il n'aimait pas la France. Déjà, en mars 1840, ce sentiment de prévention avait porté M. Levasseur à adresser au Président, une lettre où il lui dénonçait le secrétaire général comme coupable d'une action que lui imputaient légèrement certains commerçans de la capitale, pour avoir *influencé* le Président, disait-il, dans une mesure relative aux traites que l'administration des finances recevait d'eux auparavant, et qu'elle ne voulait plus admettre en payement des droits de douane. Le Président lui avait fait répondre par M. Imbert : « On a peine à concevoir, M. le consul géné-
» ral, que vous ayez pu vous laisser entraîner à accueillir
» *une atroce calomnie* que la malveillance seule a pu in-
» venter... Le grand fonctionnaire dont vous citez le nom
» est *incapable* d'une telle action : il possède la pleine et
» entière confiance de S. E., par les longs et utiles services
» qu'il a rendus à son pays, par son dévouement aux inté-
» rêts nationaux, par sa fidélité constante envers sa pa-
» trie, et il ne saurait, non plus que qui que ce soit, *in-
» fluencer* l'esprit juste et équitable du chef de l'État, pour
» le porter à prendre aucune résolution contraire aux

» principes qui le distinguent.... » Après cette réponse, le général Inginac avait provoqué une entrevue avec M. Levasseur en présence de témoins, afin de le convaincre qu'il avait été dupe de la malveillance, et il s'en était suivi une réconciliation entre eux, dans l'intérêt des bons rapports entre leurs pays respectifs[1].

Revenons à la dénonciation officieuse du consul général : il s'agit du jeune Charles Touzalin, frère du chancelier du consulat, dont l'affaire fit beaucoup de bruit à cette époque.

Dès 1839, C. Touzalin était au Port-au-Prince où il avait formé une association avec deux Haïtiens pour la filtration des eaux ; leur établissement ne put continuer. Le 15 mars 1840, il partit pour la France où, disait-il, il allait chercher les moyens de fonder une *brasserie* à son retour au Port-au-Prince. Mais rendu à Paris, il fit fabriquer du papier à filigranes, semblable à celui qui était employé à l'émission des billets de caisse de dix gourdes d'Haïti : l'intermédiaire dont il se servit pour cette fabrication se nommait Régnier Becker. En septembre de la même année, il revint au Port-au-Prince, emmenant avec lui un brasseur, mais sans apporter les ustensiles nécessaires à une brasserie ; il avait seulement une petite partie de marchandises qu'il voulait consigner à la maison Desèvre et Dejardin, respectables négocians français de la place. Ces négocians refusèrent la consignation, parce que, dès son arrivée, C. Touzalin confia à M. Desèvre le but principal de son voyage en France. M. Desèvre dévoila ce projet à M. Levasseur, dans l'intérêt du commerce et du pays où il faisait

[1] Dans cette entrevue, je servis de témoin à M. Levasseur, et je fus heureux de concourir à sa réconciliation avec le général Inginac, afin de favoriser les bons rapports entre mon pays et la France. Le colonel Victor Poil était le témoin du secrétaire général.

ses affaires honorablement, après avoir engagé C. Touzalin à renoncer à son coupable projet. Mais celui-ci ayant osé lui renouveler la proposition de coopérer à la circulation de faux billets, ce négociant remit cette fois au consul général une dénonciation écrite contre lui. Il est constant qu'en décembre suivant, M. Levasseur expédia C. Touzalin à Jacmel pour y recueillir la succession de l'abbé Lota, décédé curé de cette ville. Revenu au Port-au-Prince, il repartit dans le même mois pour la France, disant qu'il allait y chercher un *pétrin mécanique*, à raison d'une société qu'il contracta avec un nommé Lapeyre, Français, boulanger établi en cette ville. Mais au lieu du pétrin ce fut de l'impression des faux billets qu'il s'occupa.

Au mois d'avril 1841, un commis de la maison Desèvre et Dejardin, informé du projet bien arrêté de ce jeune homme, crut devoir le dénoncer par écrit à M. Levasseur : ce commis était M. Audray, Français, décoré de la légion d'honneur. Le consul général se décida alors à faire part à Boyer de ces informations, verbalement, en lui promettant d'écrire au gouvernement français, afin que la police recherchât C. Touzalin et mît obstacle à son coupable projet. De son côté, le Président, en le remerciant de cet avis, prit l'engagement de contraindre seulement ce jeune homme à quitter Haïti, s'il parvenait à y retourner.

Dans les premiers jours du mois d'août, les faux billets arrivèrent en partie au Port-au-Prince par un navire français, et il paraît qu'ils furent remis au boulanger Lapeyre, chez qui il en a été trouvé par la suite. Le 27 du même mois, C. Touzalin y arriva par la voie de Saint-Thomas. Interpellé par le consul général, il lui jura qu'il avait renoncé entièrement à son projet; et, sur cette assurance mensongère, M. Levasseur, indignement trompé par ce coupable, s'empressa d'affirmer au Président, qu'il n'était même pas nécessaire de le surveiller, qu'il répondait de lui « corps pour corps : » ce sont les expressions dont il se servit dans son entretien verbal. Le Président, à son tour, dut se rassurer par cette affirmation.

C. Touzalin n'avait pas apporté le pétrin mécanique qui avait été le but avoué de son voyage en France ; et aussitôt son retour, il loua un terrain à Martissant, tout près du Port-au-Prince, pour y faire de la chaux, prétendait-il. On dit alors et on crut que M. Levasseur l'avait aidé dans cette nouvelle entreprise pour une somme de 300 gourdes. Cependant, dans le courant de septembre, de faux billets de dix gourdes parurent dans le commerce ; en octobre, on en découvrit un plus grand nombre, et le 26, deux Haïtiens, dont les noms nous échappent, Lapeyre et un autre étranger furent emprisonnés par l'autorité judiciaire, comme prévenus d'avoir mis en circulation ces faux billets. C. Touzalin alla les visiter et tint des propos qui firent naître des soupçons contre lui qui avait paru, antérieurement, s'être associé avec Lapeyre. Le 27, l'autorité fit une descente de lieux chez Madame veuve Touzalin, sa mère, et n'y trouva rien qui pût le compromettre ; le même jour, dans l'après-midi, elle alla faire une perquisition à la campagne de Martissant et n'y trouva non plus aucune trace de délit. Quoique présent à ces deux opérations, C. Touzalin n'était point arrêté ; il le fut le 28 octobre. Pendant que la police judiciaire allait avec lui à cette campagne, M. Levasseur vint à passer sur la route, et il recommanda au colonel Victor Poil d'avoir pour lui tous les égards possible, « car il était assuré, disait-il, que ce jeune homme » n'était nullement coupable ; » il l'exhorta lui-même à la fermeté, en ajoutant que, en sa qualité de Français, C. Touzalin devait compter sur sa protection. Rien n'était plus naturel, sans doute ; mais dans la circonstance, ces paroles étaient déplacées.

En effet, le lendemain 29, le consul général adressa à Boyer une lettre « confidentielle » par laquelle il sollicitait de lui un entretien particulier ; mais comme il savait que le Président était malade et qu'il ne pourrait probablement pas le voir, il lui demandait en même temps d'ordonner qu'on *suspendît* toutes poursuites contre C. Touzalin, afin de remplir la promesse que le Président avait faite à son égard, et que, « avant 15 ou 20 jours les faux billets se-
» raient livrés au gouvernement, parce que lui, le consul
» général, avait paré aux inconvéniens qu'il redoutait. »
Il s'agissait de colis contenant une masse de faux billets que M. Levasseur savait avoir été expédiés du Hâvre par le navire *le Saint-Jacques* qui était en mer.

Mais ceux qui circulaient déjà au Port-au-Prince et qui avaient motivé l'action du ministère public, qui les avait introduits ? Et comment le consul général pouvait-il vouloir ainsi arrêter le cours de la justice à l'égard de C. Touzalin qui l'avait trompé, au point qu'il répondit de lui au Président, « corps pour corps ? »

Le 4 et 5 novembre, M. Levasseur renouvela « confidentiellement » sa demande d'un entretien privé avec Boyer, qui continuait d'être malade et ne pouvait la lui accorder. Cette seconde lettre commençait ainsi : « Président, on
» vous trompe.... Pardonnez-moi l'extrême franchise de
» cette expression, mais c'est le cri de ma conscience, et je
» ne puis l'étouffer. Oui, Président, on vous trompe en
» cherchant à confondre deux affaires distinctes, celle de
» C. Touzalin et celle des hommes qui ont mis de faux bil-

» lets en circulation. On espère pouvoir vous dégager
» de votre parole envers le consul de France, en vous
» persuadant qu'il n'a pas tenu ses engagemens envers
« vous...»

Ne pouvant recevoir M. Levasseur, le Président chargea le général Inginac de lui dire : qu'il ne pouvait arrêter les poursuites dirigées contre C. Touzalin par le ministère public, puisqu'il y avait d'autres prévenus en cause par rapport à l'émission de faux billets, et que ce jeune homme paraissait de connivence avec eux, malgré ses assurances données au consul général. On dut donc attendre la fin de l'instruction commencée. Mais le 24 novembre, la chambre du conseil ordonna l'élargissement de Lapeyre et de l'un des deux Haïtiens, renvoya le second et l'autre étranger au tribunal correctionnel, et C. Touzalin seul au tribunal criminel[1]. Ce prononcé parut si inique à Boyer, qu'il résolut de relaxer ce dernier à condition de son renvoi du pays, et par suite de relaxer également les deux autres prévenus. Le général Inginac notifia verbalement cette décision à M. Levasseur qui lui dit de retenir C. Touzalin encore en prison, afin de l'embarquer sur le brig de guerre français l'*Oreste* qui devait partir dans peu de jours. Cependant, le 3 décembre le consul général lui adressa une lettre où il se plaignait, en des termes peu mesurés pour le caractère personnel et officiel du secrétaire général, de la détention continue de C. Touzalin. Cette lettre fut la cause d'une vive aigreur entre eux, le général Inginac venant à penser en outre que, dans sa lettre du 4 novembre au Président, M. Levasseur avait fait allusion à lui. Enfin, le 5 décembre,

---

[1] Aussitôt qu'il eût été élargi, Lapeyre quitta le Port-au-Prince. Un nouveau locataire de la boulangerie où il demeurait, y découvrit des faux billets de dix gourdes et appela l'autorité judiciaire qui vint les prendre en dressant procès-verbal. Ces billets étaient semblables à ceux qui circulaient.

C. Touzalin fut mis en liberté et embarqué le lendemain sur la corvette *le Berceau* où il passa quelques jours avant d'être expédié par un navire américain qui allait à New-York : le 15 décembre il mourut à bord de ce navire.

Le 5, *le Saint-Jacques* parut devant le port. M. Levasseur se rendit à son bord, en compagnie de M. Lartigue, commandant du *Berceau*, et exigea du capitaine Curet la remise du sac aux lettres et des colis dans lesquels il savait que se trouvaient les faux billets de dix gourdes expédiés de France à C. Touzalin et consorts, notamment une pierre tumulaire destinée à M. Darius Kenscoff, Haïtien : il fit porter ces colis à bord de la corvette. Le lendemain, il en avisa le général Inginac en lui disant de désigner deux citoyens notables pour assister à l'ouverture des colis, à bord du *Berceau*, et à la vérification des faux billets qui y seraient trouvés. Mais le général Inginac lui fit observer qu'une pareille opération devait avoir lieu à la douane, en présence de l'autorité judiciaire qui en dresserait procès-verbal ; que les colis, considérés comme marchandises et en contenant sans nul doute, devaient être soumis à la vérification des officiers de la douane en même temps, conformément aux lois du pays, et que ce serait les violer que de condescendre au désir du consul général, puisque le capitaine Curet lui-même avait *protesté* contre leur saisie à son bord, afin de couvrir sa responsabilité envers les chargeurs et les assureurs.

M. Levasseur persista dans sa résolution, et le 8 décembre il procéda à l'ouverture du colis contenant la pierre tumulaire ; son procès-verbal atteste qu'il y trouva « une » masse compacte de papiers qui a été reconnue être » composée de feuilles portant chacune l'empreinte de six » billets semblables à ceux qui circulent en Haïti pour la

» valeur de dix gourdes, mais auxquels manquaient les
» signatures apposées sur les véritables billets en circula-
» tion. » Le consul général fit brûler ces feuilles sans en
constater le nombre, et n'en réserva qu'une seule dans l'intention de la remettre au Président, pour lui prouver qu'il
avait rempli la promesse qu'il lui avait faite d'empêcher
l'introduction de ces faux billets en Haïti. Le 9, en effet, il
la lui adressa avec une lettre accompagnée en outre d'une
copie de son procès-verbal, et d'une copie de sa lettre au
secrétaire général par laquelle il avait réclamé le concours
de deux notabilités haïtiennes. Quant aux autres colis saisis sur le *Saint-Jacques*, il les fit remettre intacts à la
douane avec la pierre tumulaire.

En recevant ces documens, Boyer ordonna au général
Inginac de faire comparer la feuille de faux billets avec
ceux que l'autorité judiciaire avait saisis dans la circulation
et qui avaient motivé les poursuites contre C. Touzalin et
consorts. Le 10, cette opération eut lieu par les citoyens
J. Elie, directeur de la chambre des comptes, Pinard, directeur de l'imprimerie nationale, E. Seguy Villevaleix et
Hugues Tran, notaires du gouvernement, et Ducoudray;
ils reconnurent et déclarèrent par procès-verbal, que ces
billets produits comme échantillons étaient « identiquement » les mêmes que les autres, auxquels C. Touzalin avait
sans doute apposé les fausses signatures, puisqu'il était
arrivé au Port-au-Prince le 27 août et que les faux billets
n'avaient paru dans le commerce que dans le courant du
mois de septembre.

Il est à remarquer que les signatures des billets émis par
le trésor n'étant pas toujours les mêmes, et les faux billets
devant paraître *neufs* dans la circulation, ce faussaire émérite avait eu la précaution de se réserver d'y apposer les

fausses signatures, dans le pays même, pour mieux suivre ces variations de véritables signatures. Or, antérieurement à sa coupable entreprise, on avait remarqué son talent en fait de calligraphie ; il avait même fait exécuter à Paris une carte de l'île d'Haïti dans son premier voyage en France, après l'avoir dressée au Port-au-Prince et montrée en manuscrit à diverses personnes.

Le secrétaire général reçut l'ordre d'accuser réception à M. Levasseur, des documens qu'il avait adressés au Président, en récapitulant tous les faits relatifs à cette vilaine affaire ; il le fit le 11 décembre, et sa lettre se termina ainsi :
« Le Président d'Haïti me charge, Monsieur le consul gé-
» néral, de vous témoigner sa satisfaction pour *le zèle* que
» vous avez déployé dans cette circonstance où, si vous
» n'avez pas obtenu tout le résultat que vous attendiez, on
» ne peut s'en prendre qu'à la duplicité de l'homme indi-
» gne pour lequel vous avez intercédé, que dans la fausse
» conviction où vous étiez qu'il avait seulement projeté son
» crime et qu'il ne l'avait pas consommé. Ainsi, le gou-
» vernement, en se bornant à ordonner la déportation de
» Charles Touzalin, avec défense qu'il ne paraisse jamais
» dans le pays, à peine d'encourir les plus graves consé-
» quences, donne une nouvelle preuve de son désir de ne
» laisser échapper aucune occasion de cimenter les rela-
» tions amicales qui existent entre Haïti et la France. »

Par cette lettre, justice était certainement rendue aux intentions de M. Levasseur. Mais le 12 décembre, le journal *le Manifeste* publia un article diffamatoire contre lui, en disant que dans l'affaire de C. Touzalin, « sa conduite avait été
» astucieuse et criminelle ; qu'avec de faux dehors, un lan-
» gage fourbe et hypocrite, il avait réussi à se faire quel-
» ques dupes chez nous ; qu'il avait forcé la main au gou-

» vernement pour obtenir la mise en liberté du faux mon-
» nayeur, etc. » Et notez que la même feuille contenait un
autre article injurieux et outrageant contre le grand juge
Voltaire et signé par le notaire C. Devimeux.

Dans la matinée du 13, M. Levasseur alla voir le général
Inginac chez qui il trouva le notaire Villevaleix et M. Redon, commissaire du gouvernement, que le secrétaire général avait mandé afin de lui dire : que M. Dumai Lespinasse, rédacteur du *Manifeste*, devait être poursuivi à raison de l'article diffamatoire contre le consul général de France. Aussi, quand celui-ci s'en plaignit à lui, il ne put qu'exprimer l'indignation qu'il éprouvait de cette offense; mais il dit au consul général, que s'il voulait lui adresser une plainte officielle à ce sujet, cette pièce appuierait l'action du ministère public : ce fut ainsi convenu entre eux.

De retour au consulat, M. Levasseur lui écrivit immédiatement; mais comme s'il doutait encore que le gouvernement hésitât à cet égard, il écrivit : « Si, par des motifs
» que je ne puis prévoir, il en était autrement, je me trou-
» verais dans la pénible nécessité de *rompre* les relations
» officielles que j'ai mission d'entretenir, et d'en référer
» au gouvernement de Sa Majesté, etc. »

Le secrétaire général trouvant cette menace au moins inopportune et susceptible d'être mal accueillie par le tribunal, alors que l'auteur de l'article diffamatoire avait osé dire déjà que, dans l'affaire de C. Touzalin, « le consul
» général avait forcé la main au gouvernement, » il chargea le chancelier du consulat, porteur de la plainte, de dire à M. Levasseur de la refaire pour ôter ce passage.

Celui-ci y consentit; mais dans sa nouvelle plainte formulée le 14, il dit : « Je sais, M. le secrétaire général, que

» déjà des mesures *sont prises* par la justice pour que l'of-
» fense dont je me plains soit punie par les tribunaux,
» conformément à la loi sur la presse; mais cette mesure
» ne constituerait pas, pour le consul général de France,
» *une réparation suffisante*. Sa position officielle exige
» quelque chose de plus... » Et alors il demanda que le
gouvernement fît insérer prochainement dans *le Manifeste*
et dans *le Télégraphe*, journal officiel : 1° « une réproba-
» tion formelle de l'article injurieux et calomniateur publié
» dans le premier de ces journaux; 2° une déclaration
» explicite du *bon accord* qui n'a cessé de régner entre le
» gouvernement de la République et le consul général de
» France, dans *toutes* les mesures qui ont été jugées néces-
» saires pour faire avorter les projets d'*introduction* de
» faux papier-monnaie par un Français. »

Le secrétaire général devait d'autant moins condescendre
à ces exigences, que dans sa lettre du 11 au consul général,
tout en terminant par rendre justice à ses intentions, il
avait relaté tous les faits qui prouvaient qu'il n'y avait pas
eu « bon accord » entre le consul général et le gouvernement, notamment la singulière opération faite à bord de la
corvette *le Berceau*. Il se borna donc, le 15, à répondre
à M. Levasseur : « que l'autorité judiciaire était saisie de
» l'affaire et qu'il était à espérer que le jugement qui in-
» terviendrait à cet égard remplirait, par sa publicité,
» l'objet de ses désirs. » Il ajouta : « Le maintien des bons
» rapports entre les deux nations, et la continuation de la
» considération dont vous jouissez de la part du gouver-
» nement de la République, sont le meilleur désaveu qui
» puisse être opposé aux allégations outrageantes dirigées
» par un particulier contre le consul général de France. »
En outre, les lois d'Haïti n'auraient pas autorisé le gouver-

nement à exiger aucune insertion dans *le Manifeste*: à propos des délits commis par la voie de la presse, elles établissaient seulement des peines contre leurs auteurs.

M. Levasseur ne fut pas satisfait de cette réponse. Le 16 il écrivit à Boyer, et se plaignit des procédés du secrétaire général en lui envoyant copie de leurs lettres respectives. Le Président chargea le grand juge de lui répondre : « Que » l'article diffamatoire dirigé contre le consul général de » France l'avait péniblement affecté, ainsi que tous les » fonctionnaires de la capitale; que la justice était saisie » de cette affaire; que c'était la marche généralement » suivie dans tous les pays où la presse est libre. Il est à » regretter qu'une dissidence se soit élevée à cette occa- » sion entre vous et le secrétaire général ; mais cette dissi- » dence, quelle qu'elle soit, n'est pas de nature à porter » la moindre atteinte au bon accord qui existe entre Haïti » et la France.... »

En même temps qu'il écrivait au Président, le 16, M. Levasseur adressait aussi au général Inginac une lettre dans laquelle il lui reprochait, en termes inconvenans, ce qu'il appelait « un système de déceptions » de la part du secrétaire général à son égard. Mais le 18, ce fonctionnaire lui répondit et releva ses expressions et ses injustes accusations, en lui rappelant les explications verbales qui qui avaient eu lieu entre eux et les faits qui s'étaient passés depuis le 13, après la publication de l'article diffamatoire.

Le même jour, le 18, le consul général répondit à la lettre du grand juge, de la veille, et renouvela sa menace de *rupture* de toutes relations avec le gouvernement. Cette menace n'étant suivie d'aucun effet, le 19 décembre,

M. Levasseur adressa une note au Président d'Haïti, par laquelle il lui déclarait que : « En rompant ses relations of-
» ficielles avec le gouvernement haïtien et en se retirant à
» bord de la corvette de S. M. *le Berceau* pour y attendre
» les ordres du gouvernement du Roi, le consul général de
» France laisse à terre son chancelier pour veiller à la con-
» servation des archives de la chancellerie et du consu-
» lat, etc. Dans tous les cas, il place ses nationaux, leurs
» biens et leurs personnes, sous la protection du droit des
» gens, et il compte particulièrement, pour leur sûreté,
» sur la loyauté du Président d'Haïti. » A midi, le consul général fit abaisser son pavillon consulaire ; et escorté des commandans Lartigue et Doret, du *Berceau* et de l'*Oreste*, et de quelques-uns de leurs officiers, il se rendit à bord de la corvette.

Le 19 aussi parut un article officiel dans *le Télégraphe*, annonçant cet événement et disant : « Comme il a été pro-
» cédé ici, en cette circonstance, de la manière qu'il est
» d'usage dans les autres pays, les rapports de bonne in-
» telligence entre les deux Etats ne sauraient en être affec-
» tés ; et quels que soient les événemens ultérieurs, le
» gouvernement haïtien continuera à suivre la marche
» qu'il a toujours tenue pour affermir de plus en plus les
» relations existantes, en observant religieusement les
» principes qui régissent les nations. »

Dix jours après, le tribunal correctionnel, ayant entendu la déposition faite par M. Curet, capitaine du navire *le Saint-Jacques*, « affirmant en partie les faits relatés dans
» le journal *le Manifeste* du 12 décembre, » relativement aux colis saisis à son bord, et : « Attendu que ces faits dé-
» terminent des imputations qui caractérisent un délit
» d'*injure*; que, néanmoins, la précision voulue, pour

» donner toute la force à la *diffamation*, ne se rencontre
» pas dans l'espèce ; — Attendu que, bien qu'il soit permis
» d'écrire et de publier sa pensée, cependant la loi ne laisse
» point à personne la faculté, quelle que soit la véracité
» des faits, de se servir d'expressions outrageantes ou inju-
» rieuses contre qui que ce soit ; — Attendu qu'il demeure
» constant que *le Manifeste* du 12 décembre courant,
» contient des expressions outrageantes contre le sieur Le-
» vasseur, consul général de France ;... Par ces motifs et
» en vertu de l'art. 320 du code pénal..., le tribunal con-
« damne le prévenu J.-F. Dumai Lespinasse..., à 80 gour-
» des d'amende (maximum de la peine établie par cet arti-
» cle), et ordonne la suppression du n° 37 du *Manifeste*,
» conformément à l'art. 957 du code de procédure ci-
» vile[1]. »

Les procédés de M. Levasseur avaient paru si extraordinaires et si violens au public, qu'il applaudit à ce jugement qui, en écartant la prévention de diffamation, ne prononça que la peine relative à l'injure. L'Opposition de la capitale, dont M. Dumai Lespinasse était devenu le chef depuis qu'il publiait *le Manifeste*, s'en réjouit surtout en le voyant sortir presque triomphant du ministère public agissant par ordre du gouvernement. Mais on va voir bientôt que le consul général de France, qui s'était volontairement emprisonné à bord du *Berceau*[2], imagina de servir la cause des opposans pour se venger et du général Inginac et du gouvernement, tout en essayant de trouver moyen de sor-

[1] Dans ce procès, M. D. Lespinasse se défendit avec talent : il fut assisté de plusieurs de ses confrères du barreau de la capitale. Après le jugement, il fut porté du tribunal jusque chez lui, en signe de triomphe ; et une souscription patriotique solda aussitôt l'amende et les frais auxquels il était condamné.

[2] S'ennuyant très-souvent d'être renfermé à bord du *Berceau*, M. Levasseur se faisait mener en canot sur la côte de Bizoton ; il y trouvait des chevaux et se promenait agréablement pendant plusieurs heures. Cela faisait rire de Port-au-Prince.

tir de la position qu'il s'était faite. En effet, il s'empressa d'écrire à la Martinique et de requérir que l'amiral commandant la station des colonies françaises vînt au Port-au-Prince avec des bâtimens de guerre, afin de *contraindre* le gouvernement haïtien au respect qui lui était dû, comme représentant du gouvernement français dans la République.

Dans le chapitre suivant, on verra quel fut le dénouement final de cette affaire.

CHAPITRE IV.

1842. — Proclamation du Président d'Haïti qui convoque les électeurs pour le renouvellement de la Chambre des communes. — Publications à ce sujet par le *Manifeste*. — Lettres de M. Lartigue au secrétaire d'État Imbert, et réponses. — Arrivée de plusieurs navires de guerre et de l'amiral Arnous-Dessaussays, appelé par M. Levasseur. — Entrevue de cet amiral avec Boyer. — Il désapprouve la conduite du consul général et sollicite du Président la reprise de ses fonctions. — Boyer y consent, sous la promesse que lui fait l'amiral de conseiller son rappel au gouvernement français. — Élections générales : un grand nombre d'opposans sont élus représentans. — Dispositions où se trouve Boyer ; conseils qui lui sont donnés. — Publication des journaux *le Temps* et *le Patriote*. — Arrivée d'un légat du Pape ; il arrête un projet de concordat pour régler les affaires religieuses, et se rend à Rome : ce qui en empêche la conclusion. — M. Imbert est révoqué de la charge de secrétaire d'État et remplacé par M. Pilié. — Promotions de généraux ; réflexions à ce sujet. — Convocation extraordinaire du Sénat. — Message du Président d'Haïti à ce corps, à propos de la réélection des représentans éliminés de la Chambre en 1839. — Réflexions à ce sujet. — Réponse du Sénat, suivie de considérations sur la situation politique. — Projet du retrait intégral des billets de caisse, combattu en conseil ; Boyer y renonce. — Condamnations judiciaires contre MM. Devimeux Rinchère et David Saint-Preux.

La 5ᵉ législature avait terminé son mandat l'année précédente par une session assez laborieuse : le moment arriva où il fallut la remplacer par une autre. Le 5 janvier, le Président d'Haïti publia une proclamation dans laquelle il disait :

« Citoyens électeurs, c'est pour la sixième fois que vous êtes appelés par la constitution à élire les membres de la Chambre des représentans des communes. Je ne vous retracerai pas vos devoirs, vous les connaissez. Votre expérience vous prémunira contre l'esprit d'intrigue et de coterie; et l'amour du bien public vous portera à ne donner vos suffrages qu'à des citoyens vertueux, et qui sachent que le premier titre du législateur à la confiance de ses concitoyens est le dévouement à la patrie. Je fais des vœux pour que la prochaine législature ne compte que des députés animés du désir de concourir, dans les voies constitutionnelles, à tout ce qui peut promouvoir l'amélioration de notre législation, la prospérité de la République et le bien-être de la nation. »

Ce langage était bien celui que le chef de l'État devait tenir aux électeurs; mais chacun allait l'entendre selon ses idées et ses sentimens.

Dès le 26 septembre précédent, le *Manifeste* avait publié un article, au sujet de la loi électorale de 1834, sur la formation de la liste des électeurs par les conseils de notables de chaque commune. Il reprochait aux électeurs l'indifférence, l'insouciance qu'ils avaient mise jusqu'alors à se rendre aux assemblées communales pour élire leurs représentans; il les engageait à ne pas négliger ce devoir pour les prochaines élections de 1842; et comparant les dispositions de la constitution disant : « Il faut avoir atteint l'âge » de majorité pour voter dans les assemblées commu- » nales, » à celles de la loi électorale qui fixaient cet âge à 25 ans, il concluait que cette loi était contraire à la constitution qui n'exigeait que la majorité civile de 21 ans; que la constitution devait être plutôt observée que la loi. Aussi ce journal se récria-t-il bientôt contre la prétention du conseil communal du Port-au-Prince, à n'admettre sur la liste que les électeurs de 25 ans; et cette troisième sommation, à la capitale, en présence du chef du pouvoir exécutif, fut entendue d'un bout de la République à l'autre, puisqu'on se préparait partout dans les conseils des communes à se présenter aux élections, dût-on même n'avoir pas atteint les 21 ans; car la jeunesse des villes ou bourgs, en général, était entraînée vers le but bien connu que l'Opposition se proposait d'atteindre.

D'un autre côté, le même journal, à son apparition, avait publié, en forme de prospectus, un article intitulé : « Point » de journal sans politique; » à celui-ci avait succédé un autre ayant pour titre : « Pourquoi Haïti n'est-elle pas plus avancée en civilisation? » Ces deux articles, remarquablement écrits, avaient donné un nouvel essor à l'Opposition répandue dans tout le pays; suivis de bien d'autres, ils recommandaient les jeunes hommes qui contribuaient avec M. Dumai Lespinasse à la rédaction du *Manifeste*. A l'envi, tous ceux de leur âge se sentirent appelés à *rajeunir*, pour ainsi dire, « la représentation nationale » dans la Chambre des communes. Afin de réveiller le patriotisme des électeurs de la capitale, le journal publia successivement la liste de ceux qui étaient inscrits d'office au conseil des notables, en invitant les autres à y aller réclamer leur inscription. Il finit par poser, le 30 janvier, à la veille des élections, comme candidats, de l'Opposition évidemment, MM. Dumai Lespinasse, Covin aîné, Émile Nau, pour être représentans, et d'autres pour être leurs suppléans. Il en fut de même dans les principales villes; et dans celles dont les représentans avaient été éliminés de la Chambre en 1839, il était naturel que les mêmes citoyens reparussent devant leurs électeurs.

Il est à remarquer, qu'indépendamment des articles publiés par le *Manifeste*, pour traiter de toutes les questions importantes qui étaient à l'ordre du jour dans l'opinion publique, le 7 novembre ce journal en fit paraître un sous ce titre : « *Utopie de Pierre Gobor.* » Sous ce voile, il était à l'adresse de Boyer dont l'anagramme était à peine dissimulée[1]. Il fut compris par tous les adeptes, et d'autant mieux que, ne contenant que de banales accusations formulées par l'envie et la haine, il était à la portée de la plupart d'entre eux : les opposans ne cachèrent point d'ailleurs l'intention de l'article qui représentait Boyer comme un despote égoïste.

Ce fut donc dans cette situation des esprits que parut la proclamation du Président. Mais suivons l'ordre chronologique, afin de donner suite aux vues et aux intentions de M. Levasseur, consul général de France, retiré volontairement à bord du *Berceau*.

Dans le courant de janvier, le gouvernement voulant expédier des fonds en France pour les échéances de l'indemnité et de l'emprunt, le secrétaire d'État Imbert écrivit au commandant Lartigue pour lui proposer de charger ces fonds sur *le Berceau*, si cette corvette devait partir pour la France, comme il en avait été question déjà : depuis 1838, l'administration employait toujours cette voie. M. Lartigue lui répondit : « que ce navire ne partait pas, mais que
» d'autres navires de guerre devant incessamment arriver
» dans le port, d'après *le vœu* manifesté par le général
» Inginac, qu'il s'en présentât aux approches des pro-
» chaines élections pour les représentans, afin de contenir
» l'Opposition, le secrétaire d'État pourrait charger les
» fonds sur l'un d'entre eux. »

Cette réponse, remise au Président, le surprit extrêmement ; il ne crut pas le secrétaire général capable d'avoir manifesté un tel vœu, non plus qu'il ne l'avait jugé auteur

---

[1] Il était signé T. B., et si l'auteur écrivit *Pierre Gabor*, les opposans savaient qu'il fallait lire : *Pierre Yéyer*. On dit même alors que plusieurs exemplaires de ce numéro du *Manifeste* parurent avec cette anagramme, mais que l'auteur de l'article, ayant eu peur d'une poursuite, fit substituer un G à l'Y, dans les autres.

de l'action coupable qui lui fut imputée en 1840 par M. Levasseur. Boyer attribua cette réponse à l'influence du consul général, d'après sa mésintelligence avec le général Inginac; et, après l'avoir communiquée à ce dernier, il ordonna au secrétaire d'État de repousser cette insinuation malveillante, en prenant dès lors la résolution, quoi qu'il en arrivât, de demander au gouvernement français le *rappel* de M. Levasseur. De son côté, le général Inginac, indigné d'une telle inculpation, adressa une lettre à M. Lartigue pour y donner le démenti le plus formel.

M. Imbert, on le sait, n'estimait pas le secrétaire général; et inclinant toujours en faveur de l'Opposition, il communiqua la lettre de M. Lartigue à certains opposans : le Président eut connaissance de ce fait et pensa aussitôt à sa révocation. Soit qu'ils crussent ou non à la véracité de l'inculpation, les opposans se saisirent de cette « flèche du Parthe » lancée contre le secrétaire général, considéré comme l'organe du Président d'Haïti, afin de mieux assurer leur élection.

Ainsi que M. Lartigue l'avait annoncé, mais par un autre motif, quelques jours après on vit arriver dans le port successivement, la corvette *la Circé*, les brigs *le Hussard* et *le Bisson*. Et le samedi 29 janvier, le brig *le Laurier* et la frégate *l'Armide*, ayant à son bord l'amiral Arnous-Dessaussays, jetèrent aussi l'ancre à côté d'eux.

Pendant que l'amiral mandait à son bord M. Levasseur et le commandant Lartigue, il fit saluer le pavillon haïtien par la frégate; ce salut fut aussitôt rendu par le fort *Alexandre*. L'amiral adressa ensuite à Boyer une lettre par laquelle il lui demandait une audience; il lui fut répondu que le Président le recevrait le lendemain dimanche, à 7 heures du matin. A cette heure, l'amiral vint au palais escorté de plusieurs de ses officiers. Boyer reçut M. Arnous avec cette courtoisie qui lui était propre, et eut avec lui un entretien particulier qui dura une heure environ. Nous dirons ici ce que le Président fit savoir ensuite à plusieurs sénateurs et à des fonctionnaires publics.

L'amiral Arnous lui dit : « que, appelé par le consul
» général de France avec des navires de guerre, après la
» retraite sur *le Berceau*, son premier soin avait été de
» l'entendre, ainsi que M. Lartigue, pour savoir les cir-
» constances qui l'avaient porté à rompre ses relations
» officielles avec le gouvernement haïtien ; et qu'après
» avoir entendu les explications de M. Levasseur, et lu sa
» correspondance avec le secrétaire général et le grand
» juge, il n'avait pas hésité à *le blâmer* de la résolution
» qu'il avait prise, de même qu'il *n'approuvait pas* ses
» procédés dans l'affaire de Charles Touzalin. » L'amiral conclut, cependant, en demandant à Boyer de condescendre à ce qu'il reprît ses fonctions consulaires, même d'après l'article officiel publié dans le *Télégraphe* du 19 décembre qui faisait pressentir cette disposition de la part du Président.

Boyer lui répondit, en lui faisant savoir tout ce que, naturellement, M. Levasseur n'avait pas pu lui avouer par rapport à l'affaire de C. Touzalin ; mais il l'informa aussi de sa conduite antérieure. Il se plaignit de la lettre écrite par M. Lartigue au secrétaire d'État, qu'il n'attribuait qu'aux obsessions de M. Levasseur. Il dit à l'amiral : qu'il consentait bien à ce qu'il reprît l'exercice de ses fonctions consulaires, mais qu'il était résolu à demander son *rappel* au gouvernement français ; qu'il avait assez de motifs pour justifier de la légitimité et de la convenance d'une pareille demande, et qu'il espérait que le gouvernement du Roi lui donnerait cette satisfaction, attendu que ses soins constans ont toujours été d'entretenir de bons rapports entre Haïti et la France.

L'amiral Arnous le pria de n'en rien faire, en lui promettant de rapporter lui-même au gouvernement du Roi ce qu'il avait reconnu et appris du Président, pour prouver que le rappel de M. Levasseur devenait une nécessité [1].

Sur cette assurance, Boyer consentit à s'abstenir de la démarche qu'il projetait. — Il fut arrêté entre le Président et l'amiral que le secrétaire général et le commandant Layrle, du *Hussard*, régleraient le cérémonial relatif à la reprise des fonctions du consul général; et ils convinrent entre eux que M. Levasseur adresserait une lettre à ce sujet au Président qui lui ferait répondre favorablement. Cela étant fait, le 1er février dans l'après-midi, le consul général descendit sur le quai, escorté de plusieurs officiers de marine, et précédé de quelques matelots qui portaient le pavillon du consulat. Du quai, il se rendit au palais où le Président l'accueillit, et il alla ensuite au logement qu'il occupait. [2]

Au mois d'avril suivant, un bâtiment français arriva au Cap-Haïtien avec des journaux où on lisait : que M. Levasseur serait remplacé dans ses fonctions à Haïti, par M. Baradère, alors consul général de France à Guatémala. Ainsi, l'amiral Arnous avait rempli sa promesse au Président. Mais le nouveau consul général n'avait pas encore paru, quand survint la révolution de 1843.

Le 1er février, toutes les assemblées communales étaient réunies pour l'élection des représentans et de leurs sup-

---

[1] Cet amiral a confirmé ce que nous avions dit déjà de la conduite honorable de bien des officiers supérieurs de la marine française envers notre pays.
[2] *Le Télégraphe* du 30 janvier annonça officiellement que M. Levasseur reprenait ses fonctions consulaires.

pléans ; le scrutin allait décider, sinon du sort de la République, du moins de celui de son gouvernement. A la capitale, 279 votans se présentèrent et formèrent d'abord le bureau de l'assemblée en nommant M. Dieudonné, ancien sénateur, pour la présider ; ce choix indiquait que l'Opposition, dont il était un membre ardent, triompherait par ses suffrages. En effet, le 2, sur 284 votans, M. Dumai Lespinasse obtint 221 voix ; du 3 au 5, MM. Covin aîné et Emile Nau furent élus également représentans de la commune, le premier, par 260 votans, le second, par 199. Le 7, il n'y en avait plus que 90 qui élurent suppléans MM. Charles Alerte, David-Troy et T. Bouchereau.

La bataille était gagnée a Port-au-Prince. Elle le fut aussi dans toutes les villes principales : aux Cayes, par la réélection de M. Hérard Dumesle et l'élection de M. Laudun ; à Aquin, par celle de M. David Saint-Preux ; au Petit-Goave, par celle de M. Edouard Lochard ; à Jérémie, par celle de M. E. Lartigue ; aux Gonaïves, par l'élection de MM. J.-B. Dupuy et J.-B. Damier ; à Saint-Marc, par celle de M. Rinchère ; à l'Anse-à-Veau, par celle de M. Charles Devimeux ; à Santo-Domingo, par celle de MM. Benoît et Alcius Ponthieux ; à Léogane, par celle de M. Dorsainville Dautant, etc.

En face d'une telle manifestation, et, on peut le dire, de l'insouciance de la grande majorité des électeurs qui s'étaient abstenus de se présenter aux assemblées communales, le général Inginac crut devoir renouveler auprès de Boyer le conseil qu'il lui avait donné, l'année précédente, de faire publier un journal semi-officiel afin de traiter, dans le sens du gouvernement, les questions importantes que traitait *le Manifeste*, d'exposer la situation du pays dans sa partie politique, financière, etc., pour essayer d'éclairer le public. Il lui conseilla également l'établissement de lycées aux Cayes, au Cap-Haïtien et à Santo-Domingo, d'écoles secondaires dans les autres principales villes, d'écoles primaires dans chacun des bourgs, en édictant une nouvelle loi sur l'instruction publique. Il lui parla de la nécessité de faire préparer le budget de l'État, tant en recettes qu'en dépenses, pour la prochaine session législative; de faire exécuter les travaux de réparations aux canaux et aux fontaines de la capitale, comme en d'autres localités où cela serait urgent, etc. Le secrétaire général, qu'on a tant calomnié, reconnaissait que l'Opposition avait gagné du terrain, qu'il était temps de compter avec elle, puisque le Président lui-même voulait certainement le bien public et gouverner le pays, autant que possible, selon les lois.

Le dimanche 6 février, à raison des opérations électorales de la semaine, il y eut au palais de la présidence une grande réunion de fonctionnaires publics et de citoyens. Après la parade des troupes, Boyer y revint sans avoir fait sa promenade habituelle en ville; les officiers supérieurs de la garnison s'y rendirent après lui. Les trois grands fonctionnaires, MM. Imbert, Voltaire et Inginac, n'y parurent point, étant indisposés ou malades.

Chacune des personnes présentes dans la grande salle, dite *des généraux*, croyait que Boyer allait se prononcer sur les élections qui venaient d'avoir lieu à la capitale et sur celles d'autres villes qui étaient déjà connues. Mais loin d'articuler aucune parole à ce sujet, se montrant calme, il appela le sénateur B. Ardouin et le fit asseoir à son côté pour causer avec lui à voix basse. Il lui dit : « Eh bien !
» ces messieurs qui s'appellent opposans au gouvernement
» ont réussi à se faire élire représentans, ici et dans plu-

« seurs autres communes, d'après les rapports qui me sont
» parvenus. Il n'y a pas de doute qu'ils viendront à la
» Chambre dans l'intention d'agiter de nouveau le pays
» qui a besoin de sa tranquillité, qui veut son repos. Que
» faudra-t-il faire en présence d'une telle situation? La
» plupart des fonctionnaires publics se montrent d'une
» mollesse singulière, les citoyens eux-mêmes se laissent
» entraîner aux idées subversives de tout ordre. On semble
» ne pas envisager la position réelle de la République, et
» vouloir, sans y penser, compromettre l'état présent des
» choses aussi bien que l'avenir de la patrie! Le général
» Inginac m'a entretenu de plusieurs mesures qu'il croit
» nécessaires de prendre dans l'actualité, notamment de
», la publication d'un journal destiné à éclairer le pu-
» blic; mais qui s'en chargerait? Je ne vois que vous qui
» ne craignez pas d'émettre vos opinions. »

Le Président faisait beaucoup d'honneur à son interlocuteur, en lui parlant ainsi. Ce sénateur, confident des idées exprimées par le général Inginac, répondit au chef de l'État :
« Je me chargerai avec plaisir de la publication de ce
» journal; peut-être pourra-t-il produire quelque bien;
» mais, seul, je ne pourrai suffire à cette tâche. Il y a au-
» tour de vous, Président, d'autres fonctionnaires publics
» qui peuvent m'aider par leurs connaissances variées; car
» le journal devra traiter bien des questions pour éclairer le
» public : le général Inginac lui-même, MM. J. Elie, Ville-
» valeix, Faubert et d'autres encore; on fera appel à leur pa-
» triotisme. Mais, Président, souffrez que je vous le dise avec
» franchise. C'est en vain que le journal essaierait de justi-
» fier le gouvernement et de le soutenir dans l'état présent
» des esprits, s'il n'est pas soutenu lui-même par le gouver-
» nement. Le temps est arrivé, Président, où le gouverne-

» ment doit sentir la *nécessité* de marcher à la tête des *réfor-
» mes* demandées de toutes parts par l'opinion éclairée de la
» nation. Parmi elles, il y en a qui ne sont pas réalisables
» en ce moment, mais il y en a qui le sont et qui *doivent*
» appeler votre attention ; en y satisfaisant, on prendra
» probablement patience pour les autres. Maintenant on
» attaque journellement la constitution, après l'avoir pré-
» conisée : c'est par rapport à l'initiative des lois qu'elle
» donne au Président d'Haïti et dont l'Opposition vous fait
» le reproche de ne pas user pour les besoins publics.
» Quoique fort imparfaite à certains égards, cette consti-
» tution permet de faire tout le bien possible. Il y a aussi
» des mesures purement administratives que le gouverne-
» ment pourrait et devrait prendre, afin de satisfaire aux
» besoins des populations. Parmi *les réformes nécessaires*, je
» vous indique une nouvelle loi sur l'instruction publique
» qui créerait des lycées aux chefs-lieux principaux des dé-
» partemens, des écoles secondaires en d'autres villes, des
» des écoles primaires partout. Parmi les mesures d'ad-
» ministration, la réparation et l'entretien des rues et pla-
» ces de la capitale qui sont dans l'état le plus pitoyable,
» la réparation des canaux et des fontaines de cette ville,
» car on y boit de l'eau souvent bourbeuse : les habitans
» souffrent de cet état de choses, et en faisant reconstruire
» les fontaines du port pour fournir de la bonne eau aux
» navires étrangers, en deux ou trois ans les droits perçus
» à ce sujet auront couvert toutes ces dépenses.[1] »

Ces paroles furent bien accueillies. Le Président consentit à faire préparer une nouvelle loi sur l'instruction

---

[1] On me dira, peut-être : Pourquoi n'avez-vous pas indiqué en même temps toutes les réformes que vous jugiez nécessaires? — La réponse à cette question sera dans les faits qu'on verra ensuite, et qui donneront la mesure des vraies dispositions où se trouvait le Président.

publique, à ordonner que les travaux de réparation des canaux et des fontaines fussent confiés à l'ingénieur Lesage que le général Inginac lui avait désigné à cet effet [1], en disant au sénateur qu'il fallait faire paraître le journal immédiatement, qu'en défendant le gouvernement il serait *soutenu*. Il ajouta: « Je suis *résolu* à prendre bien des me-
» sures, indépendamment de celles que m'a proposées le
» général Inginac; les finances surtout en exigent, on
» préparera le budget de l'année prochaine pour le présenter
» à la Chambre. Mais je dois vous le dire, il faut que M. Im-
» bert cesse d'être secrétaire d'État. Depuis assez long-
» temps, il montre un mauvais vouloir que je ne peux
» plus supporter; il y a au moins six mois qu'il n'est pas
» venu me voir; il me fait dire qu'il est malade, et je sais
» qu'il se promène tous les soirs. L'année dernière, je
» voulais le révoquer et je fis venir ici M. Pilié dans l'in-
» tention de nommer celui-ci à sa place, mais je sursis
» encore par considération pour ses anciens services. De-
» puis cela, il a continué de me déplaire par les relations
» qu'il entretient avec les opposans; je sais qu'il leur
» fournit des renseignements sur les opérations financiè-
» res de l'État. Sa récente conduite à propos de la lettre
» écrite par M. Lartigue à la suggestion de M. Levasseur,
» a achevé de me dégoûter de lui. Mais dites-moi fran-
» chement, si vous croyez M. Pilié capable de gérer les
» finances dans l'état actuel des choses : sinon, dési-
» gnez-moi une autre personne. »

Le sénateur Ardouin ne s'attendait pas, certainement, à être appelé ainsi, par la confiance du Président, à le conseiller dans une telle mesure; mais, dévoué à son gouver-

---

[1] M. Lesage était alors juge au tribunal de cassation, mais il n'avait pas cessé d'être ingénieur.

nement, il lui parla avec franchise. Après lui avoir cité toutes les personnes qui étaient encore dans l'administration des finances ou qui avaient fait partie de cette administration, — le Président lui faisant des objections à l'égard de chacune d'elles, — il lui dit, qu'à son avis M. Pilié était celui qui devait fixer son choix; qu'il était depuis longtemps administrateur des finances d'un arrondissement important; qu'il avait acquis dans ces fonctions une réputation bien méritée par sa probité exemplaire; qu'il était généralement estimé de tous les honnêtes gens; et qu'il serait, sans nul doute, bien accueilli du public, pour remplacer M. Imbert; qu'en le nommant secrétaire d'Etat, ce serait encore suivre l'ordre hiérarchique. Mais le sénateur ajouta:
« Si vous prenez cette mesure, Président, vous n'oublie-
» rez pas que M. Imbert est un ancien serviteur du pays,
» qui, malgré les défauts que vous lui trouvez, mérite vos
» égards, comme il avait mérité ceux de Pétion. Vous lui
» ferez jouir d'une pension honorable, en rapport avec
» la haute position qu'il occupe depuis 1810. »

« C'est là mon intention, reprit Boyer : il aura une pen-
» -sion convenable [1]. » Et le Président annonça qu'il allait, dans la journée même, écrire à M. Pilié de venir de suite à la capitale. Il se leva alors pour congédier l'auditoire qui attendait en silence, et pour ne parler qu'aux officiers supérieurs de la garnison dont il s'approcha et qui croyaient recevoir l'ordre de tenir les troupes en cantonnement, comme il en avait été en d'autres circonstances; mais il n'en fut rien.

On ne savait que penser du calme inaccoutumé que Boyer

---
[1] Je crois que cette pension fut fixée à 3,000 gourdes, ou au moins à 2,500. Mais on it que M. Imbert n'en voulait point, et qu'en 1843 il se fit payer une année d'appointemens, — 4,000 gourdes, — « parce que Boyer n'avait pas un le droit de le révoquer de » ses fonctions. »

avait montré dans cette audience, et de l'absence de tout discours de sa part. Chacun se livra à ses propres conjectures, présumant néanmoins que le Président prendrait tôt ou tard. quelques mesures. Quatre jours après, on vit paraître le premier numéro du journal ministériel qui eut pour titre : *Le Temps*, avec cette épigraphe :—*Ordre public, paix, prospérité. Les améliorations sont l'œuvre du temps* [1]. Son premier article tint lieu de prospectus, en expliquant le but que se proposaient ses rédacteurs. Il annonça les travaux relatifs aux fontaines de la capitale, et probablement ceux qui répareraient ses rues. Un article sur les finances exposa la situation réelle de cette branche de l'administration générale, en précisant le chiffre des billets de caisse en circulation et celui de la monnaie d'Espagne existant au trésor général, et mettant le public au courant des versemens faits ou à faire pour la dette étrangère. Un autre article de politique intérieure s'adressa à toutes les personnes sensées, pour leur faire comprendre ce qui pouvait résulter d'agitations incessantes dans le pays. Et au second numéro, un nouvel article sur les finances mit le public à même de savoir ce qui avait été déjà payé sur l'indemnité consentie envers la France, ce qui restait à acquitter, ce qui était déjà payé sur l'emprunt de 1825 et le reste de cette dette. Un autre article intitulé : *de l'Opposition et de ses conséquences*, à l'adresse des opposans, exposa carrément ce qui pouvait résulter de leurs tendances.

Si l'on fut généralement satisfait d'être informé de la vraie situation financière du pays, on ne fut pas moins

---

[1] Cette épigraphe fournit matière à bien des sarcasmes. Un agent consulaire m'ayant demandé pourquoi je l'avais choisie, je lui répondis : « Le journal ministériel devait exprimer par là, le système de temporisation du gouvernement qu'il soutient. »

frappé, nous osons le dire, des vérités contenues dans ce dernier article et dans le précédent sur la politique intérieure. L'effet qu'ils produisirent sur les esprits, paraissant à quelques jeunes hommes, de nature à rallier au gouvernement bien des personnes qui hésitaient entre lui et l'Opposition, ils conçurent aussitôt l'idée de publier un nouveau journal destiné à discuter les questions à l'ordre du jour, sinon avec plus de talent que ne le faisait le *Manifeste*, du moins avec plus de tact et de modération que n'en montrait cette feuille depuis son apparition. Ils sentirent qu'il fallait combattre la force effective du gouvernement, non par l'emportement, mais par la raison, toujours plus propre à désarmer la force, en essayant de convaincre le pouvoir qui en disposait. Ce fut, si nous ne nous trompons pas, le principal motif de la publication du *Patriote*, fondé par MM. A. Dupuy, A^{te} Elie, Saint-Amand et Émile Nau, ancien rédacteur de *l'Union* qui disparut en 1839.

Si le *Manifeste* battait en brèche les institutions politiques en démontrant, selon ses idées avancées, les *vices* de la constitution de 1846, ses *imperfections* en ce qu'elle avait donné *trop de pouvoir* au Président d'Haïti, en présence de la Chambre des communes qui, *seule, devait exercer « la « souveraineté nationale, »* — le *Patriote* élucidait surtout les questions d'économie sociale ou politique, par des idées appropriées à l'état actuel des choses [1].

Nous ne parlons pas de la *Feuille du Commerce* qui avait tant abusé de l'arme de l'Opposition, qu'elle s'était usée entre ses mains : d'ailleurs, cette arme était maniée par un homme d'un âge aussi avancé que celui des hommes qui

---

[1] Vers la fin de l'année, cependant, le *Patriote* fit chorus aux attaques de son confrère contre la constitution : c'est qu'alors on conspirait.

étaient au pouvoir, et alors c'était *le règne* des jeunes intelligences qui s'annonçait pour *le saisir*.

Quant au *Temps*, il avait déclaré qu'il ne ferait point de polémique : il se borna d'abord à exposer des *faits* sur toutes les questions, afin d'essayer de prouver que le pays, qu'on prétendait être si *rétrograde* en toutes choses, avait fait des pas immenses dans la voie tracée aux nations pour parvenir à la civilisation. A l'égard des finances de l'État, il prouvait les économies opérées successivement par la haute administration sur toutes les branches des dépenses publiques. En traitant de l'agriculture, il prouva que ses produits avaient eu constamment une marche ascendante par le régime libéral de la République et par l'équitable distribution des terres en faveur de tous les citoyens. Sous le rapport de l'industrie, et particulièrement des arts et métiers, il disait qu'on n'était pas resté *stationnaire*, qu'on avait fait des *progrès* réels. A la fin et malgré sa répugnance pour la polémique, il se vit obligé de soutenir la constitution contre les théories exposées par le *Manifeste*.

Mais le *Temps* fut-il lui-même soutenu par le gouvernement, ainsi qu'il en avait reçu l'assurance? Les actes du pouvoir étaient-ils de nature à produire cet heureux résultat? C'est ce dont on jugera par les événemens survenus durant cette année. Avant d'en parler, citons ce qui se passa dans un autre ordre d'idées, aussi intéressantes que celles qui ont en vue les intérêts matériels des peuples.

Le 29 janvier, pendant que l'amiral Arnous arrivait au Port-au-Prince, un autre personnage y débarquait d'un navire américain venant de New-York. Le révérend Joseph Rosati, évêque de Saint-Louis, dans l'État du Missouri (Etats-Unis), nommé légat du Saint-Père Grégoire XVI, venait auprès du Président d'Haïti afin de régler, de concert avec lui, les affaires du culte catholique, apostolique et romain en Haïti [1]. Accueilli gracieusement par le Président, il ne tarda pas à entrer en conférences avec une commission désignée à cet effet, et de ces conférences sortit le projet de concordat qui suit et que nous transcrivons tel qu'il fut rédigé, le 17 février :

« Au nom de la Très-Sainte et Indivisible Trinité.

« Sa Sainteté le Souverain Pontife Grégoire XVI, et Jean-Pierre Boyer, Président de la République d'Haïti,

« Reconnaissant également la nécessité de pourvoir, d'une manière solide et définitive, à ce que réclame l'état actuel de l'Église dans l'île et République d'Haïti, pour le plus grand bien et avantage de la religion catholique qui est professée par la majorité des Haïtiens, ont nommé, pour parvenir à ce but ;

« Sa Sainteté, — le révérend Joseph Rosati, évêque de Saint-Louis, légat du Saint-Siège, muni de pleins pouvoirs ;

« Le Président d'Haïti, — le général Joseph Balthazar Inginac, secrétaire général ; les sénateurs Pierre André et B. Ardouin ; Seguy Villevaleix, chef des bureaux de la secrétairerie générale ; et Eugène Seguy Villevaleix, secrétaire particulier du Président d'Haïti, pareillement munis de pleins pouvoirs ;

« Lesquels, après l'échange de leurs pleins pouvoirs respectifs, ont arrêté la convention suivante :

« Art. 1er. La religion catholique, apostolique et romaine étant professée par la majorité des Haïtiens, continuera d'être spécialement protégée ainsi que ses ministres.

---

1. L'abbé Corceau, qui joua un si grand rôle en Haïti par la suite, vint au Port-au-Prince avec le légat et s'en retourna avec lui.

« Art. 2. Il ne sera établi, pour le présent, dans la République, qu'un seul diocèse dont le siége est fixé au Port-au-Prince. Si les besoins de la religion l'exigent, sur la demande qui en sera faite par le Président d'Haïti au Saint-Siége, il sera établi d'autres évêques dans la République, et il y sera érigé un archevêché.

« Art. 3. Le Président d'Haïti nommera les archevêques et les évêques; et si le Saint-Siége leur trouve les qualités requises par les saints canons, il leur donnera l'institution canonique.

« Dans le cas que le Saint-Siége ajournerait ou refuserait l'institution canonique dont il est parlé plus haut, il devra en informer le Président d'Haïti.

« Art. 4. Les archevêques et les évêques, avant d'entrer en fonctions, prêteront directement entre les mains du Président d'Haïti, le serment suivant :

« Je jure et promets à Dieu, sur les saints évangiles, de
» garder obéissance et fidélité au gouvernement établi par
» la constitution d'Haïti, et de ne rien entreprendre, ni di-
» rectement ni indirectement, qui soit contraire aux droits
» et aux intérêts de la République. »

« Art. 5. L'archevêque et les évêques d'Haïti recevront un traitement annuel du trésor public.

« Art. 6. Les évêques nommeront leurs grands vicaires, dont le choix ne pourra porter que sur des personnes agréées par le Président d'Haïti.

« Dans le cas de décès ou de démission de l'évêque diocésain, celui des vicaires généraux qu'il aura désigné et déclaré premier grand vicaire; ou, à défaut de cette désignation, le plus ancien d'entre eux dans l'office de grand vicaire, administrera en chef le diocèse ; les autres, s'il y en a, exerceront sous lui leur charge, pendant la vacance du siége épiscopal, et ce, en vertu des pouvoirs extraordinaires accordés, à cet effet, par le présent concordat.

« Art. 7. Les évêques ne pourront apporter aucun changement à la circonscription actuelle des paroisses, ni en ériger de nouvelles que de concert avec le Président d'Haïti.

« Art. 8. Aucune institution ni fondation pieuse ne pourront être établies sans l'autorisation du Président d'Haïti.

« Art. 9. Les évêques nommeront les curés et les vicaires des paroisses, ainsi que les supérieurs, directeurs et professeurs des petits et grands séminaires, dont le Président d'Haïti aura autorisé l'établissement.

« Ils examineront les lettres de prêtrise, les démissoriales, les exéats et autres lettres testimoniales des ecclésiastiques étrangers qui se présenteront pour exercer, dans la République, le saint ministère ; mais leur choix, tant pour les curés et les vicaires des paroisses, que pour les supérieurs, directeurs et professeurs, ne pourra se fixer que sur des personnes agréées par le Président d'Haïti.

« Art. 10. Les vicaires généraux, les curés et les vicaires des paroisses, avant d'entrer en fonctions, prêteront, entre les mains de l'autorité civile désignée par le Président d'Haïti, le même serment que les évêques.

« Art. 11. Il ne sera porté aucune entrave à la libre correspondance des ministres du culte catholique, en Haïti, avec le Saint-Siége, sur les matières de religion.

« Art. 12. La formule suivante de prière sera récitée ou chantée à la fin de l'office divin, dans toutes les églises catholiques d'Haïti : *Domine salvam fac Rempublicam, cum Preside nostro N... et exaudi nos in die quâ invocaverimus te.*

« Art. 13. Dans le cas que l'un des successeurs du Président actuel de la République d'Haïti ne professerait pas la religion catholique, le présent concordat sera modifié par une nouvelle convention, par rapport aux droits mentionnés dans les articles précédens, et qui ne pourraient être exercés par des personnes non catholiques.

« Art. 14. Les fonds curiaux ne seront employés qu'à l'entretien du culte catholique et de ses ministres, ainsi qu'aux frais et dépenses des séminaires et autres établissemens pieux autorisés par le Président d'Haïti.

« L'administration de ces fonds sera confiée, dans chaque paroisse, sous la haute surveillance de chaque évêque, au curé concurremment avec le directeur du conseil de notables, lesquels choisiront un caissier parmi les citoyens du lieu.

« Art. 15. Il est déclaré de la part du Président d'Haïti, et il est bien entendu, de la part du Saint-Siége, que l'exécution des stipulations du présent concordat ne pourra être entravée par aucune interprétation contraire résultant des lois actuelles d'Haïti.

« Art. 16. Le présent concordat sera ratifié de part et d'autre, et l'échange des ratifications devra avoir lieu dans le délai de.... ou plus tôt si faire se peut. »

Si le lecteur se rappelle ce que nous avons dit de l'évêque J. England, légat du Saint-Siége, en 1834, et les difficultés qu'il opposa à la conclusion d'un projet de concordat, les obstacles qu'il rencontra ensuite à Rome, pour faire adopter celui auquel il avait consenti en 1836, le lecteur verra que le Saint-Siége, lui-même, avait modifié ses idées à l'égard d'Haïti, depuis que la France eut signé avec la République les traités de 1838. Il est vrai de dire aussi que la commission haïtienne trouva en l'évêque Rosati, Italien de naissance, un esprit de conciliation que n'avait pas son prédécesseur, qui avait toute la ferveur religieuse qu'on remarque dans les Irlandais.

Boyer fut très-satisfait du projet ci-dessus. Il avait fait recevoir et traiter le légat Rosati avec tous les honneurs dus à son rang et tous les égards qu'il méritait comme envoyé du Saint-Père, et il l'avait fêté au palais de la présidence. Sa mission étant terminée, le légat partit bientôt sur la corvette *le Berceau* qui se rendait en France, emportant la promesse du Président, qu'il enverrait à Rome, dans le courant de l'année, un ou deux agents chargés de ses pouvoirs, afin de signer un concordat définitif d'après celui du projet ci-dessus. Telle était son intention réelle ; mais les événemens politiques qui survinrent, et l'affreux tremblement de terre du 7 mai suivant, dont nous parlerons, le portant à ajourner l'envoi des agents, il finit par ne plus y penser, il paraît, et les choses en restèrent là, fort malheureusement pour Haïti et pour l'honneur de la religion catholique qui avait tant besoin d'être réglée sur des bases fixes. L'évêque Rosati, après avoir passé quelque temps dans une vaine attente, décéda avec le regret de ne pas voir son œuvre achevée.

Le Président avait dit au sénateur Ardouin, qu'il était résolu à prendre bien des mesures qu'il n'énonça pas. Dans la même semaine, il fit savoir au comité permanent du Sénat, qu'il était nécessaire de convoquer ce corps à l'extraordinaire pour une communication qu'il avait à lui faire, et cette convocation se fit pour le 10 mars. Dans son numéro du 13 février, le *Manifeste* en avisa le public, et le *Temps* répéta cet avis le 17. On fut généralement curieux de savoir le motif d'une telle mesure.

En attendant, M. Pilié arriva de Jacmel. Le Président lui ayant proposé d'accepter le porte-feuille des finances, il y consentit malgré les scrupules qu'il éprouvait, à raison de son estime pour M. Imbert qui était son chef immédiat depuis si longtemps. Le 20 février, Boyer rendit un arrêté par lequel il annonça cette nomination, « Attendu que le » citoyen Imbert, secrétaire d'État, à cause de son état » de maladie prolongé, n'a pu, depuis quelque temps, » donner aux hautes fonctions qui lui sont attribuées, le » soin et l'activité nécessaires, et qu'il importe, dans » l'intérêt du bien du service, de remédier à cet » état de choses. » Cet acte fut publié le lendemain matin.

Mais, dans la soirée du 20, il y avait eu grand dîner au palais. Le colonel Hogu s'y trouvait ; il était un intime ami de M. Imbert. Longtemps opposé au Président, il venait de se laisser persuader par le général Inginac, de se rallier au gouvernement et d'accepter le commandement de l'arrondissement des Gonaïves, pendant que le général Segrettier (logé chez Inginac depuis trois mois au moins), qui avait contribué à ce résultat par ses conseils donnés à Hogu, sollicitait lui-même en vain d'être remplacé dans le commandement de l'arrondissement de Jérémie, à cause de la ferveur de l'Opposition dans cette ville[1].

A raison de l'intimité qui existait entre M. Imbert et le colonel Hogu, Boyer, après le dîner, chargea ce dernier d'aller annoncer à son ami, avec tous les ménagemens possibles, la mesure qu'il venait de prendre : il lui dit de remplir cette mission dans la soirée même, parce que l'arrêté serait publié le lendemain matin. Ainsi, le Président

---

[1] Boyer fut mal inspiré en refusant de remplacer le général Segrettier, son ancien ami il est vrai.

observa toutes les formes convenables en cette circonstance.

Mais, dans cette soirée aussi, M. Imbert, assis seul sur la galerie de sa maison, avait été frappé d'un coup de sang ou d'une légère apoplexie. Des passans s'en aperçurent en le voyant étendu par terre; ils le relevèrent, assistés de ses enfans qu'ils appelèrent de l'intérieur de la maison; ces derniers firent venir le docteur Merlet qui lui donnait des soins, quand le colonel Hogu arriva chez lui. Hogu ne pouvait pas remplir sa mission dans l'état où il trouva M. Imbert; il revint le lendemain matin et rencontra le docteur qui continuait ses soins. Il prit le parti de lui confier l'objet de ses deux visites, et le docteur lui répondit qu'il y aurait danger pour le malade à lui annoncer sa révocation : il s'en abstint. Durant ce temps, l'arrêté du Président se publiait en ville, au son des tambours, comme toujours pour les actes du gouvernement. Aussitôt, grand émoi surtout parmi les opposans; ils affluèrent chez l'ex-secrétaire d'État qui reçut des visites de beaucoup d'autres personnes, en raison de sa maladie réelle et même de sa révocation; car il jouissait de l'estime publique. Mais, ce qui fut singulier et ce qui s'explique suffisamment, c'est que le *Manifeste* du 27 février, après avoir inséré dans ses colonnes l'arrêté du 20, publia un avis signé de l'un des fils de M. Imbert, qui donnait une sorte de démenti à l'assertion du Président, touchant « son état de maladie prolongé, » en convenant néanmoins « qu'il n'a éprouvé » depuis longtemps que de bien légères indispositions » dont le service public n'a jamais eu à souffrir, et adju- » rant le témoignage du public et celui des employés qui » concourent à ce service [1]. » Inutile d'ajouter que M. Im-

[1] On prétendit alors que M. Dumai Lespinasse avait conseillé et rédigé cet avis.

bert, heureusement dégagé de son apoplexie, devint plus que jamais opposant à Boyer. On lui imputa même d'avoir dit que le Président n'avait pas *le droit* de le révoquer, parce qu'il avait été nommé secrétaire d'État par Pétion.

Dans la journée même du 6 février, le sénateur Ardouin avait vu le général Inginac et il lui avait rendu compte de sa conversation du matin avec le Président. Le secrétaire général ne partageait pas son opinion à l'égard de M. Pilié pour être le nouveau secrétaire d'État; il eût désiré le choix d'un homme moins âgé. « Voltaire et moi, lui dit-il, nous
» sommes à peu près caducs par notre âge et nos infir-
» mités; Pilié est de notre âge, quoique plus conservé
» que nous. Il faudrait un homme politique, en ce mo-
» ment, à la charge du secrétaire d'État, et Pilié ne l'est
» pas. Il a de plus une timidité qui l'empêchera d'obtenir
» du Président bien des mesures nécessaires dans l'actua-
» lité; et il faudrait l'y pousser afin de parer aux éven-
» tualités qui s'annoncent. Le Président est obstiné, et il
» doit être combattu par des raisonnemens qui lui prou-
» vent l'urgente nécessité de se mettre à la tête des ré-
» formes, dont plusieurs sont justement demandées par
» l'opinion publique et très-réalisables. Je m'efforcerai
» d'aller le voir demain pour le détourner de l'idée qu'il
» a de nommer Pilié. »

Cela ne put avoir lieu, comme on vient de le voir. Cependant, M. Pilié étant entré en fonction, le général Inginac lui prêta tout le concours de sa vieille expérience. Il lui conseilla de demander aux administrateurs des finances, 1° un état de tous les employés sous leurs ordres, avec l'âge de leurs services, afin de provoquer du Président des avancemens parmi eux; 2° un état concernant certaines impositions publiques dont la perception était assez négligée, afin de savoir ce qui en était encore dû par les contribuables, etc. Ce dernier état devenait nécessaire pour la formation du budget que le secrétaire général avait même commencé pour son collègue. Il lui conseilla encore de changer le mode de la comptabilité de l'État, en adoptant celui des Anglais, conforme à ce qui se pratique parmi les commerçans, etc. Deux circulaires du secrétaire d'État parurent dans le journal officiel du 6 mars pour avoir ces renseignemens de la part des administrateurs.

De son côté, le Président se décida à faire, le 27 février, cinq promotions parmi les colonels, commandant de ces arrondissemens. C'étaient les colonels Victor Poil, de celui du Port-au-Prince; Malette, de celui de l'Anse-à-Veau; Solage, de celui d'Aquin; Desmarattes, de celui du Môle; et Mouscardy, de celui de la Grande-Rivière : ils furent élevés au grade de général de brigade.

Il fit bien de récompenser ainsi leurs anciens services; mais il n'aurait pas dû s'arrêter à ceux-ci seulement; plusieurs autres arrondissemens étaient aussi commandés par des colonels également méritans, et par leurs services et par leurs qualités : ils auraient dû être élevés au même grade. Il y en avait d'autres qui commandaient des places importantes sous des généraux de division; ils auraient pu jouir de la même récompense. D'anciens généraux de brigade eussent pu être faits divisionnaires. Parmi les premiers, Alain, au Port-de-Paix; Cadet Antoine, à Puerto-Plate; Bouzy, au Mirebalais; Lamarre, à Leogane; Hogu lui-même, aux Gonaïves, etc. Parmi les seconds, il y avait Cazeau, aux Cayes; Frémont, à Jérémie; Antoine Jérôme, à Jacmel; Aly, à Santo-Domingo; Mendoza, à Azua, etc.

Quant aux généraux, Riché, Lacroix, Carrié, Lazare, Obas, Voltaire, Segrettier, Gardel et Panayoty méritaient leur promotion au grade divisionnaire [1].

Le Président aurait dû, ce nous semble, envisageant la situation politique, ne pas hésiter à réorganiser l'armée tout entière, en procédant aux nombreux remplacemens d'officiers qu'il y avait à faire dans les corps ; car il y existait des lacunes. Son système d'économie avait poussé les choses jusqu'à interdire, dans les troupes, même des remplacemens de simples caporaux : les plus anciens soldats en faisaient le service, sans jouir de la solde y attachée, sans pouvoir porter à leurs bras le morceau de drap rouge, signe de ce premier grade. Evidemment, ce système adopté par Boyer avait eu pour but de réduire insensiblement l'état militaire du pays, par les extinctions naturelles surtout dans les états-majors, à ce que comportait la situation de ses finances et la paix dont il jouissait à l'extérieur. Mais, du moment qu'il avait laissé grandir l'Opposition à l'intérieur, par son obstination à ne pas user de son initiative pour opérer les réformes qu'elle sollicitait de son pouvoir, il aurait dû comprendre que ce pouvoir n'avait d'autre appui que *l'armée*, et il fallait alors la satisfaire dans tous ses rangs pour empêcher sa *défection* en faveur des agitateurs. En outre, ce système préparait, à son insu, l'effrayante *réaction* qu'on a vue ensuite, dès la chute du Président, en faveur des grades militaires.

Boyer comptait de plus, sur les dispositions paisibles des

---

[1] Au 27 février, il y avait 5 généraux de division et 9 généraux de brigade, quand le Président promut les 5 colonels dont il s'agit. Les 9 généraux de brigade étaient tous de vieux militaires, arrivés à ce grade depuis longtemps ; leur promotion aurait été pour eux et pour le pays une grande satisfaction.

masses, affectionnées à son gouvernement, qui a eu heureusement le temps de les faire jouir de la politique judicieuse et équitable de son prédécesseur, continuée par lui ; mais en tout pays, les masses sont à peu près inertes pendant les entreprises révolutionnaires. La plupart du temps elles laissent faire, elles assistent passivement aux querelles des classes éclairées supérieures, tant que leurs intérêts ne sont pas menacés, ou qu'on ne les remue pas.

Le 12 mars, le Sénat se réunit en la salle de ses séances, et adressa un message au Président d'Haïti pour l'informer de sa constitution en majorité de 14 membres. Deux jours après, il reçut la réponse à ce message et l'avis donné par le chef du pouvoir exécutif, que les grands fonctionnaires de l'Etat se rendraient dans son sein, afin de lui faire une communication concernant les affaires publiques. En conséquence, il fixa au 15 la séance extraordinaire où ces grands fonctionnaires pourraient se présenter, et il en avisa le Président.

Dans les deux séances précédentes, les citoyens s'étaien réunis en grand nombre dans les deux salles latérales du palais du Sénat ; le 15 il y eut affluence, particulièrement de jeunes gens. Aux premiers sénateurs se réunit un autre, ce qui portait leur nombre à 15. Le Sénat avait formé son bureau en nommant B. Ardouin, Président, Pierre André et Bazelais, secrétaires. Vers 9 heures du matin, MM. Pilié, secrétaire d'Etat, Voltaire, grand juge, et Inginac, secrétaire général, se présentèrent à la séance publique et furent reçus avec le cérémonial convenable. Assis dans l'enceinte du Sénat avec ses collègues, le secrétaire général se leva et remit un message du Président d'Haïti, auquel ils étaient chargés d'ajouter des explications. Après en avoir brisé le cachet, le président du Sénat dit à ses collègues, au terme du règlement, qu'il y avait lieu d'en prendre lecture à huis-clos, qu'alors les grands fonctionnaires s'expliqueraient aussi. Ce fut un grand désappointement pour l'auditoire qui espérait que tout se passerait publiquement, mais personne ne se retira, dans l'attente du résultat.

A huis-clos, le Sénat entendit la lecture du message qui suit, en date du même jour 15 mars.

« Citoyens Sénateurs,

» Des intrigues, ourdies dans la pensée comme dans le but de renverser l'ordre de choses établi, ont fait sortir de l'urne électorale les noms de quelques hommes déjà trop connus par leurs projets subversifs, et que la 5° législature avait éliminés de son sein pour avoir osé attenter au maintien de nos institutions fondamentales. La résolution de la Chambre des représentans ayant reçu la *sanction* du Sénat, par son message du 9 octobre 1839, dans lequel il me manifesta sa satisfaction *de cette haute mesure* qui rétablissait une heureuse harmonie entre les trois grands pouvoirs constitutionnels; les corps civils et militaires de l'Etat m'ayant, dans leurs adresses, exprimé le même sentiment que tous les bons citoyens ont partagé, serait-il permis de voir dans la *réélection* de ces mêmes hommes autre chose qu'un acte d'hostilité contre le vœu national?

» Personne plus que moi ne respecte l'indépendance des assemblées électorales; mais il s'agit ici de savoir si le vote partiel d'un petit nombre d'électeurs est capable de détruire l'effet du vote solennel de la majorité de la Chambre des communes, et si des hommes qu'elle a éliminés, il y a trois ans, à cause de leurs coupables tentatives, pourront, de nouveau, siéger au sein de la représentation nationale qu'ils ont profanée, et en présence des autres pouvoirs qu'ils ont voulu anéantir. Enfin, il s'agit de savoir quelle devra être la marche à suivre par le Sénat et par le Président d'Haïti, dans le cas où la nouvelle Chambre des représentans des communes déclarerait *valide* l'élection des hommes dont il est parlé plus ha

» Citoyens sénateurs, désirant toujours m'environner de vos lumières et de votre patriotisme, je viens, par le présent message, demander l'opinion du Sénat sur ces graves questions.

» J'ai l'honneur, etc.   Signé : BOYER. »

Le secrétaire général prit ensuite la parole et développa les considérations contenues dans ce message, en faisant un sombre tableau de la situation où la République allait se trouver, si les éliminés de 1839 faisaient partie de la nouvelle législature. Ses collègues l'appuyèrent, et ils se retirèrent ensemble pour laisser le Sénat libre de délibérer à ce sujet; trois sénateurs les accompagnèrent jusqu'au péristyle [1].

Il y avait une assertion *erronée* dans le message du Président d'Haïti, quand il disait que, par son message du 9 octobre 1839, « le Sénat avait donné sa *sanction* à la
» résolution de la Chambre des communes concernant la
» haute mesure de l'élimination de plusieurs de ses mem-
» bres, qui rétablissait une heureuse harmonie entre les
» trois grands pouvoirs constitutionnels. » Il suffit de rap-
» peler les faits pour le prouver.

Le 7 octobre, une majorité de 37 membres de la Chambre s'y était réunie; elle avait dissous son bureau et re-

---

[1] Ces grands fonctionnaires étaient venus en voiture ; ils avaient pu en descendre assez bien ; mais quand il leur fallut y remonter, cela faisait peine à voir, du moins pour les généraux Inginac et Voltaire : leurs aides de camp durent les soutenir. Et ce spectacle avait lieu devant une jeunesse ardente !...

formé un autre; elle avait ensuite élu un sénateur sur la liste de trois candidats présentée par le pouvoir exécutif, et envoyé une députation au Président pour lui annoncer cette élection. Cette députation avait rencontré celle du Sénat au palais présidentiel le même jour et elles avaient opéré la réconciliation entre les deux Chambres qui étaient brouillées depuis la session de 1838. Le 8, la Chambre des communes somma les dissidens d'adhérer à l'élection du sénateur, faute de quoi ils seraient *éliminés*. Le 9, le Sénat se réunit pour entendre le rapport de sa députation du 7 sur ce qui s'était passé au palais, et prendre lecture du message de la Chambre qui lui annonçait l'*élection* du sénateur. Obligé par la constitution d'en informer le Président d'Haïti, le Sénat saisit cette occasion pour lui « manifester sa satisfaction de cette mesure, » c'est-à-dire de l'*élection* dont s'agit, qui rétablissait l'harmonie entre les trois grands pouvoirs : ce fut l'objet de son message du 9 octobre. Pendant qu'il l'adressait au pouvoir exécutif, la Chambre recevait une *protestation* de ses membres dissidens et prononçait leur *élimination* : ce dont elle informa le Président d'Haïti. Les deux corps étaient en séance en même temps, le Sénat ne pouvait savoir ce qui ce passait dans la Chambre.

Ainsi l'assertion était *erronée*, et cependant elle formait la base du message de Boyer au Sénat, pour le consulter sur les opérations électorales qui ramenaient les éliminés de 1839 dans la nouvelle Chambre des communes. Il est vrai ensuite que dans les nombreuses adresses des corps constitués, des autorités civiles et militaires, des corps de troupes, on avait applaudi à l'élimination.

Toutefois, le recours du Président d'Haïti au Sénat le mettait dans la plus fausse position qui puisse arriver à un corps politique, chargé spécialement du maintien des institutions. Chacun des sénateurs présens à la séance le sentit, et il y eut de leur part une sorte d'hésitation à donner leur avis. Le Sénat ne pouvait relever l'*erreur* de l'assertion de Boyer; il reconnaissait qu'il n'avait pas le droit de s'immiscer dans les opérations électorales; que la Chambre seule en jugeait dans la vérification des procès-verbaux d'élection, pour prononcer leur maintien, ou leur annulation, si les agents du pouvoir exécutif dénonçaient et prouvaient qu'il y avait eu des infractions à la constitution (art. 65).

Il est vrai que Boyer respectait l'indépendance des assemblées électorales, — nous en avons déjà fait la remarque, — et de sa part, en cela, il y avait plutôt insouciance ou négligence de ses devoirs en ne proposant pas aux électeurs des candidats du choix du gouvernement, comme font tous les gouvernemens constitutionnels, sauf à laisser à ces assemblées la plus grande liberté dans leurs operations. Il repoussait « le vote partiel, disait-il, d'un » petit nombre d'électeurs, » en présence « du vote solennel de la majorité de la Chambre des communes. » Mais les électeurs qui se présentèrent aux assemblées avaient agi *d'après* la constitution, tandis que la majorité de la Chambre l'avait *violée*. Les éliminés de 1839 n'étaient pas renvoyés dans la *même* Chambre, mais dans une nouvelle législature, *indépendante* et du Sénat et du Président d'Haïti. Et ce dernier demandait au Sénat « quelle de- » vrait être la marche à suivre par eux, dans le cas où la » nouvelle Chambre des communes déclarerait valide l'é- » lection des hommes dont il s'agissait ! »

L'avis du Sénat à ce sujet ne pouvait être de quelque poids, ne pouvait exercer quelque influence sur l'esprit public, qu'autant qu'il serait *fondé* sur la constitution ; et pour qu'il le fût, il aurait fallu dire à Boyer tout ce qu'il y avait eu de *contraire* à ce pacte fondamental de la part de la 5° législature, en 1839, et dans les adresses envoyées au pouvoir exécutif; et de plus, ce qui était encore *inconstitutionnel*, dans son message du 15 mars. Le Sénat le pouvait-il, sans proclamer, par ce seul fait, une *révolution* dans l'Etat, en se plaçant ainsi à la tête de l'Opposition? Dans la situation des choses, c'était impossible; chacun des sénateurs le reconnut.

Mais il appartenait peut-être à un *militaire* de trancher la haute question qui se présentait au corps. Le sénateur colonel Bouzy fut le premier à émettre son opinion contre l'admission des éliminés à la nouvelle Chambre, pour fortifier le Président d'Haïti dans sa pensée ; et c'était à ses collègues de la classe civile à trouver des argumens plus ou moins plausibles pour l'appuyer devant la nation. Le sénateur Rouanez exposa la situation difficile du pays avec beaucoup de lucidité, et termina son avis par la légende du Sénat : « Le salut du peuple est la loi suprême. » Plusieurs autres opinèrent dans le même sens, de même que le sénateur B. Ardouin, qui céda le fauteuil de la présidence, afin de donner son avis. Approuvant celui de M. Rouanez, il proposa au Sénat de former une commission qui serait chargée de la rédaction de la réponse à faire à Boyer, laquelle devrait exposer la situation de la République, telle qu'elle apparaissait au Sénat. Ainsi fut la résolution du corps : le bureau s'adjoignit deux autres membres, et le 19 mars le Sénat approuva et vota ce travail. Après un préambule où se trouvaient rappelés les termes du message présidentiel, celui du Sénat disait :

« Le temps est arrivé, Président, où l'opinion de la nation doit être fixée sur les projets que certains hommes n'ont cessé de former, depuis quelques années, dans le but de renverser la constitution de l'Etat et les pouvoirs auxquels elle a plus particulièrement attribué la direction générale des affaires publiques. Il n'est plus permis à personne de douter des intentions qui animent ces individus : leurs actes, leurs discours, leurs vœux ont reçu une telle publicité, qu'elle devient un éclatant témoignage de ces projets criminels. C'est à la source de tous les pouvoirs constitués qu'ils ont remonté, pour attaquer la société dans son état actuel, afin de substituer à l'ordre de choses existant un avenir indéfini qui peut être un mystère pour les moins clairvoyans, mais qui n'en saurait être un pour les hommes doués de quelque sens. C'est à la constitution, enfin, qu'ils osent prétendre de porter une main sacrilège, parce qu'ils savent fort bien qu'ils ne pourraient attaquer les pouvoirs dirigeans, sans se montrer coupables envers ce pacte fondamental dont ces pouvoirs tiennent leurs prérogatives. Ainsi, on les a vus dans la session de 1838, égarant la majorité de la Chambre des représentans, persuader à ce corps qu'il devait prendre l'initiative à l'égard de la *révision* de la constitution, tandis qu'au Sénat seul il appartient de faire cette proposition ; on les a vus alors indiquer au Président d'Haïti la nécessité de plusieurs lois dont l'ajournement n'avait eu lieu jusque-là que par la situation politique où Haïti s'était trouvée à l'égard de l'étranger. Ils sentaient bien que cette situation ayant changé par les traités conclus en 1838, le pouvoir exécutif *n'eût pas hésité* à promouvoir le bien qu'il est plus spécialement chargé de produire ; mais ils voulaient, par cette insidieuse manifestation, se donner, aux yeux de la nation, le mérite d'avoir provoqué des mesures utiles, afin d'essayer de conquérir l'opinion en leur faveur. Persévérant dans cette tactique, ils ont encore cherché, dans la session de 1839, par l'adresse de la Chambre, par les discours qu'ils ont prononcés dans le sein de cette assemblée, par la résistance opiniâtre qu'ils ont faite, lorsqu'il s'agissait d'élire plusieurs sénateurs pour remplacer ceux dont les fonctions allaient cesser, à se créer une position dominante dans l'État, en prétendant que la Chambre des représentans, produit de l'élection directe des assemblées communales, était appelée à exercer, elle seule, *la souveraineté nationale.* Et lorsque le Sénat, à qui la constitution a confié le soin de conserver les institutions que le peuple s'est données sous le patronage du plus illustre de ses citoyens, eut exercé son pouvoir modérateur dans l'interprétation de cette question qui divisait la Chambre et le pouvoir exécutif, ne les a-t-on pas vus encore, anathématisant le premier corps de l'État, lancer nombre d'accusations virulentes contre lui, et terminer enfin la séance du 4 octobre 1839, en appelant la sédition à leur aide?

» Si de tels actes ne suffisaient pas pour fixer l'opinion publique sur les projets de ces hommes, ils auraient pris soin eux-mêmes de les dévoiler depuis le moment où la majorité de la Chambre des représentans, revenue de l'erreur où elle avait été entraînée par d'astucieux moyens, s'honora aux yeux de la nation et de la postérité, en se séparant de ceux qui l'avaient égarée. Car, bien que tous les corps constitués, toutes les autorités civiles et militaires, la garde nationale et nombre de citoyens privés aient donné un assentiment unanime à cet acte d'un patriotisme éclairé, on a vu ces hommes dont il est question persévérer à se qualifier de « mandataires du peuple, » continuer à publier leurs doctrines subversives, égarant plus ou moins la partie de la population qui, par son âge inexpérimenté, ne se défiant pas des hommes et peu versée dans la connaissance des choses, est toujours en tous pays la plus aisée à séduire, parce que, réunissant aux illusions de la jeunesse l'ardent désir du bien qui l'anime ordinairement, elle donne par cela même un accès facile aux insinuations de la malveillance.

» Les choses en sont venues à ce point, Président, — il faut le dire, — que ne doutant pas du succès qu'ils se promettent, on les a vus, à la veille des élections et depuis, manifester les opinions les plus extrêmes sur notre état social. Pour ces hommes audacieux, ce succès est tellement certain, qu'ils ne cachent déjà plus les changemens qu'ils comptent d'introduire dans nos institutions, dans l'acte constitutionnel ; car, après avoir naguère défendu de leurs éloges cet acte auquel Haïti doit sa tranquillité et la réunion de toutes les parties de son vaste territoire sous le drapeau national, ils lui attribuent maintenant tout ce qu'ils considèrent comme des maux dans l'état actuel de notre société.

» Ainsi donc, Président, lorsque des réclamations inquiètes sont continuellement publiées pour parvenir à des *progrès*, à des *améliorations* que les auteurs de ces publications ne définissent pas, il est permis de n'y voir souvent qu'un moyen d'insinuation pour égarer les citoyens, en leur faisant accroire que le gouvernement *se refuse* à tenter tout ce qui est possible et exécutable dans l'intérêt du peuple. Certes, ce n'est point au chef dont la longue administration s'est illustrée par des actes admirables de vertu civique, par des événemens si glorieusement accomplis, qu'on serait fondé à reprocher d'avoir négligé d'exécuter ce qui lui paraissait propre à promouvoir le bonheur public : les lumières qui le distinguent parmi ses concitoyens sont, pour le Sénat, comme pour tous les hommes de bien, *un sûr garant que, suivant attentivement les progrès de la raison publique,* il saura toujours *provoquer* du corps législatif son concours pour pouvoir opérer, dans l'ordre *moral* comme dans l'ordre *matériel,* ce qui deviendrait *un besoin* pour la nation. Sentinelle vigilante placée pour veiller nuit et jour au salut de la patrie, à son avancement moral, à sa prospérité, au bonheur de chacun de ses citoyens, *il n'hésitera jamais,* comme par le passé, *à prévenir les besoins sociaux,* en faisant un noble usage de cette précieuse *initiative* que lui attribue le pacte fondamental.

» Si le Sénat s'est livré à cette dissertation sur la situation de notre pays, Président, c'est pour mieux arriver à l'examen des questions que votre message lui a présentées à résoudre. En considérant tout ce qui a eu lieu depuis plusieurs années, et depuis la session de 1839 surtout, le vœu national manifesté si publiquement, si énergiquement, à l'égard des hommes dont les projets révélés ont été cause de leur déchéance prononcée par la Chambre des représentans, le Sénat ne saurait *hésiter* à dire que ces hommes, réélus par l'influence d'intrigues ourdies parmi un petit nombre d'électeurs qu'ils ont réussi à égarer, à séduire, ne sauraient de nouveau siéger au sein de la représentation nationale, sans violenter la conscience publique qui les a frappés de sa réprobation, sans faire injure à la 5° législature qui les a frappés d'une interdiction nécessaire par cette élimination solennelle, après avoir été témoin de leurs coupables tentatives ; ils ne sauraient rentrer dans le sein de la Chambre, sans exposer l'harmonie si indispensable entre les grands pouvoirs de l'État à se rompre de nouveau, en jetant ainsi une nouvelle perturbation dans le pays.

» Le Sénat se plaît donc à espérer, Président, que la 6° législature, composée de citoyens qui doivent *réfléchir* sur les malheurs que nos divisions passées ont attirés sur notre patrie, sentira la convenance, l'indispensable nécessité d'écarter, *dans la vérification des pouvoirs,* les quatre hommes qui ont été l'objet d'une déchéance si méritée. Sans doute, les nouveaux représentans ne voudront pas faire penser à la nation qu'ils veulent rentrer dans les erremens qui ont agité la session de 1839 à son début; ils considéreront que *l'admission* de ces hommes serait cependant une preuve que, loin de répudier leurs doctrines subversives, ils entendent les adopter; et envisageant toutes les conséquences d'une résolution aussi contraire au vœu, à l'espoir du pouvoir exécutif, du Sénat et du peuple haïtien, les représentans, n'en doutons pas, sauront faire, *en vue du salut de la patrie,* ce qui, dans les circonstances actuelles, devient pour eux un impérieux devoir; ils l'accompliront en prenant aussi la détermination de concourir loyalement avec les autres pouvoirs, à tout ce qui sera jugé utile au bien-être public.

» Quoi qu'il en arrive cependant, Président, vos devoirs sont tracés par l'art. 149 de la constitution. *Vous devez pourvoir à la sûreté intérieure de l'Etat.* Les moyens d'exécution seront entre vos mains ce qu'ils ont toujours été : l'emploi de la force nationale avec cette haute prudence et cette magnanime modération qui vous ont conquis l'estime de la grande majorité des citoyens, qui savent que leur bonheur dépend de l'ordre et de la tranquillité publique.

» Dans tous les cas, vous trouverez le Sénat toujours

disposé à vous prêter son concours pour sauver la chose publique : fidèle à la ligne de conduite qu'il a toujours suivie, il ne peut oublier que « le salut du peuple est la loi suprême. »

Treize sénateurs présens à la séance du 19 mars signèrent ce message. M. Rouanez, qui avait reconnu la situation si grave du pays et conclu son opinion dans le sens qu'on vient de lire, *prétexta* de maladie pour ne pas s'y présenter et signer; le colonel Bouzy avait malheureusement succombé, le 17, à une congestion cérébrale [1].

Le 23, Boyer publia une proclamation dans laquelle il rappelait au peuple ce qui avait eu lieu dans la session de 1839; il disait :

« .... La résolution adoptée contre plusieurs députés, parjures à leur mandat, était un acte de sévère, d'indispensable justice : le rétablissement immédiat de l'ordre et du calme l'a justifié.....

» La Chambre des députés qui va bientôt se réunir pour commencer la 6ᵉ législature, comprendra ce que l'intérêt du bien public et sa propre dignité lui prescrivent de faire pour le maintien de la tranquillité publique et de l'harmonie entre les grands pouvoirs de l'Etat.

» Déjà le Sénat, dans cette grave circonstance, s'est assemblé pour veiller au dépôt sacré de la constitution, et pour offrir son concours patriotique au pouvoir exécutif, qui saura remplir *les obligations* qui lui sont imposées....

» Ayez confiance dans la sagesse comme dans l'énergie

---

[1] Des opposans osèrent dire que ce loyal et brave officier avait été empoisonné pour avoir opiné au Sénat contre le gouvernement ! il devait dîner avec ses collègues chez le secrétaire général, le 17 au soir : sa maladie l'en empêcha. Bonzy a mérité les regrets de ses compagnons d'armes, de ses collègues au Sénat et de Boyer; car il possédait de belles qualités. La patrie n'oubliera jamais qu'il était à côté de Pétion dans le danger que courut ce grand citoyen le 1ᵉʳ janvier 1807.

du gouvernement : cependant, avant de recourir à l'emploi des moyens dont il est investi pour la sûreté de la République, il mettra au premier rang de ses devoirs, la modération dont il a donné tant de preuves..... »

Ce qu'il y avait de singulier dans ces deux actes du Sénat et du pouvoir exécutif, c'est qu'ils parlaient du *maintien* de la constitution, alors qu'il s'agissait de la *violer* : c'était une triste chose. Néanmoins, si le lecteur se rappelle ici tout ce qui s'était passé dans les sessions législatives de 1838 et 1839, ce qui s'en était suivi jusqu'alors, les discours, les écrits publiés dans les journaux, il ne pourra disconvenir que le message du Sénat faisait une peinture fidèle de la situation du pays, d'après le travail incessant de l'Opposition sur les esprits. Placé entre elle, ou plutôt entre ses chefs et Boyer, le Sénat ne devait-il pas *préférer* le chef de l'Etat à eux, et le soutenir contre leurs projets avoués hardiment? C'est pourquoi il traça ce tableau pour être offert aux yeux des fonctionnaires publics, des citoyens, des pères de famille, qui, tous, avaient besoin de leur repos, de leur sécurité, plus encore que de changemens notables dans la constitution, d'améliorations formulées avec tout l'art naturel aux oppositions qui s'élèvent contre les gouvernemens, pour capter les esprits généreux. Nous ne nions pas cependant que ces deux actes étaient de nature à exciter l'amour-propre des opposans, à provoquer leur persévérance.

Une telle situation présentait trois voies pour en sortir : ou une *révolution*, par le renversement de Boyer du pouvoir, afin que ce pouvoir passât aux mains de la Chambre des communes, c'est-à-dire à H. Dumesle et D. Saint-Preux; — ou une *dictature temporaire* ou *coup d'Etat*, qui eût fait dissoudre la Chambre pour appeler les citoyens à élire des représentans plus modérés, parce que ces tribuns prétendaient qu'elle seule devait concentrer et exercer « la souveraineté nationale; » et cela, au cas que la nouvelle législature admît ces deux chefs de l'Opposition ; — ou, enfin, une marche *à peu près constitutionnelle,* si la législature ne les admettait pas, pour prouver qu'elle ne voulait pas rompre l'harmonie entre les grands pouvoirs; car cette harmonie, cet accord qui leur était nécessaire, ne pouvait pas exister, si ces tribuns rentraient dans la Chambre, en face d'un chef du caractère de Boyer.

Nous avons dit plus avant que le Sénat ne pouvait pas proclamer une *révolution,* en désapprouvant le Président d'Haïti. Par son message, il ne conseilla pas la *dictature* ou le *coup d'Etat;* mais cet acte en renfermait certainement l'idée, quand il lui rappelait ses devoirs tracés par l'art 149 de la constitution, et en lui disant : « Vous devez pourvoir à la sûreté intérieure de l'Etat, » et que lui-même « n'oublierait pas que *le salut du peuple est la loi suprême.* » On dira sans doute que, de la part du Sénat, c'était là une grande *trahison* envers « ce peuple souverain. » Mais nous répondons que pour juger de pareilles mesures, il faut considérer les circonstances critiques où se trouve un pays; et les circonstances où se trouvait la République, en 1842, auraient pu justifier cette mesure extraordinaire, s'il ne restait pas la troisième voie indiquée ci-dessus : une marche *presque constitutionnelle.* Et que l'on remarque que cette dernière voie fut indiquée dans le message du Sénat, avant l'autre qui n'était qu'un pis-aller dans la situation.

Le sénateur B. Ardouin, qui en fut le rédacteur et qui avait eu avec Boyer l'entretien relaté à la date du 6 février, tout en exprimant la pensée du Sénat, croyait sincèrement que le Président était résolu à prendre tou-

tes les mesures propres à satisfaire l'opinion sage et modérée des gens de bien. Afin de l'y encourager encore, il crut que le Sénat était dans l'obligation, à travers les justes louanges que ce corps donnait à son administration, de lui faire entendre des vérités utiles pour ce chef lui-même et pour le pays, mais sous la forme convenable dans l'occurence; il les consigna dans cette partie du paragraphe où il parlait « des lumières qui distinguaient
» Boyer parmi ses concitoyens, qui le *porteraient* à sui-
» vre attentivement les progrès de la raison publique,
» afin de *prévenir* les besoins sociaux, en faisant un no-
» ble usage de *l'initiative* que la constitution lui attri-
» buait. » N'était-ce pas dire au Président, qu'il y avait beaucoup à faire pour *pallier* aux yeux du peuple la violation que le pacte fondamental allait subir, qu'il devait se mettre *à la tête des réformes*, des *améliorations* réclamées par l'Opposition [1]?

Dans la situation où se trouvait le pays, Boyer pouvait et devait apercevoir qu'elle visait à une révolution, et il aurait dû se pénétrer de cette grande vérité exprimée par un homme de génie : « Les révolutions conduites et exécu-
» tées par un chef tournent entièrement au profit des mas-
« ses, tandis qu'au contraire les révolutions faites par les
» masses ne profitent souvent qu'aux chefs [2]. » L'intérêt

---

[1] Je ne crois pas que j'ai eu plus de mérite que mes adversaires de cette époque; je ne prétends pas non plus que j'ai été exempt de préventions à leur égard. Mais, en me ressouvenant que j'ai payé de huit mois d'emprisonnement la rédaction de différens messages du Sénat et les divers écrits politiques que j'ai publiés, je pense qu'il m'est permis aujourd'hui d'exposer les idées et les convictions qui m'ont animé ; le lecteur en jugera. Au reste, j'ai trouvé dans cet emprisonnement, comme dans le long exil que j'ai subi plus tard, une compensation assez large pour que je n'en conserve aucune rancune : l'un et l'autre m'ont appris à *réfléchir* plus qu'auparavant.

[2] Napoléon 1er a dit aussi : « Dans les révolutions, il y a deux sortes de gens : ceux
» qui les font, et ceux qui en profitent. » Le despotisme brutal a largement profité de celle de 1843.

qu'il portait certainement à ses concitoyens aurait dû l'éclairer assez pour qu'il prévît, et l'anarchie et le despotisme peut-être sanguinaire qui surviendraient par suite d'une révolution conduite par les hommes qui s'opposaient à son gouvernement ; et ce, malgré eux et leur patriotisme dont on ne peut douter.

D'un autre côté, supposons un instant que la nouvelle législature eût voulu sacrifier les quatre éliminés de 1839, « à l'harmonie des pouvoirs, » il y fût resté encore une vingtaine d'opposans plus jeunes qu'eux, ayant des idées peut-être plus avancées que les leurs. Quand cette phalange eût formulé ensuite les mêmes vœux de réformes et d'améliorations, il est possible que Boyer se serait vu contraint d'y consentir, sous peine de passer pour *trop rétrograde* aux yeux de la nation. Le Sénat lui-même aurait été forcé de l'y engager, pour ne pas se discréditer complètement. Mais on verra bientôt ce qui se passa à la réunion des nouveaux représentans des communes.

Au moment où cette crise politique allait éclater, Boyer conçut l'idée d'une mesure financière qui eût eu, à notre avis, les plus malheureuses conséquences pour son gouvernement. On avait tant écrit, publié sa pensée sur le système monétaire du pays, on avait adressé tant de mémoires à ce sujet au Président, que, revêtu par la loi du 20 juillet 1841 du pouvoir de prendre toutes les mesures qu'il jugerait convenables pour améliorer ce système, il se décidait à opérer immédiatement le retrait de tout le papier-monnaie (billets de caisse). A cette époque, il y avait environ 3,355,000 gourdes en billets de dix, de deux et d'une gourde, en circulation dans toute la République, et en réserve au trésor général une somme d'environ 800,000 piastres fortes, disponible, parce qu'on venait d'en expédier

500,000 pour payer l'annuité de la dette étrangère, indemnité et emprunt, pendant l'année courante.

Le Président convoqua au palais un conseil pour lui faire part de ce projet : il était composé de MM. Pilié, Inginac, Bazelais, Madiou, B. Ardouin, J. Paul, S. Villevaleix, E. S. Villevaleix, Victor Poil. Il leur fut donné lecture des actes préparés à cet effet par le secrétaire particulier du Président, et celui-ci leur demanda leur avis. Ce projet consistait à démonétiser les billets de caisse, à partir du 1ᵉʳ mai suivant, et à rembourser leur valeur en piastres fortes à raison de 50 gourdes de billets pour un doublon, bien que dans le commerce on en fît l'échange à 40 gourdes. Or, comme le trésor n'avait que 800,000 piastres et qu'il en fallait 1,200,000 pour cette opération, Boyer s'était laissé persuader qu'on aurait pu effectuer un *emprunt* dans le pays s'élevant à la différence, c'est-à-dire 400,000 piastres. Cet emprunt eût porté intérêt à 5 pour cent, tant que l'État n'aurait pu le rembourser intégralement. Cette opération étant faite, les recettes comme les dépenses publiques s'effectueraient indifféremment en piastres ou en monnaie nationale métallique dont le chiffre d'émission était de 2,675,000 gourdes, circulant, sans compter la somme inconnue de fausse monnaie introduite à diverses époques.

Ce plan de finances était sans doute séduisant pour toutes les parties prenantes au trésor public ; mieux eût valu en recevoir des piastres ou de la monnaie métallique malgré l'agiotage que subissait cette dernière dans le commerce, car elle n'était pas au pair avec les piastres. Mais il fallait savoir si les recettes balançaient les dépenses publiques ; c'était une des objections à faire au plan proposé, indépendamment du doute qui restait dans l'esprit sur la possibilité de réaliser l'emprunt de 400,000 piastres[1]. Or, depuis 1826 il avait fallu émettre annuellement une somme plus ou moins forte de billets de caisse pour équilibrer les recettes avec les dépenses; depuis 1836 les recettes en piastres, effectuées dans les douanes, avaient une destination spéciale : le payement de la dette nationale envers la France. Dans l'actualité et dans l'avenir, pouvait-on se promettre d'opérer une réduction notable dans les dépenses publiques, afin de les porter au niveau des recettes qui s'effectuaient en monnaie métallique, rarement, et presque toujours en billets de caisse? En vertu de la loi du 20 juillet 1841, le Président avait adressé, en octobre suivant, une circulaire aux commandans d'arrondissement, qui leur ordonnait de mettre en congé de trimestre la moitié de l'armée, afin de ne rationner et de ne solder que la moitié qui resterait au service, pour obtenir une diminution dans les dépenses; et à peine cet ordre fut-il exécuté, le 1er janvier, que les élections générales des représentans, agitant le pays, forcèrent le gouvernement à le rapporter et à maintenir toutes les troupes sur pied.

C'était donc pendant cette crise politique et au moment où la Chambre des communes allait se réunir, qu'une crise financière serait tombée sur le pays, pour être exploitée par l'Opposition systématique qui s'acharnait contre Boyer. Avec sa mauvaise foi ordinaire, elle n'eût pas manqué de crier contre l'échange du doublon à 50 gourdes de billets de caisse, tandis que le cours commercial était de 40 gourdes; après avoir demandé si souvent le retrait

---

[1] En 1841, les recéttes s'élevèrent à 2,510,551 gourdes, et les dépenses à 2,766,583 gourdes; partant un déficit de 266,032 gourdes comblé par l'émission de 670,800 gourdes de billets de caisse. La récolte donna, en café, 34,115,000 livres; en coton, 160,000 livres; en cacao, 640,000 livres; en tabac, 3,220,000 livres; en campêche, 45,000,000 livres; en bois d'acajou, 6 millions de pieds réduits.

intégral de ce papier-monnaie, « pour alléger *la misère* « *extrême* du peuple souverain, » elle eût entravé l'emprunt qui était nécessaire pour cette opération.

Toutes ces considérations, toutes ces difficultés frappèrent MM. S. Villevaleix, J. Paul, B. Ardouin et Inginac surtout. Ils exposèrent franchement leurs opinions au Président, pour le porter à renoncer à ce plan financier qui leur paraissait dangereux. Le sénateur B. Ardouin lui dit : « On vous promet de toutes parts de contribuer à l'em- » prunt; mais persuadez-vous, Président, qu'il y a peu de » fortunes dans le pays, peu de personnes qui possèdent » de la monnaie étrangère; et rappelez-vous encore les » belles promesses qui vous furent faites pour payer l'in- « demnité à la France, et la conduite qu'on a tenue quand » parut la loi sur la contribution extraordinaire. » — Après avoir raisonné longuement pour prouver la nécessité de conserver le papier-monnaie et de n'en opérer le retrait que *graduellement*, en améliorant successivement les finances de l'État, le général Inginac prononça ces mots : « Pré- » sident, si vous faites cette opération, je ne crains pas de » vous le dire, votre gouvernement sera renversé. » Boyer lui répondit : « Il y a longtemps qu'on le menace d'un » renversement, et il est encore debout. Enfin, Messieurs, » ajouta-t-il, je vois que vous n'êtes pas du même avis que » moi. J'ajourne donc ce projet qui pourra être repris » plus tard. »

Quiconque a pu bien apprécier le caractère du président Boyer, reconnaîtra qu'il n'ajourna ce projet que parce qu'il fut convaincu des inconvéniens qui lui furent exposés.

Il faut mentionner ici trois condamnations judiciaires qui contribuèrent à exalter l'Opposition contre le gouvernement.

On a vu au chapitre précédent que M. C. Devimeux, révoqué de sa charge de notaire par le grand juge depuis 1839, avait publié dans le *Manifeste* du 12 décembre 1841 un article outrageant contre ce grand fonctionnaire. Poursuivi par le ministère public, il s'était laissé condamner par défaut, le 20 dudit mois, à une année d'emprisonnement. Il brigua ensuite les suffrages des électeurs de l'Anse-à-Veau qui le nommèrent représentant de cette commune, bien qu'il n'y fût pas domicilié, ce qui était contraire à l'art. 61 de la constitution. Se prévalant de cette élection, il fit opposition au jugement, et le tribunal correctionnel maintint sa condamnation en ordonnant l'exécution provisoire de ce nouveau jugement, vu que le fait imputé était antérieur à l'élection et que le citoyen élu ne devenait définitivement représentant et membre de la Chambre des communes, qu'après la vérification de ses pouvoirs par la Chambre réunie et la prestation du serment exigé par le règlement de ce corps. Tels furent les motifs du jugement auquel M. Devimeux se déroba en partant pour la Jamaïque.

Le ministère public poursuivit ensuite M. Rinchère, directeur de l'école nationale de Saint-Marc, à raison d'un article qu'il publia dans le même journal, le 23 janvier. Mais, élu représentant de cette commune le 2 février, assigné le 7, M. Rinchère excipa vainement de cette qualité devant le tribunal correctionnel, qui le condamna aussi à une année d'emprisonnement, le 21 mars. Ce jugement reçut son exécution.

Enfin, M. David Saint-Preux, élu président de l'assemblée électorale d'Aquin et réélu représentant de cette commune à une majorité de 110 voix sur 114 votans, ayant fait insérer dans le *Manifeste* du 20 février, le discours qu'il avait prononcé à cette occasion, le ministère public le poursuivit au même tribunal correctionnel du Port-au-Prince. Assigné à y comparaître, il fit défaut, mais il envoya des conclusions par lesquelles il déclinait ce tribunal qui n'était pas celui de son domicile, en excipant au surplus de sa qualité de représentant. Le tribunal n'eut égard ni à l'un ni à l'autre de ces moyens, en vertu de l'art. 14 du code d'instruction criminelle qui donnait au ministère public le droit de poursuivre l'inculpé au lieu où le discours incriminé avait acquis la publicité, et par les mêmes motifs que ses précédens jugemens : il condamna M. David Saint-Preux à trois années d'emprisonnement. Ce jugement par défaut, rendu le 28 mars, fut ensuite exécuté.

Mais l'Opposition considéra ces trois actes comme des *persécutions*, et la révolution qui survint l'année suivante sembla donner raison à cette observation d'un historien : « Les persécutions judiciaires, tous les faits de l'histoire » l'attestent, furent toujours le signe précurseur de la » chute des systèmes politiques assez mal inspirés ou assez » faibles pour chercher une *protection* dans les rigueurs de » la justice [1]. » En preuve, il cita l'exemple des Stuarts, en Angleterre, de la Convention et des Bourbons de la branche aînée, en France.

Sans prétendre contester ce qu'il y a de judicieux dans cette observation, on peut dire que la chute de ces gouvernemens a été occasionnée par bien d'autres causes, et nous essayerons de prouver que la chute de Boyer est dans ce cas.

---

[1] Histoire des deux Restaurations, par M. A. de Vaulabelle.

CHAPITRE V.

Agitation au Port-au-Prince. — Ordonnances de police y relatives. — Réunion des représentans. — Protestation de 20 d'entre eux contre l'admission des éliminés de 1839. La Chambre, en majorité, les admet dans la vérification des pouvoirs, et élit *président* M. Laudun. — Le 12 avril, une nouvelle majorité annule cette élection et nomme *président* M. J.-B. Tassy. — Tous les opposans se retirant de l'assemblée, — La Chambre prononce l'exclusion des éliminés de 1839 et de six autres représentans et de leurs suppléans. — Le Président d'Haïti ouvre les travaux de la session. — La Chambre accorde un délai de vingt jours aux opposans pour revenir dans son sein, sinon ils seront considérés comme *démissionnaires*; ils n'optempèrent pas. — Elle appelle leurs suppléans; ceux-ci refusent de siéger. — Elle fait poursuivre M. Dumai Lespinasse, qui est condamné à une année d'emprisonnement et qui part pour la Jamaïque. — Réflexions au sujet de ces actes. — Projet de loi sur l'instruction publique, retiré bientôt par Boyer; pourquoi? — Deux lois sont rendues et sept sénateurs élus par la Chambre; fin de la session. — Tremblement de terre du 7 mai; son effet dans l'Artibonite, le Nord et le Nord-Est. — Reproches faits à Boyer en cette occasion. — Capture illégale de deux bâtimens espagnols, et ce qui s'ensuit. — Manœuvres de l'Opposition sur divers points de la République. — Mesure intempestive ordonnée par Boyer. — Décès de plusieurs généraux.

A raison des précédens que le lecteur connaît, il prévoit sans doute ce que nous allons relater dans ce chapitre.

Le *Télégraphe* du 24 mars ayant publié les messages du Président d'Haïti et du Sénat, et la proclamation concernant les représentans éliminés en 1839, une agitation inusitée fut remarquée à la capitale : l'Opposition voulut essayer ses forces. Déjà, dans la soirée du 17, pendant le dîner qui eut lieu chez le général Inginac, une troupe de jeunes gens avait passé devant sa maison en chantant des couplets de la *Marseillaise* ; ils s'étaient dissipés à l'approche de quelques militaires envoyés du bureau de la place. On remarqua ensuite que les agitateurs se procuraient des armes prohibées par les lois, telles que stylet, poignard, etc. : le 26 mars une ordonnance de police parut pour en défendre la vente et le port, sous peine de poursuites et de punition contre les délinquans. Le 28, une autre fut publiée pour défendre les attroupemens qui se formaient incessamment, et menacer les délinquans de l'application de la loi y relative.

Ces faits se passaient à l'occasion de l'arrivée successive des nouveaux représentans dont la réunion était prescrite au 1ᵉʳ avril. Le 2, quinze d'entre eux, auxquels s'en joignirent cinq autres quelques jours après, s'entendirent pour rédiger une *protestation* contre l'admission, à la Chambre, des éliminés de 1839, « attendu que la mission du député
» à la représentation nationale n'est point et ne peut être
» de former dans le sein du corps législatif, une opposition
» systématique dans le but conçu à l'avance d'entraver la
» marche des travaux de ce corps et de rompre l'harmonie
» sans laquelle il lui est impossible d'accomplir l'exercice
» de ses fonctions, etc., entendant se séparer de tous autres
» représentans qui ne voudraient pas concourir à cet acte,
» et se réservant, dans ce cas, d'aviser, de concert avec le
» Sénat et le pouvoir exécutif, aux moyens de sauver la
» chose publique des malheurs dont elle est menacée[1]. »

Cette protestation avait été imaginée par le général Inginac, pour former une majorité qui serait ainsi soustraite à l'influence des opposans : ils étaient en grand nombre parmi les représentans. A cet effet, il fit appeler successi-

---

[1] *Bulletin des lois*, nᵒ 1ᵉʳ. Toutes les citations qui suivront celle-ci sont également tirées de ce Bulletin et du nᵒ 2.

vement les premiers arrivés à la capitale pour les faire entrer dans cette voie, employant toutefois les raisonnemens les plus propres à les persuader de ne pas agiter le pays qui avait besoin de son repos, leur donnant en outre l'assurance que Boyer était *très-disposé* à satisfaire aux justes exigences de l'opinion publique. Il fit même appeler chez lui plusieurs des opposans dont il estimait le caractère et les sentimens patriotiques, afin de les rallier au gouvernement, en leur exposant combien l'union et l'harmonie entre les citoyens de la République réclamaient de tous le sacrifice d'opinions trop avancées dans l'état actuel des choses; mais il ne réussit pas à persuader ces derniers.

Enfin, les représentans, étant rendus en majorité au palais de la Chambre des communes, commencèrent leurs opérations par la vérification des pouvoirs de chacun d'eux, sous la présidence du citoyen J^h Lafortune, doyen d'âge, représentant du Mirebalais. Il est facile de concevoir que les signataires de la protestation du 2 avril ne purent parvenir à faire partager leurs opinions par les jeunes capacités qui se trouvaient en leur présence. Loin d'exclure, dans la vérification des pouvoirs, les quatre éliminés de 1839, on les admit comme membres de la nouvelle législature. Ainsi, l'espoir du Sénat et du Président d'Haïti était déçu. Le 9, la Chambre se constitua en formant son bureau: M. Laudun fut élu président. Ce choix prouva que la majorité votait pour l'Opposition. Néanmoins, ce ne fut pas sans difficulté qu'elle parvint à ce résultat : indépendamment des signataires de la protestation, d'autres représentans hésitaient sur le parti qu'ils devaient prendre. Informé de cela, après la séance, le général Inginac convoqua chez lui les uns et les autres, afin de combiner de nouveaux moyens de succès, dans le sens du gouvernement.

L'auditoire avait été comble dans toutes les séances préparatoires au palais de la Chambre ; une agitation fébrile avait marqué ces journées : un fort détachement de troupes alla se réunir à la garde ordinaire du palais.

Le 9 était un samedi ; la Chambre ne put être en majorité le lundi 11, comme il était dans ses habitudes de siéger ce jour-là. C'est que le travail ministériel se poursuivait. Mais le 12, dès 6 heures du matin, le représentant Lafortune, en tête de la cohorte gagnée au pouvoir exécutif par le secrétaire général, qui se dévouait corps et âme « au » maintien de l'harmonie des grands pouvoirs, au salut de » la patrie, » Lafortune s'empara et du palais et du fauteuil de la présidence sur lequel il s'assit. A la nouvelle de ce fait extraordinaire, les opposans, moins alertes, se rendirent à la Chambre ; et malgré quelques obstacles qu'ils rencontrèrent à la porte, de la part de la garde, se revêtant de leurs écharpes aux couleurs nationales, ils pénétrèrent dans l'enceinte. La législature offrit alors un pénible spectacle ; l'agitation prit un caractère scandaleux parmi les représentans, les discours s'entrecroisèrent. M. Laudun réclama vainement sa place de président élu, sur le fauteuil ; M. Lafortune y tint bon en disant : « Ma tête dût-elle tomber à mes pieds, que je ne céderai pas le fauteuil.[1] »

Ce fut alors un épouvantable tintamarre. Les opposans reconnurent, mais un peu tard, que la majorité n'était plus de leur côté ; ils prirent tous la résolution de se retirer du palais de la Chambre, pour se séparer ensuite de leurs collègues : noble *résolution*, sans doute, en la ju-

[1] Ce brave homme, Africain de naissance, avait su apprendre à lire et à écrire ; mais son accent trahissait son origine, ce qui ne diminuait pas son mérite. Dans un article du *Manifeste*, M. Dumai Lespinasse raconte cette scène de manière à la rendre ridicule ; il écrivit ses paroles selon sa prononciation : « Ma tête en mes pieds, si né » cédéré pas la fouteille. » Cette plaisanterie amusa les opposans et le public, mais le rédacteur du *Manifeste* la paya un peu cher.

geant au point de vue des principes constitutionnels, mais qui devait, un an après, se traduire en une *révolution*, peut-être pour le malheur de la patrie commune.

Les représentans restés en séance étaient au nombre de 36, formant plus de la moitié de la représentation nationale, dans le cas où elle serait réunie en totalité. Quelques jours après, plusieurs autres arrivèrent dans la capitale et se joignirent à eux.

Après la sortie des opposans, M. Lafortune exposa à ses collègues les motifs de sa conduite en cette circonstance : « C'est qu'une *prévention* planait sur la tête de
» M. Laudun, avant son admission à la représentation
» nationale, et qu'il avait été dénoncé à la justice pour
» outrages faits à un magistrat civil : ce que les repré-
» sentans ignoraient au moment qu'ils lui donnèrent
» leurs suffrages⁴. Or, les représentans, blessés dans leur
» dignité, avertis maintenant, ne pouvaient maintenir
» à la présidence de la Chambre celui qui a besoin d'une
» justification devant la justice, des poursuites étant diri-
» gées contre lui. » Sur ce, la Chambre déclara « nulle et non avenue » la nomination de M. Laudun à la présidence; et à la fin de cette séance, elle annula également tous les procès-verbaux des séances précédentes. On verra pour quels motifs.

M. Lafortune, encore au fauteuil, déclara qu'en outre de MM. H. Dumesle, D. Saint-Preux, Lochard et Lartigue, élimines en 1839, il y avait MM. Dumai Lespinasse, Covin aîné, Émile Nau, Dorhainville Bautent, Benoît et

A. Ponthieux, « qui partageaient ostensiblement les mê-
» mes opinions et persistaient à faire valoir les nomina-
» tions de ceux-là qui sont tenus pour être *réprouvés* par
» le vœu national ; et que, de plus, un acte de protesta-
» tion a été dirigé contre eux-mêmes. »

En effet, après que la Chambre eut reformé son bureau sous la présidence de M. J.-B. Tassy, l'un des représentans du Cap-Haïtien, elle prit lecture d'une dépêche du grand juge qui lui adressait quatre protestations : contre les élections de la capitale, celles de Santo-Domingo, de l'Anse-à-Veau et de Dalmarie. « La Chambre statuant,
» avant toute chose, sur les députés réélus qui furent éli-
» minés par la 5ᵉ législature, à résolu, à l'unanimité,
» qu'elle partage cette sage et prudente mesure : en con-
» séquence, elle a arrêté que ces députés, *parjures* à
» leur mandat, ne pourront point, vu leur *indignité*, sié-
» ger dans son sein. » Et elle renvoya au lendemain, pour débattre la motion faite par M. Lafortune et statuer sur l'objet de la dépêche du grand juge. A cette séance du 13, la Chambre rejeta d'abord la protestation envoyée par le grand juge contre la nomination de M. Lapaquerie, représentant de Dalmarie, et l'admit parmi ses membres. Puis, prenant en considération la motion relative aux élus du Port-au-Prince, de Léogane, de Santo-Domingo, qui partageaient les opinions des éliminés de 1839 : « Considérant que par
» l'effet de ces opinions subversives, des attroupemens
» en grand nombre eurent lieu aux alentours de la Cham-
» bre ; que des paroles outrageantes et incendiaires ont été
» proférées à haute voix pendant la séance du 6, et qu'au
» sortir de cette séance, les députés ont été *hués* dans les
» rues, sans égard au respect qui leur est dû ; » la Chambre déclara *éliminés* de son sein, MM. Dumai Lespinasse, Co-

vin aîné, Emile Nau, Dorsainville, Dautant, Benoit et A. Ponthieux. Le 15, elle comprit leurs suppléans dans l'élimination prononcée contre eux. Quant à M. Deviméux, élu représentant de l'Anse-à-Veau, elle ajourna sa résolution jusqu'à ce qu'il se présentât avec ses pouvoirs : ce qu'il ne fit pas et ce qui entraîna sa déchéance.

A la séance du 13, M. Pierre Charles, représentant d'Ennery, prononça un discours qui contenait sa profession de foi, à l'endroit de l'opposition systématique qu'on voudrait faire au pouvoir exécutif. « Loin de moi, dit-il,
» la pensée que nous devions adopter aveuglément toutes
» les dispositions des projets de lois qui nous seront pré-
» sentés. Nous tomberions dans l'excès contraire, nous
» trahirions la confiance de nos concitoyens. Notre devoir
» est de marcher entre ces deux extrêmes. Discutons tout,
» de bonne foi et avec loyauté; admettons ce qui est bon
» et utile; proposons des modifications à ce qui serait dé-
» fectueux; rejetons, mais en gardant les convenances, ce
» qui nous paraîtrait contraire au bien public, si toutefois
» rien de pareil peut être supposé devoir jamais être pro-
» posé à la Chambre. » Et la Chambre tout entière approuva cette profession de foi, en complimentant ce député de l'avoir faite.

Le Président d'Haïti, informé de la constitution de cette assemblée, avait fixé au 16 la séance de l'ouverture de ses travaux. Ce jour-là, « Son Excellence, après s'être recueil-
» lie, a exprimé sa satisfaction de se voir au sein de la
» Chambre, et l'a remerciée de sa coopération franche et
» loyale au rétablissement de l'ordre; et elle a dit qu'elle ne
» cessera de faire tous ses efforts pour enchaîner l'anar-
» chie. Elle a encore exprimé qu'elle voyait avec peine
» que des esprits exaltés, depuis quelque temps, vou-

» draient troubler le pays ; mais qu'elle se dispensera de
» donner aucun développement ; qu'elle compte non-seule-
» ment sur le concours de la Chambre, mais sur celui de
» tous les bons citoyens animés de l'amour de la patrie et
» désireux de son bonheur... »

Le président de la Chambre répondit d'une manière analogue à ces paroles, en rejetant sur les éliminés de 1839 et sur leurs partisans, la cause des agitations de la capitale et des débats qui eurent lieu dans cette assemblée. « La pa-
» trie reconnaissante, dit-il, admire de jour en jour votre
» belle âme, qui n'a autre chose en vue que le bonheur de
» tous et les intérêts généraux. Lorsque nous fixons nos
» regards sur votre administration, tout à la fois pater-
» nelle et éclairée, nous devons nous étonner que de cer-
» tains esprits se tourmentent et veulent en tourmenter
» d'autres qui savent *mieux prévoir*, et mieux apprécier vos
» efforts, votre constante sollicitude qui ne tend qu'à con-
» solider et améliorer. Il est heureux pour Haïti que ce
» courage impassible et cette grande vertu dont votre cœur
» est doué, assurent à tous les Haïtiens que le vaisseau de
» l'État est hors des écueils... »

Le 16, après l'ouverture des travaux de la Chambre, le chef du pouvoir exécutif adressa un ordre du jour aux militaires de la garnison de la capitale, qui, depuis un mois, étaient restés à leurs drapeaux. Il les complimenta sur leur conduite en ces temps d'agitation : « Vous venez
» de prouver à la fois, et votre indignation contre les me-
» nées de la malveillance, et votre respect pour la loi.
» Votre conduite vous fait honneur et couvre de confusion
» vos calomniateurs ; vous pouvez vous en glorifier, vous
» serez toujours, comme je l'espère, les fidèles défenseurs

» de l'Etat, l'effroi des méchans ; et vous justifierez cons-
» tamment ma confiance en vous. »

Dans ses séances des 21 et 22 avril, la Chambre examina la conduite des représentans qui, sans une permission d'elle, avaient quitté la capitale pour se rendre dans leurs communes respectives. Elle leur accorda un délai de vingt jours pour rentrer dans son sein ; et que ce délai expiré, ceux qui ne s'y conformeraient pas, seraient considérés comme « démissionnaires, » et leurs suppléans seraient appelés à les remplacer. Le 29, elle prononça la *déchéance* de M. Rinchère, sur la connaissance acquise du jugement qu'il avait encouru et de son exécution : elle appela son suppléant, ainsi que ceux des quatre éliminés de 1839, à venir siéger en leur place. Mais aucun de tous ces suppléans, également de l'Opposition, n'obtempéra à cette invitation.

Une fois entrée dans la voie des rigueurs, la Chambre des communes ne pouvait guère s'y arrêter. Le n° 3 du *Manifeste* du 17 avril lui en fournit une nouvelle occasion : elle considéra cette feuille, qui parlait de la séance du 12, comme « fausse, dérisoire, dangereuse et blessant la dignité de la représentation nationale. » En conséquence, elle dénonça M. Dumai Lespinasse, auteur de l'article, au grand juge pour qu'il ordonnât des poursuites contre lui. Le ministère public obtint un jugement par défaut du tribunal correctionnel qui le condamna à une année d'emprisonnement. Mais M. Dumai Lespinasse partit pour la Jamaïque 1........

On remarquera que, par suite des éliminations prononcées et des démissions constatées par la Chambre, à raison de l'abstention volontaire de plusieurs de ses membres,

1 M. Devimeux et lui, en choisissant cette île pour refuge, indiquaient ainsi à bien des Haïtiens la voie de salut qu'ils suivraient également un peu plus tard.

environ une douzaine de communes ne s'y trouvaient pas représentées, et que parmi ces dernières figuraient quatre chefs-lieux de département : le Port-au-Prince, les Cayes, les Gonaïves et Santo-Domingo. La ville du Cap-Haïtien n'était elle-même représentée que par M. J.-B. Tassy, — M. T. Dejoie, second représentant, s'étant abstenu.

L'abstention volontaire était déjà une protestation publique contre l'inconstitutionnalité des décisions de la Chambre ; mais, considérée par elle comme « démission » de la part des représentans, elle prenait un caractère aussi grave que celui des éliminations que cette législature n'avait pas plus le droit de prononcer que la précédente.

Une telle situation devenait un danger réel pour la stabilité des institutions ; elle devait porter tous les esprits à réfléchir sur les procédés de la Chambre et du gouvernement qui ne parlaient que de leur maintien. Aux yeux de l'Opposition, ce n'étaient déjà que de vains mots ; à ceux des citoyens qui étaient désireux de tranquillité, de paix publique, ces procédés n'étaient que de flagrantes irrégularités qu'on ne pouvait défendre par aucun raisonnement. Et était-il possible que les fonctionnaires de l'État, que les chefs militaires, que l'armée tout entière, ne fussent pas *influencés* par l'Opposition qui plaidait en faveur des principes conservateurs de la constitution elle-même, toute défectueuse qu'elle la trouvât ?

Alors, que devait faire Boyer, avec le concours qu'il trouvait dans la Chambre des communes, désormais obligée à faire des actes propres à réparer au moins, à pallier ceux que nous venons de relater, — avec l'appui que lui assurait le Sénat dans la marche du gouvernement ? Il devait, plus que jamais, faire usage de l'initiative attribuée au Président d'Haïti pour proposer, dans cette session même, bien des projets de loi que l'opinion réclamait; il devait ordonner bien des mesures d'administration reconnues urgentes; il devait, enfin, se mettre à la tête des réformes jugées utiles par les esprits les moins prévenus contre lui. En agissant ainsi, il fût entré dans la voie indiquée par le message du Sénat en date du 19 mars, à côté de l'idée exprimée dans ce message, d'une « dictature temporaire » qui n'était plus nécessaire, puisque la Chambre des communes avait, non-seulement écarté les éliminés de 1839, mais tous les autres membres de l'Opposition.

Supposons un instant que Boyer eût senti la convenance, la nécessité de renoncer aux attributions ministérielles qu'il s'était fait donner par la loi subsistante de 1819, relative aux grands fonctionnaires, et qu'il eût saisi cette circonstance grave pour proposer au corps législatif la création d'autres offices de secrétaires d'État, comme le permettait la constitution. En les organisant de manière à laisser à ces ministres des attributions réelles pour administrer leurs départemens, et à ne réserver au chef de l'État que l'impulsion gouvernementale; en les instituant pour former un *conseil*, présidé par lui, qui délibérerait avec lui sur toutes les mesures de gouvernement et d'administration jugées utiles au bien public, afin que la responsabilité ne pesât pas *sur lui seul*; en appelant à ces hautes fonctions un homme de chaque département territorial, pour satisfaire aux susceptibilités locales, même aux amours-propres et aux vanités individuelles; si Boyer eût pris cette résolution, en même temps qu'il eût agi comme nous venons de le dire, et qu'il eût fait des promotions dans l'armée, n'aurait-il pas réduit l'Opposition à l'impuissance? Il avait en sa faveur, depuis vingt-quatre ans, des faits éclatans qui avaient marqué son administration, qui la recommandaient aux esprits judicieux, par le patriotisme qu'il y avait déployé ; ses lumières, sa modération, même dans les circonstances où il avait paru très-énergique pour soutenir son pouvoir, étaient des garanties pour la nation. Les opposans, quels qu'ils fussent, pouvaent-ils lui en offrir autant ? Au fait, l'arme de l'Opposition n'était maniée que par des *avocats* qui n'avaient jamais pratiqué les affaires publiques, et qui, par ce motif, ne pouvaient pas inspirer la même confiance que ce chef ; on fût resté sourd à toutes leurs déclamations postérieures, tout en leur tenant compte, sans doute, des réclamations qu'ils avaient faites en faveur du progrès.

Il est, pour tout gouvernement qui est attaqué par l'opinion publique, un moment solennel qu'il faut savoir saisir afin de la ramener à lui ; s'il laisse échapper cette occasion, il est perdu ! Malheureusement pour le pays, tel devait être le sort de celui de Boyer ; les défauts de son caractère l'y entraînaient, malgré les lumières de son esprit.

On a vu, dans le chapitre précédent, quelles étaient ses dispositions au 6 février, à propos de quelques mesures qui lui furent conseillées par le général Inginac. Celui-ci, par ses ordres, avait fait rédiger le projet de loi sur l'instruction publique, le seul qui fût préparé pour la session législative ; mais Boyer en avait fait retrancher ce qui concernait l'établissement d'*écoles secondaires* dans les principales villes qui n'auraient point de *lycées*, telles que les Gonaïves et Saint-Yague, chefs-lieux de département, Jacmel et Jérémie, chefs-lieux d'arrondissement. Voici un extrait de son message à la Chambre des communes, en lui adressant ce projet :

« Le projet de loi qui accompagne le présent message établit une école primaire dans chaque chef-lieu d'arrondissement où *il n'en existe pas encore*. De cette manière l'instruction élémentaire, la plus nécessaire de toutes, sera également répartie sur *les divers points* du territoire, et *partout* à la portée du peuple. La création de trois lycées dans les villes des Cayes, du Cap-Haïtien, de Santo-Domingo, offrira à la jeunesse, dans ces grands centres de population où le besoin d'une instruction plus élevée *se fait sentir*, les moyens de se préparer à remplir dignement les différentes carrières auxquelles elle se destinera[1]... »

Dans l'état actuel des choses, ce projet était insuffisant; néanmoins, la Chambre, qui avait reçu trois jours auparavant les comptes généraux de la République renvoyés à l'examen de son comité des finances, s'empressa de prendre lecture de ce projet; le 7 mai elle le discutait pour la deuxième fois. Quelques jours après, Boyer le lui fit demander, sous prétexte de le *retoucher* : le fait est, que la grande catastrophe du 7 mai, — le tremblement de terre, — l'avait porté à le *retirer* tout à fait par motifs d'*économie*. Inutile de dire qu'il ne fut plus question du budget de 1843 qui avait été préparé par les soins de MM. Pilié et Inginac.

Lorsque ce dernier eut vu retirer le projet de loi sur l'instruction publique, tout insuffisant qu'il fût, il fit appeler M. B. Ardouin, alors président du Sénat, et il lui dit :
« Savez-vous que le Président a retiré ce projet ? — Non.
» — C'est ce qui a eu lieu cependant. J'ai inutilement fait
» tous mes efforts pour persuader le Président de laisser
» voter cette loi, qui serait *quelque chose* dans la situation
» où nous sommes. Il m'a répondu qu'il y aura trop de

---

[1] Notons qu'en 1822, à la réunion de la partie de l'Est, il y avait une université ou grand collège à Santo-Domingo, entretenu par le gouvernement espagnol, et que quelques jours auparavant, Boyer supprima, cet établissement pour y substituer une simple école primaire.

» dépenses à faire, par suite de cet affreux tremblement
» de terre, et il ne veut plus entendre parler du budget.
» Allez donc le voir, je vous en prie, peut-être serez-vous
» plus heureux que moi. »

Le lecteur pressent que le sénateur ne fut pas plus *heureux* que le secrétaire général; il échoua complètement dans sa démarche. « Comment voulez-vous, lui dit Boyer,
» qu'on établisse un lycée au Cap-Haïtien renversé de fond
» en comble, et dont la population est à moitié sous les
» ruines? — Mais, Président, les villes des Cayes et de
» Santo-Domingo sont debout; elles peuvent avoir leurs
» lycées, le Cap-Haïtien devra être relevé, il aura le sien
» plus tard. — Il est impossible de faire de semblables dé-
» penses, ni pour le Cap-Haïtien, ni pour les autres villes,
» lorsqu'il faut aller au secours des populations qui ont
» éprouvé un si grand désastre, lorsque tous les édifices
» publics, renversés, exigeront des sommes énormes pour
» leur reconstruction [1]. »

La Chambre des communes n'eut donc à rendre que deux lois : l'une qui fut proposée par le pouvoir exécutif, pour exempter de l'impôt foncier et de celui des patentes, les habitans des communes des départemens de l'Artibonite, du Nord et du Nord-Est, qui avaient été dévastées par le tremblement de terre; l'autre qu'elle vota d'elle-même, pour prélever les mêmes impôts dans les autres départemens. Ce furent là tous les travaux législatifs de cette année. La Chambre élut en outre sept sénateurs : MM. Ce-

---

[1] Cependant, 1842 fut une année assez prospère. Les recettes s'élevèrent à la somme de 3,273,485 gourdes, y compris une émission de 236,200 gourdes de billets de caisse, et les dépenses à 2,345,765 gourdes. Il y eut à l'exportation, en chiffres ronds, 41,000,000 de livres de café, 890,000 de coton, 447,000 de cacao, 2,500,000 de tabac, 19,000,000 de campêche, 1,600,000 de gayac, et 4,997,000 pieds réduits d'acajou.

risier, Daguerre, J. Paul, S. Villevaleix, E. Berthomieux, Corvoisier et Bénis ,.

La plupart des représentans des localités victimes du fléau avaient hâte de retourner à leurs foyers pour s'assurer du sort de leurs familles. Aussi bien, leur oisiveté à la capitale aurait pu les dispenser de continuer à siéger. On remarquait sur leurs figures le signe du découragement, après avoir sacrifié les principes constitutionnels au repos et à la paix de la République. Ils ne trouvèrent point, — il faut le dire, — une compensation auprès du pouvoir exécutif : jamais Boyer ne parut plus éloigné de laisser penser que la Chambre des communes avait été intimidée par l'appareil de la puissance militaire, indépendamment de la conviction réelle plus ou moins forte, de chacun de ses membres, qu'il fallait à tout prix cesser toutes ces agitations qui troublaient le pays. Des attentions prévenantes, de la part du Président, eussent été de bon goût, du moins, dans de telles circonstances ; car si un gouvernement veut être soutenu avec dévouement, il faut qu'il sache faire beaucoup en faveur de ceux qui lui en donnent des preuves. Aucun chef ne pratiqua mieux cette maxime que Pétion : aussi on personnifiait la patrie en lui.

Le tremblement de terre que l'île d'Haïti tout entière éprouva le 7 mai, et qui fut ressenti en même temps à Porto-Rico, à Cuba, à la Jamaïque, à la Nouvelle-Orléans et dans tous les États du sud de l'Union américaine, fut un de ces fléaux destructeurs qui frappent l'imagination de l'homme, en le pénétrant d'une invincible terreur en présence de la nature et de son auteur. Depuis la découverte

---

(Les cinq premiers entrèrent en fonction, en remplacement de MM. Philippe César Bossy et C. Nonneaux, décédés, et de MM. Paret et B. Ardouin. Les deux derniers devaient remplacer, l'année suivante, MM. Pierre André et Viallet.

de l'Amérique, bien des événemens semblables ont frappé ces différens pays : le nôtre garde le souvenir de ceux qu'il a essuyés en 1564, 1684, 1691, 1701, 1713, 1734, 1751 et 1770; il gardera encore le souvenir de celui de 1842, car il fut effroyable. Commencé heureusement vers 5 heures et demie de l'après-midi, il dura cinq minutes entières. Tout le côté nord de l'île, depuis la presqu'île de Samana jusqu'au Môle Saint Nicolas, fut la partie la plus tourmentée. On remarqua que, pendant ces cinq minutes, la terre éprouvait un mouvement oscillatoire de l'est à l'ouest : dans le Nord, il y eut aussi trépidation, ce qui fut cause de la chute de toutes les constructions en maçonnerie. En une minute au plus, celles des villes du Cap-Haïtien, du Port-de-Paix, du Môle Saint-Nicolas, du Fort-Liberté et de Saint-Yague, n'étaient qu'un monceau de décombres. Au Cap-Haïtien, il périt environ 5,000 âmes, la moitié de la population; au Port-de-Paix, environ 200; à Saint-Yague, 200; dans les autres lieux un peu moins. Au Port-de-Paix, la mer se retira à 200 pas du rivage et revint ensuite pour envahir la ville à plus de 15 pieds de hauteur ; ceux qui avaient échappé à la chute des édifices, furent noyés. A Saint-Yague, la rivière d'Yaque se partagea en deux portions, laissant un passage à sec; la portion supérieure remonta vers sa source, puis revint avec impétuosité se réunir à l'autre. Au Fort-Liberté, à Monte-Christ, la mer se joignit aux eaux des rivières du Massacre et d'Yaque pour inonder les campagnes voisines. Des sources d'eau salée et de bitume surgirent dans plusieurs montagnes sur le littoral. Durant toute la journée du 7, l'atmosphère était chargée de nuages et il ne venta point ; aussi la chaleur était étouffante : vers midi, on avait aperçu un météore igné.

Aux Gonaïves, à Saint-Marc, au Port-au-Prince, à Santo-Domingo, toutes les constructions en maçonnerie furent plus ou moins lézardées; plusieurs furent renversées dans les deux premières villes. Partout, les édifices publics subirent le sort de ceux des particuliers [1]. Au désastre déjà si grand, par le renversement des propriétés, se joignit bientôt un incendie dans les charpentes, occasionné par le feu des cuisines : c'est ce qui arrive toujours en pareil cas. De sorte que les malheureux habitans qui se trouvaient sous les décombres, ou blessés ou non, périrent par le feu avant qu'on pût leur porter secours. Des secousses plus ou moins violentes suivirent le tremblement de terre dans la nuit du 7 au 8, dans les journées du 8 et du 9, et pendant quelques jours encore.

C'était un affreux malheur pour le pays, et surtout pour les départemens frappés plus spécialement par le fléau. On eut à regretter que des actes de brigandage furent commis en cette circonstance douloureuse. Dès le matin du 8 mai, les campagnards de l'arrondissement du Cap-Haïtien se ruèrent sur les débris de cette ville pour piller ses infortunés habitans occupés à dégager, autant que possible, leurs parens qui étaient sous les décombres. Il faut dire cependant, — car c'est la vérité, — que des habitans mêmes de cette ville leur avaient tracé le mauvais exemple de cette coupable convoitise : le sens moral fit place à un brutal égoïsme ne rêvant que spoliation. Les uns et les autres profitèrent de la désorganisation de l'autorité publique dans cette ville ; car le général Charrier, comman-

[1] Le frontispice du palais du Sénat était surmonté des armes de la République, en pierres; ces armes tombèrent : les opposans considérèrent ce fait comme un présage malheureux pour le Sénat lui-même, un signe précurseur de sa propre chute.

dant de l'arrondissement, le colonel C. Leconte, commandant de la place, presque tous ses adjudans et d'autres fonctionnaires, étaient ou blessés ou morts. A Saint-Yague, il y eut semblable chose, mais parce que là, le curé, mû par la superstition, avait porté les habitans à abandonner la ville pour se fixer dans un endroit éloigné de son site[1]. Au Port-de-Paix, les campagnards ayant tenté d'agir de la même manière, le colonel Alin, commandant de l'arrondissement, en fit prévôtalement fusiller un qui fut arrêté en flagrant délit : l'ordre se rétablit immédiatement. A la nouvelle qui leur parvint du pillage qui se commettait au Cap-Haïtien, les généraux Obas et Mouscardy rassemblèrent les troupes des arrondissemens du Limbé et de la Grande-Rivière, et s'y rendirent pour rétablir l'ordre. Le colonel Phélipe Basquez se porta également à Saint-Yague avec les gardes nationaux de l'arrondissement de la Véga, le colonel Cadet Antoine, avec ceux de Puerto-Plata. Ces divers officiers supérieurs organisèrent, en outre, des secours en vivres du pays qui furent apportés dans ces deux villes[2]. Au Cap-Haïtien, les chefs de rébellion Bottex, et Antoine Pierre prirent d'eux-mêmes un commandement provisoire, ainsi nécessité par la circonstance, afin d'arrêter le pillage et de pourvoir aux besoins des habitans. Le curé Torribio contribua beaucoup aussi, par ses exhortations évangéliques, ou à diminuer le mal en faisant venir des vivres des campagnes environnantes.

A la première nouvelle du désastre des Villes du Nord, le Président y avait expédié des officiers pour savoir l'état réel des choses, et ordonné l'achat de farines et d'autres comestibles pour y être envoyés. Le citoyen Pierre Morin se distingua par son zèle patriotique, en faisant charger ces provisions sur sa goëlette, sans exiger aucun fret et après avoir contribué à une souscription publique qui fut ouverte par le conseil des notables de la capitale : le citoyen Guerrier l'imita en offrant aussi son bâtiment pour un second envoi. En citant tous ces noms, pour rendre hommage à la vérité et aux sentimens qui guidaient ces personnes, nous nous plaisons encore à mentionner ceux des commerçans étrangers, particulièrement MM. Seeger et Tweedy, et ceux des commerçans nationaux, MM. Mirambeau frères, Preston, Aug. Elie, A. Dupuy, Rowe, etc., qui contribuèrent largement à la souscription. Du reste, presque tous les habitans de la capitale y prirent part. Les femmes s'occupèrent de suite à fournir de la charpie et du vieux linge pour le pansement des blessés. Les officiers de santé Lahens, Chrisphonte, Marchand et Jean, furent envoyés dans ce but par le gouvernement, et à eux se joignirent spontanément deux anciens élèves de l'école de médecine, MM. Siméon Daguerre et C. Landais. A Jacmel, aux Cayes, à Jérémie et dans d'autres villes, des souscriptions eurent également lieu en faveur des victimes du fléau.

L'Histoire se doit à elle-même, de ne pas omettre un nom ou un fait qui peut être loué devant la postérité. C'est en lui révélant les belles et bonnes actions, que les générations apprennent à les imiter pour honorer leur patrie, de même qu'elles se gardent de celles qui méritent le blâme.

Lorsque Boyer apprit les désordres survenus au Cap-Haïtien, il ordonna de rassembler quatre régimens pour s'y porter ; mais ayant su ensuite que les généraux circonvoisins avaient rempli cette tâche, il contremanda cet ordre, par la raison que ce serait accumuler des bouches inutiles sur le lieu du sinistre où les provisions manquaient. Il fit paraître une proclamation, le 18 mai, dans laquelle il exprima une vive indignation à propos de ces actes condamnables [1].

Mais l'Opposition, toujours active et prête à saisir les moindres occasions de censurer le gouvernement, se plaignit de l'inaction du pouvoir central en cette circonstance. Elle lui reprocha de n'avoir pas même envoyé au Cap-Haïtien un officier de grade élevé (ceux qui y allèrent n'étant que de grades inférieurs), pour le représenter auprès des populations victimes de ce désastreux événement et leur porter des paroles de sympathie, en même temps qu'il ferait punir, sur les lieux, les campagnards qui s'étaient joints aux citadins pour piller leurs infortunés concitoyens. Elle eût voulu que des sommes d'argent fussent immédiatement distribuées aux plus nécessiteux, et qu'un million de gourdes fût affecté pour la réédification du Cap-Haïtien seul, à cause de son importance politique et commerciale.

Il y avait certainement de l'exagération dans ces désirs, mais les plaintes étaient assez fondées. Lorsqu'une calamité extraordinaire frappe de ses rigueurs une partie de la population d'un pays, il est du devoir de son gouvernement de montrer une active sollicitude envers elle; et si le chef de l'État lui-même ne peut se porter sur les lieux pour lui donner des témoignages de sa sympathie, la consoler par des paroles qui expriment ses sentimens personnels, qui

---

[1] Boyer fut même malade à cette occasion, tant son tempérament nerveux était impressionnable.

l'encouragent dans son affliction, il ne doit pas se reposer seulement sur les autorités locales, il doit se faire représenter par un fonctionnaire d'un rang élevé dans la hiérarchie gouvernementale [1]. Boyer aurait donc pu employer ce dernier moyen; les ministres de l'État étant des hommes moins valides que lui-même, des généraux, même des sénateurs auraient pu être expédiés au Cap-Haïtien, au Port-de-Paix, à Saint-Yague, pour agir en son nom; revêtus momentanément de la représentation de son autorité pour cet objet spécial, leur présence eût été d'un bon effet, et sur le cœur des infortunés qui gémissaient de la mort de leurs parens et de la perte de leurs propriétés, et sur l'esprit du reste de la nation.

Mais le président Boyer avait le malheur de croire qu'il ne devait se reposer que sur lui-même, en toutes choses. Arrivé à 66 ans, son ancienne activité physique et intellectuelle n'était plus la même; il ne soupirait évidemment qu'à obtenir une grande quiétude dans l'exercice de son pouvoir. La dernière crise parlementaire, terminée si facilement, la lui procurait, et il s'y plaisait, sans entrevoir, peut-être, qu'il y avait un abîme au fond de cette situation anormale.

Cependant, les faits imputés à plusieurs individus résidant au Cap-Haïtien, pour avoir pris part au pillage de cette ville, étaient trop révoltans pour que le gouvernement n'en recherchât pas les preuves, afin de les faire poursuivre et punir. A cet effet, une commission d'enquête,

---

[1] En 1856, on a vu un grand Souverain, un noble cœur, en Europe, se porter lui-même au secours des populations de son Empire qu'une inondation extraordinaire exposait à tous les maux.

En 1859, le Président Fabre Geffrard a prouvé aussi sa sollicitude envers la population de l'Anse-d'Eynaud, qui subit les désastres d'un ouragan; ne pouvant s'y transporter, il y a envoyé un officier général chargé de distribuer des secours et d'exprimer ses sympathies.

composée de grands fonctionnaires et d'autres personnes, entendit les accusateurs et les inculpés. Ses opérations eurent lieu avec une lenteur inévitable, puisqu'il fallait appeler de si loin les uns et les autres ; elle mit plusieurs mois à cette enquête qui se termina par le jugement et la condamnation de deux personnes seulement, le colonel *Bobo* et le capitaine *Emile Moreau*, à trois années d'emprisonnement ou de réclusion [1]. Les autorités reconstituées au Cap-Haïtien, ayant saisi bien des objets pillés, un avis officiel, du 6 août, accorda un délai de deux mois pour les réclamer, faute de quoi ils seraient vendus à l'enchère, pour être le produit de cette vente réuni au montant des souscriptions en faveur des victimes du tremblement de terre.

Un arrêté du Président, de la même date, ordonna le retrait intégral des billets de caisse de dix gourdes qui étaient encore dans la circulation. Déjà, les deux tiers des billets de cette quotité, émis par le trésor, en avaient été retirés et anéantis. L'arrêté fixa le 31 octobre suivant comme délai pour la cessation de la circulation de ces billets et leur démonétisation. En conséquence, à partir du 6 août, le trésor dut rembourser leur valeur en piastres, à raison de 50 gourdes de billets pour un doublon; ce qui eut lieu. Il fut constaté ensuite, par un avis officiel du secrétaire d'État publié le 12 novembre : que le trésor avait émis une somme de 2,196,000 gourdes depuis le 26 mai 1827 jusqu'au 30 septembre 1839, et qu'au 25 octobre 1842, il avait retiré celle de 2,195,830 gourdes, que partant, il ne devait plus y avoir que 170 gourdes à rembourser, ou 17 billets de 10. Mais, à cette date, il s'en

---

[1] Les procès-verbaux de l'enquête furent publiés en trois brochures ; ils révélèrent des faits ignominieux ; le trésor public avait été également pillé. Bobo est le même personnage qui joua un si grand rôle quelques années après.

présentait encore une grande quantité. Boyer fut excessivement irrité de ce résultat qui prouvait, ou qu'il y avait eu fraude, ou qu'il y avait eu négligence dans les opérations du retrait, en acceptant de faux billets qui circulaient. Enfin, après deux jours d'hésitation, il ordonna à l'administration de passer par ces fourches caudines, afin de ne pas porter atteinte au crédit de l'État ; le trésor remboursa donc une valeur de 179,000 gourdes en sus de l'émission totale.

Ce surplus énorme pouvait provenir réellement de l'acceptation de faux billets par le trésor, non-seulement dans cette dernière opération, mais antérieurement dans le retrait successif des billets de cette quotité ; car on en avait remarqué qui étaient fort bien contrefaits, et il n'était pas possible de vérifier cette masse par les cahiers à souche du trésor, puisque les talons s'usaient promptement dans la circulation.

Selon son habitude, l'Opposition tira parti de la courte hésitation du gouvernement, pour l'accuser de vouloir manquer à ses engagemens envers le public : ce qui accrut l'irritation du Président. Chaque jour apportait donc son contingent aux causes diverses d'un divorce entre le chef de l'État et une portion de la nation.

Bientôt après, une nouvelle circonstance se présenta à la capitale, que l'Opposition exploita encore.

Le gouvernement avait ordonné que la corvette de la République, *la Pacification*, allât en croisière sur les côtes du Nord, afin d'y faire la police, d'arrêter les contrebandiers qu'on disait être dans ces parages. Ce navire était commandé par l'enseigne Candiau Michel qui, n'en trouvant pas, se crut obligé de prouver néanmoins le zèle qui l'animait. Il rencontra deux bâtimens espagnols, *la Golondrina* et *la Nuestra Senora del Carmen*, qui, venant d'Espagne, se rendaient à l'île de Cuba, chargés de comestibles et d'autres marchandises. Candiau les arrêta, mit garnison à leur bord, abaissa le pavillon espagnol et y substitua celui d'Haïti, prétendant que ces deux bâtimens, l'un felouque, l'autre goëlette, étant très-près de terre, lui paraissaient être, le premier un *pirate,* le second une *prise* qu'il aurait faite. Opérant cette capture le 5 novembre, Candiau se rendait au Cap-Haïtien avec les deux bâtimens, quand une tempête contraignit la goëlette à relâcher au Môle, et *la Pacification* aux Gonaïves : la felouque entra seule dans le premier port. C'était là qu'il se proposait de vérifier si ses soupçons étaient fondés; mais la goëlette ayant rejoint la corvette haïtienne, elles vinrent au Port-au-Prince, sur l'ordre du gouvernement qui, ayant appris ces faits, voulait avoir l'explication de la conduite de Candiau. Le 18, il comparut devant une commission de hauts fonctionnaires avec les deux capitaines espagnols qu'il avait retenus à bord de *la Pacification*. La commission reconnut le tort qu'il avait eu de capturer ces bâtimens; elle ordonna la remise de la goëlette à son capitaine, en attendant l'arrivée de la felouque mandée au Cap-Haïtien. Mais ce capitaine s'aperçut que deux aspirans haïtiens avaient pris des objets pour une valeur de 534 piastres et 25 centimes : cette somme lui fut aussitôt payée par le trésor, et les aspirans déférés au jugement d'un conseil spécial militaire qui les condamna à trois années de réclusion. Lorsque la felouque arriva, son capitaine reconnut aussi qu'il avait été pris à son bord des objets dont la valeur était de 69 piastres, que le trésor lui remboursa.

Les deux capitaines espagnols paraissaient satisfaits, et

des égards que Candiau avait eus pour eux à son bord, et de la décision de la commission, et des restitutions qu'elle ordonna. Cependant, étant aux Gonaïves, ils avaient eu l'idée de faire un protêt contre l'arrestation illégale de leurs bâtimens. Ils le formulèrent au Port-au-Prince, à la chancellerie du consulat de France, vu l'absence d'un consulat espagnol dans la République. On ne peut nier qu'un tel acte ne leur fût commandé dans l'intérêt de leurs armateurs, puisque ces bâtimens avaient été capturés mal à propos et détournés de leur route depuis un mois : ils le firent le 4 décembre, en y consignant une réclamation de 14,000 piastres comme indemnité justement due. Mais il paraît qu'à cette chancellerie, il leur fut suggéré de réclamer aussi une réparation, pour l'honneur du pavillon espagnol qui avait été abaissé sans motif sur leurs navires. Ils présentèrent ce protêt à la commission des hauts fonctionnaires; et M. Levasseur, agissant comme consul général d'une puissance amie de l'Espagne, voulut intervenir pour appuyer leurs réclamations. La commission déclina cette intervention et décida, en présence des deux capitaines appelés à cet effet : « qu'il n'était point dû de *réparation*
» pour le pavillon espagnol, attendu qu'aucun outrage ne
» lui avait été fait; et qu'il n'était pas non plus dû *d'in-*
» *demnité* aux deux capitaines, parce que le retard que
» pouvaient avoir éprouvé *la Golondrina* et *la Nuestra*
» *Senora del Carmen* n'était que le résultat de circons-
» tances fortuites et indépendantes de la volonté du gou-
» vernement de la République[1]. »

C'étaient là de mauvaises raisons ; car il est admis en principe, que tout gouvernement est responsable du fait de ses agents, commis au détriment des droits d'une nation

---

[1] *Télégraphe* du 18 décembre, n° 51.

étrangère ou de ses sujets, sauf à lui de punir ces agents selon les lois de son propre pays. Or, la commission avait reconnu le *tort* de Candiau Michel pour avoir capturé, sans motifs valables, les deux bâtimens espagnols. Probablement, sa décision lui était inspirée par l'intervention de M. Levasseur dans cette affaire ; elle ne vit que lui, suggérant les réclamations sous ces deux rapports. Eh bien ! en admettant qu'il en fût ainsi, ce consul général étant requis de donner son assistance aux sujets d'une puissance amie, ne faisait que ce qu'il aurait fait et dû faire si des navires français s'étaient trouvés dans le même cas des navires espagnols. On doit toujours avoir égard au droit d'autrui et au respect qu'exige une nation pour son pavillon, puisqu'on voudrait pour soi-même le même égard. Que M. Levasseur ait été influencé aussi par sa position envers le gouvernement haïtien qui avait fait demander son rappel par l'amiral Arnous, peu devait importer à ce gouvernement, s'il avait suggéré une juste réclamation.

Le 6 décembre, les deux navires espagnols partirent du Port-au-Prince et se rendirent à l'île de Cuba. Il paraît qu'avant leur arrivée dans cette île, le gouverneur général avait appris leur capture. Le 14, la corvette à vapeur *Congreso*, commandée par Don José M. de Pointillo, vint de sa part les réclamer. Cet officier adressa à cet effet une lettre fort polie à Boyer, dans laquelle il demandait la cause de la détention de ces navires et si leurs capitaines n'avaient pas protesté à ce sujet, tout en remerciant le Président d'avoir ordonné qu'ils fussent remis en liberté de continuer leur route. Le 15, le secrétaire général lui répondit et lui donna les explications relatées ci-dessus. Le même jour, M. de Pointillo adressa une nouvelle lettre à Boyer et lui dit : qu'il avait pris connaissance et copie, qu'il lui en-

voya, du protêt formulé au consulat français; qu'il trouvait juste la demande d'indemnité et qu'il priait le Président de l'accorder; qu'enfin, il réclamait lui-même une réparation pour le pavillon espagnol, laquelle il espérait du Président, « en promettant de correspondre de suite à
» toutes les démonstrations de satisfaction qu'il pourrait
» recevoir. »

Mais le 16, le secrétaire général eut l'ordre de lui répondre négativement sur ces deux points, « attendu que le
» gouvernement haïtien avait fait tout ce qu'il devait faire
» dans cette circonstance, et que le pavillon espagnol
» n'avait reçu aucun outrage. » Il ajouta : « qu'il serait
» déplorable que des réclamations pour des faits qui
» n'ont point existé, donnassent lieu à des difficultés
» que le gouvernement espagnol, bien informé de ce
» qui s'est passé, ne chercherait certainement point à faire
» naître[1]. »

Après avoir reçu cette dépêche, M. de Pointillo partit pour Cuba, et le gouvernement destitua l'enseigne Candiau Michel de son commandement.

Dans l'intervalle, la frégate espagnole *Isabelle II* avait capturé les goëlettes *Amitié* et *Jeanne*, caboteurs haïtiens, en forme de représailles, et les avait amenées à Saint-Yague de Cuba, en y laissant le pavillon haïtien et les équipages et les passagers qui furent traités avec tous les égards possibles; les passagers eurent la faculté de se promener dans la ville, et l'un d'eux ayant été malade, il fut soigné par un médecin aux frais des autorités.

Le 5 janvier suivant, *le Congreso* reparut au Port-au-Prince, et M. de Pointillo reproduisit, au nom du gouverneur général de Cuba, la demande de réparation envers le

---

[1] *Télégraphe* du 18 décembre.

pavillon espagnol, en se déclarant prêt, de nouveau, à y répondre de manière à honorer le pavillon haïtien. A l'égard de l'indemnité, il dit : que le gouverneur général se reposait entièrement sur la bonne foi du gouvernement haïtien pour en fixer le chiffre de concert et d'après une juste appréciation du tort occasionné par la capture des navires de sa nation. Cet officier conféra au sujet de ces deux choses, avec une commission de fonctionnaires réunie chez le secrétaire général. Les deux demandes furent alors admises comme étant justifiées par les faits. En conséquence, le fort *Alexandre* tira une salve de 21 coups de canon ; au premier coup, *la Pacification* arbora le pavillon espagnol à son grand mât. *Le Congreso* hissa également le pavillon haïtien à son grand mât, en répétant la salve. Cette corvette retourna de suite à Saint-Yague d'où elle revint le 24 janvier, ayant à son bord un haïtien passager de la goëllette *Jeanne*, qui attesta des faits ci-dessus relatés. La demande d'indemnité fut portée au chiffre de 1900 piastres qui furent alors payées par le trésor. Au retour du *Congreso* à Saint-Yague, les deux caboteurs haïtiens furent relaxés, après avoir reçu, chacun, des provisions pour 25 jours, de la part des autorités de cette ville.

Telle fut, enfin, la solution de cette question internationale, qui aurait dû être ainsi résolue dès le premier moment.

Il est à remarquer que, pendant leur séjour au Port-au-Prince, les capitaines espagnols s'étaient enquis des commerçans de cette ville, de tout ce qui pouvait établir des relations fructueuses entre Haïti et l'Espagne, sous le rapport de l'échange des produits de ces deux pays. M. de Pointillo lui-même, qui se conduisit dans cette affaire avec toute l'urbanité d'un chevalier espagnol, fut chargé de prendre des renseignemens à ce sujet et de demander un exemplaire du tarif des douanes haïtiennes qui lui fut remis par le général Inginac. De sorte que, de la malencontreuse capture commise par l'enseigne Candiau Michel, allaient naître, entre l'Espagne et Haïti, des relations commerciales qui eussent rapproché les deux nations, si la révolution de 1843 ne fût survenue [1]. Ainsi il en avait été de la mission de Dravermann, en 1814, entre la France et la jeune République.

Il est presque inutile de parler du rôle que joua l'Opposition durant cette affaire : on peut le concevoir. Le journal le *Manifeste* alla jusqu'à proposer qu'il fût établi un impôt extraordinaire de 4 millions de piastres, pour subvenir aux frais d'armement d'une flotte qui, partant d'Haïti avec des troupes, irait faire la conquête de Cuba, en y proclamant la liberté générale des esclaves de cette île, en y incendiant tous les établissemens agricoles. Et lorsque le gouvernement accorda les justes demandes réclamées, ce fut un concert de malédictions jetées par les patriotes qui aspiraient à *régénérer* le pays. C'est qu'alors, ils étaient dans le secret de ce qui se préparait contre lui.

A Jérémie, où s'élaboraient, comme aux Cayes, comme au Port-au-Prince et ailleurs, des idées révolutionnaires, c'était dans des « banquets patriotiques » qu'elles se manifestaient assez clairement. Les opposans imaginèrent ces réunions, qu'ils faisaient dans les campagnes sur les habitations des petits propriétaires, pour mieux les endoctriner. Par des discours, par des toasts, ils excitaient les désirs de ces paisibles citoyens en faveur du nouvel ordre de choses qu'ils espéraient fonder, en leur promettant surtout une

---

[1] A la fin de mars 1843, le *Congreso* revenait dans ce but au Port-au-Prince. Ayant appris le départ de Boyer, M. de Pointillo retourna à Cuba.

vente plus avantageuse de leurs produits, et l'achat des marchandises étrangères à un prix au-dessous de leur valeur actuelle ; car, selon eux, la mauvaise administration de Boyer, le papier-monnaie qu'il avait fait émettre par le trésor, le payement des droits d'importation en monnaies étrangères, etc., n'étaient que des mesures *calculées* pour amener la *misère* du peuple. Hélas ! en tenant ce langage passionné contre le chef qui avait procuré la sécurité des familles par le retour de l'ordre dans la Grande-Anse, les opposans de cette localité n'entrevoyaient pas quelle *réaction* naîtrait dans les idées des populations, lorsque leur impuissance à mieux faire que lui serait démontrée à leurs yeux !

Aux Cayes, dans les autres principales villes, dans toutes les communes du département du Sud, où les populations sont si ardentes, si inflammables, c'était le même langage, sinon public, du moins confidentiel ; et là aussi, la même *réaction* devait avoir lieu.

Comme si le gouvernement lui-même travaillait à sa propre ruine, il ordonna une mesure qui devait y contribuer. Déjà, les fonds perçus dans les ports ouverts au commerce étranger, pour droit d'importation, ayant une destination spéciale, — le payement envers la France, — les administrateurs des finances les expédiaient successivement à la capitale pour être déposés au trésor général. Quand le gouvernement voulut opérer le retrait des billets de dix gourdes, il y avait encore nécessité de les acheminer à la capitale. Mais dans les derniers mois de cette année, Boyer conçut la funeste idée d'y faire envoyer par les administrateurs tous autres fonds, en billets ou en monnaie métallique : de sorte que les appointemens des fonctionnaires publics, la solde des troupes, devaient être touchés au trésor du Port-au-Prince. En décembre, on y vit arriver tous les quartiers-maîtres des corps de l'armée, à l'occasion d'une revue de solde. C'était imposer à ces officiers payeurs un voyage inutile et des frais injustes, en même temps que les troupes devaient s'impatienter du retard mis à recevoir leur solde [1].

Le pays avait fait une grande perte, la ville du Cap-Haïtien particulièrement, par la mort du général E. Bottex arrivée le 10 février de cette année. Nous avons déjà parlé de l'ordre qu'il rétablit et qu'il maintint dans l'arrondissement dont le commandement important lui fut confié en 1837. C'est à lui, à sa sollicitude éclairée, qu'on avait dû la parfaite restauration de la belle église du Cap-Haïtien, qui avait été incendiée en 1802 et qui fut achevée en 1841 : le tremblement de terre du 7 mai n'en a fait que des ruines. On a dit à sa mort, non sans quelque raison peut-être, que le vieux projet de *scission* entre le Nord et la République avait été repris par certains esprits inquiets, aussitôt qu'il cessa de vivre ; car il s'y était toujours opposé. On a même assuré que, sans le tremblement de terre, cette grave folie eût été essayée dans cette année même. On sait du reste qu'elle fut tentée en 1844.

Le colonel Charrier, fait général de brigade, succéda à Bottex. Ayant eu une cuisse brisée dans l'événement, ce vieil officier ne tarda pas à mourir, et le général Obas resta chargé de cet arrondissement.

Le 24 octobre suivant, un autre vétéran du pays, le con-

---

[1] En décembre, l'administrateur C. Ardouin adressa à M. Inginac une lettre particulière pour lui faire connaître ces inconvéniens. Il lui disait : « On conspire ouvertement » aux Cayes ; donnez-moi donc l'autorisation d'échanger contre des billets de caisse les » doublons que le trésor vient de recevoir, afin de payer les troupes et les fonctionnaires » publics... » Et il fallait cacher ces choses à Boyer, sous peine de passer à ses yeux pour être *pusillanime !*

tre-amiral Panayoty, mourut à la capitale, sincèrement regretté de tous les gens de bien. Nous avons assez parlé de lui et des grands services qu'il rendit en sa qualité de marin expérimenté, pour ne pas y revenir ici.

Il est remarquable que la mort éclaircissait chaque jour les rangs de cette génération de 1790, au temps où une autre allait lui arracher le pouvoir des mains. Ne furent-ils pas plus heureux de mourir, ceux-là qui n'assistèrent pas à ce spectacle, que ceux qui le virent?...

Au moment où nous allons relater ce fait déplorable, nous croyons devoir présenter ici le résultat obtenu dans l'administration du pays, par le chef qui le gouvernait et qui appartenait à cette première génération. Le tableau suivant complétera celui que nous avons fourni à la fin de l'année 1826, pour les principaux produits exportés et pour la recette et la dépense générales.

	Café.	Coton.	Cacao.	Sucre.	Tabac.	Campêche.	Gayac.	Acajou.
1832,	49,150,694	0,944,308	350,137	00,578	0,783,436	17,412,276	» »	0,667,372
1833,	31,602,868	1,755,602	361,438	00,379	1,009,098	23,889,645	» »	4,345,218
1834,	46,466,225	1,143,981	370,584	33,515	0,867,048	16,459,304	1,225,143	3,989,918
1835,	48,352,274	1,649,697	399,321	01,097	2,086,616	11,091,069	2,202,662	5,419,988
1836,	37,623,362	1,068,555	500,760	16,199	1,212,716	05,521,970	0,905,208	4,954,943
1837,	30,845,400	1,013,171	266,024	21,843	0,890,569	06,036,238	» »	4,798,262
1838,	49,820,244	1,170,475	458,418	03,735	1,995,049	07,588,936	» »	4,880,873
1839,	37,889,092	1,635,429	477,514	03,051	2,102,791	25,946,068	» »	5,903,477
1840,	46,126,272	0,922,575	442,365	00,741	1,725,389	39,283,205	» »	4,072,641
1841,	34,114,717	1,591,454	640,616	»	3,219,690	45,074,591	» »	6,009,682
1842,	40,739,061	0,880,517	416,827	06,088	2,518,612	19,003,497	1,599,560	5,096,716

Voici, dans les mêmes années, le chiffre de la recette et de la dépense.

	Recette en gourdes.	Dépense en gourdes.
1832,	2,665,422	2,910,854.
1833,	2,444,274	2,753,899.
1834	2,813,048	2,534,485.
1835,	2,784,380	3,308,604.
1836,	2,533,843	2,855,029.
1837,	2,082,522	2,713,102.
1838,	2,691,932	3,356,964.
1839,	2,684,871	2,634,954.
1840,	2,926,025	2,775,364.
1841,	2,510,554	2,766,583.
1842,	3,273,435	2,545,745.

CHAPITRE VI.

1843. — Article officiel du *Télégraphe* concernant les patentes des étrangers. — Décès du général Bonnet à Saint-Marc. — Incendie au Port-au-Prince. — A cette occasion, les opposans de cette ville provoquent une insurrection aux Cayes. — Manifeste révolutionnaire de la « Société des droits de l'homme et du citoyen. » — Elle nomme Charles Hérard aîné (Rivière), « chef d'exécution des volontés du peuple souverain et de ses résolutions, » en lui confiant la dictature. — Le général Borgella veut en vain prévenir, par ses conseils, un attentat contre le gouvernement. — Le 27 janvier, les opposans des Cayes se réunissent en armes sur l'habitation Praslin. — R. Hérard écrit à Borgella à ce sujet; celui-ci en informe le Président d'Haïti et prend des mesures militaires contre les insurgés. — Proclamation du Président qui investit Borgella du commandement du Sud; paroles qu'il prononce. — Réflexions à ce sujet. — Ordres du jour de Borgella. — Les insurgés en fuite, se rendent dans la Grande-Anse. — Insurrection dans cette partie. — Suite des événemens. — Influence de Fabre Geffrard sur les succès de l'insurrection. — L'armée révolutionnaire, grossie par la défection des troupes, marche contre la ville des Cayes. — Propositions faites pour sa soumission et conditions posées par Borgella; elles ne sont pas acceptées. — La défection de deux régimens facilite l'entrée de l'armée révolutionnaire. — Conduite de R. Hérard; actes qu'il proclame. — Le colonel Toureaux fait sauter l'arsenal. — Appréciation de la défection de Fabre Geffrard en faveur de l'insurrection.

L'année 1843 s'ouvrit sous de fâcheux auspices pour Haïti. A la capitale, le 1ᵉʳ janvier, un temps sombre voila le soleil à son lever; une petite pluie fine tomba, comme le 1ᵉʳ janvier 1807. Si le bruit de la mousqueterie et la détonation du canon de guerre ne se firent pas entendre comme en ce jour de douloureuse mémoire, les esprits n'étaient pas moins inquiets sur l'avenir de la patrie.

Le chef de l'État s'était absenté de la ville et se tenait sur l'une de ses habitations de la plaine voisine, pour éviter de recevoir des complimens, d'entendre des vœux auxquels il n'ajoutait plus foi. Aucun des grands fonctionnaires ne parut à la cérémonie de la fête de l'indépendance, dont la direction fut laissée au général Victor Poil, commandant de l'arrondissement. Quelques fonctionnaires et employés l'assistèrent. La journée fut donc triste; car la division d'opinions politiques, existante entre la plupart des citoyens, n'était pas propre à la rendre gaie comme autrefois.

Si le Président s'éloignait de beaucoup de ses concitoyens, il n'était pas moins dégoûté, et depuis longtemps, des étrangers résidans dans le pays, qui, la plupart, applaudissaient à l'Opposition dont ils espéraient « des réformes radicales, » en cas de succès. On conçoit qu'il s'agit ici « des droits de cité et de propriété » que bien des opposans étaient d'avis de leur concéder. Dans cette disposition d'esprit, le Président fit publier dans le *Télégraphe* du 1er janvier, un avis officiel par lequel les conseils de notables et les juges de paix étaient invités à délivrer des patentes, pour l'année, à tous étrangers qui, antérieurement, avaient obtenu de lui la licence nécessaire pour exercer leur commerce ou leur industrie ; mais en leurs noms personnels et sans y comprendre leurs associés, également étrangers. Par cet avis, Boyer évitait tout rapport avec eux, même par pétitions.

Le lundi 9 du mois, vers minuit, le général Bonnet termina à Saint-Marc, à l'âge de 70 ans, une carrière de plus d'un demi-siècle employée au service de son pays. Ce fut encore un motif de regrets pour la République dont il avait été l'un des plus zélés fondateurs. Nos lecteurs se ressouviendront de tout ce que nous avons dit de lui, dans les phases diverses de nos révolutions, à propos de ses talens et de sa haute capacité politique, administrative et militaire.

La perte de ce vétéran ne marqua pas seule cette journée; la capitale vit dévorer douze de ses îlets par un affreux incendie. A trois heures de l'après-midi, le feu prit dans le laboratoire de la pharmacie du sieur Daumesnil, qui était située dans la rue Républicaine, en face du marché de la place Vallière. Deux heures auparavant, le feu y avait pris et on l'avait éteint : cet étranger persista dans l'opération ou préparation qu'il faisait de ses drogues! On lui avait fait des observations à ce sujet, mais on n'avait point donné avis du fait au commissaire de police A. Lafontant, logé tout près, et dont la propriété fut aussi brûlée. C'était le troisième incendie sorti des pharmacies du Port-au-Prince pour étendre la désolation dans cette capitale ; le 15 août 1820, le 16 décembre 1822, et cette fois encore. Ce dernier atteignit bientôt deux autres pharmacies, — celles des docteurs Merlet et Jobet, — et de ces foyers, les flammes se communiquèrent aux maisons de leurs environs avec plus d'intensité. Il y avait eu beaucoup d'empressement à se porter sur le lieu du sinistre; mais les constructions embarrassaient ceux qui s'y rendirent. Ils n'y trouvèrent non plus ni eau, ni seaux à incendie, ni haches, ni échelles à crochets, ni pompes, dans ce premier instant qui décide de tout. Le vent soufflait du nord, assez faiblement; il passa bientôt avec force à l'ouest, puis au sud-ouest. A sept heures du soir, les douze îlets n'étaient qu'un monceau de cendres. Aux pertes des propriétés immobilières se joignirent celles éprouvées, par les propriétaires ou les locataires, de leurs meubles et autres effets, et par les marchandes des rues Républicaine et Fronts-Forts, des immenses valeurs qu'elles avaient en marchandises dans leurs boutiques.

Ce désastreux événement produisit une profonde impression sur les esprits, après celui qui avait frappé, huit mois auparavant, les principales villes du Nord et du Nord-Est. Naturellement, on fut porté à *accuser*, non l'administration municipale de la capitale dont le pouvoir était et a toujours été nul, mais le gouvernement lui-même, de manquer de prévoyance et de résolution persévérante pour la préserver mieux des incendies qui s'y renouvellent si souvent. La belle fontaine de la place Vallière, privée d'eau depuis si longtemps, étant à deux pas de la pharmacie Daumesnil, on se plaisait à croire qu'il eût été facile de s'opposer au développement de l'incendie, si on avait pu en puiser là.

Quand la société souffre, dans ses intérêts matériels surtout, il n'est pas étonnant qu'elle cherche à qui s'en prendre. En Haïti, comme en France, on a l'habitude d'imputer au gouvernement tout *le mal* qui arrive sous ce rapport, sans lui tenir toujours compte du *bien* qu'il opère par de bonnes mesures [1]. C'est une réflexion que les gouvernans de notre pays devraient souvent faire ; et il ne suffit pas de commander, d'ordonner ce qui paraît utile au bien public, il faut encore veiller à l'exécution, veiller avec persévérance et fermeté ; car, — il faut le dire, — on semble aimer à sentir *les rênes et le mors*. Plus d'une fois, notamment après l'incendie de 1832, des ordonnances de police avaient prescrit que chaque propriétaire ou locataire eût deux seaux appropriés à ces événemens; jamais on ne les a *contraints* à les avoir. Et que d'autres précautions ordonnées n'ont jamais eu de suite, ou par l'incurie des habitans, ou par celle des autorités secondaires ! Boyer lui-même n'eut-il pas le tort d'avoir négligé la réparation des fontaines de la ville, puisque tout dépendait de lui ?

[1] Je crois que c'est le spirituel Sterne qui a dit : qu'en France on impute à la faute du gouvernement, les années de grande sécheresse et celles où il pleut beaucoup.

Quoi qu'il en soit, quelques opposans du Port-au-Prince saisirent cette circonstance douloureuse pour envoyer auprès de ceux des Cayes, un agent secret chargé de leur dire que le moment était opportun pour se prononcer ouvertement; que les esprits étaient arrivés au paroxysme de l'indignation et de la haine contre Boyer. M. Maurice Dupuy, négociant, désigna son commis, le jeune Dominique, qui partit avec cette mission dans laquelle il mit un zèle digne de son âge [1].

L'Opposition allait donc prendre les armes, proclamer une insurrection contre le gouvernement! Nous devons faire connaître ses actes préparatoires, tenus secrets, ou à peu près, jusqu'alors.

Le 1er septembre 1842, une réunion formée aux Cayes sous le nom de « Société des droits de l'homme et du » citoyen, » et présidée par M. Hérard Dumesle, arrêta et signa un acte intitulé : « Manifeste ou Appel des citoyens » des Cayes à leurs concitoyens, » contenant l'exposé des griefs de l'Opposition contre le président Boyer, le Sénat, la Chambre des communes et la constitution de 1816.

Cet acte parla des hauts faits de nos devanciers et dit :
« Dans quel état se trouve aujourd'hui le pays qu'ils ont
» conquis pour nous? Qu'avons-nous fait de tant de beaux
» exemples qu'ils nous ont laissés?... L'ambition, la cu-
» pidité, l'hypocrisie, la fourberie, la bassesse, la délation,
» l'égoïsme, n'ont-ils pas remplacé toutes ces vertus qui
» honoraient nos prédécesseurs? Quelle est la cause de ce
» déplorable état de choses? D'où vient notre hideuse mi-

---

[1] On a dit que M. Maurice Dupuy s'était entendu à ce sujet, avec MM. Franklin, Pavard, Coffin aîné, Chéri Archer, qui auraient eu connaissance des préparatifs d'une insurrection aux Cayes.

» sère ? D'où vient le dépérissement de toutes les parties
» de l'administration ? Une réponse unique se fait entendre
» de toutes parts : Ce sont nos vicieuses institutions ; le
» mal vient des défauts de notre constitution, des dispo-
» sitions imprudentes de notre pacte social où l'on a ou-
» blié, presque partout, que le peuple est souverain, où
» ses droits les plus sacrés ont été aliénés ; de l'impré-
» voyance de nos constitutionnels qui ont confié au Sénat
» et au premier magistrat de la République, des pouvoirs
» si grands, si étendus, si absolus, qu'ils semblaient
» croire l'humanité incorruptible et infaillible. Sous
» l'influence de notre constitution vicieuse, il a été im-
» possible de réformer les abus les plus crians ; il a été
» impossible d'appliquer aucun remède salutaire à la dé-
» pravation générale »

Raisonnant ensuite d'après ces prolégomènes, cet acte examina comment « les trois pouvoirs à la fois étaient
» parvenus, en mettant en œuvre toutes les ressources in-
» sidieuses d'un despotisme hypocrite, alors qu'ils ne
» parlent que de principes, de bonheur général, de salut
» public, à trouver le moyen de fouler aux pieds les droits
» les plus sacrés du peuple, de nous enlever nos libertés
» une à une, et de réduire le pays à cet horrible état d'a-
» brutissement. Démoraliser les citoyens, les réduire à la
» plus affreuse misère pour mieux les asservir, telle est
» la tendance bien prononcée de ceux qui sont à la tête
» des affaires gouvernementales... »

Puis, il passa en revue l'agriculture, la police y attachée, l'instruction publique, les impôts, « l'*infernale loi* qui
» établit les droits de douane en monnaie étrangère, » — le personnel de l'administration publique, les emplois tant civils que militaires, « occupés par des sujets incapables,

» immoraux, déconsidérés, qui n'ont su y arriver que par
» la flatterie, la délation, l'intrigue ou l'importunité,
» tandis que des citoyens patriotes, éclairés, conscien-
» cieux, vertueux, couverts de titres, connus par d'émi-
» nens services, parfaitement aptes, restent dans l'oubli,
» demeurent dans l'inactivité, s'ils ne sont persécutés;... »
— la liberté de la presse « qui n'existe plus de fait; » —
les tribunaux, confiés « à nombre de magistrats im-
» provisés et de créatures du chef, à qui l'on remet la
» destinée des citoyens ; » — le jury, « aboli dans presque
» toutes les causes criminelles; » — la garde nationale
soldée (l'armée) : « n'est-il pas *juste* que l'on parvienne
» *aux grades élevés* par *le mérite et l'ancienneté,* et non
» par la faveur et la protection?... la solde et l'*avance-*
» *ment* ne doivent point dépendre des volontés, du caprice,
» ou du bon plaisir de celui qui commande... »
Puis encore : « Détournons nos regards du président
» Boyer; fixons-les sur les grands intérêts de la patrie : il
» ne s'agit en ce moment que des principes. Dans la balance
» de la chose publique, un homme n'est rien. Sans doute,
» ce sont nos défectueuses institutions qui l'ont fait ce
» qu'il est. Il sera par l'Histoire *attaché au pilori de l'in-*
» *famie,* ce chef dont le règne de vingt-quatre années a
» détruit les nobles travaux de nos aïeux, qui nous a
» ravi toutes nos libertés, sans exception ; ce chef qui
» s'est gorgé de *richesses* et qui en a gorgé ses *favoris,* qui
» ne fait rien que pour ses *satellites;* dont la politique
» n'a jamais été que de se maintenir au pouvoir, en sa-
» crifiant l'intérêt général, en pratiquant un machiavé-
» lique *laisser-aller,* en divisant les citoyens; ce chef qui
» s'est montré constamment l'ennemi acharné du progrès,
» des améliorations et de la civilisation, qui a tant de fois

» porté sa main sacrilége sur l'arche sainte de nos insti-
» tutions...

« Anathème! à jamais anathème à ce liberticide Sé-
» nat! à cet exécrable instrument de la tyrannie, qui a
» eu l'impudeur et la mauvaise foi de dire : que le peuple
» ne parle point, ne demande point une autre consti-
» tution!... »

Enfin : « L'heure de la *régénération* a sonné!... Éxé-
» cration et malheur! cent fois exécration et malheur
» aux égoïstes, aux lâches, à ces enfans dénaturés d'Haïti
» qui auront été insensibles à la voix de la patrie, notre
» première mère!... Cent fois exécration et malheur à
» ceux qui ne se seront pas ralliés au drapeau de la li-
» berté! Guerre aux *ambitieux* qui chercheront à perpé-
» tuer le régime du despotisme... »

Après ce cri de guerre et quelques autres considérations générales sur la nécessité « d'asseoir les bases du bonheur
» public, en vivifiant l'agriculture, en activant le com-
» merce, en protégeant l'industrie et les arts, en propa-
» geant l'instruction publique, en encourageant et favo-
» risant les migrations, en augmentant, enfin, par tous les
» moyens, notre population et nos ressources; » et d'autres encore sur le danger de la *Gérontocratie* : — ce *Manifeste* annonça le changement de la constitution, en proclamant d'abord « un gouvernement provisoire, composé des nota-
» bilités, tant dans la magistrature que dans l'armée, et
» qui sont : les citoyens *Imbert, Bonnet, Borgella, Voltaire*
» et *Guerrier*; » c'est-à-dire, cinq *vieillards* d'un âge au moins égal à celui de Boyer. « Le gouvernement provi-
» soire constitué, l'autorité du pouvoir exécutif, ainsi que
» celle du Sénat et de la Chambre des représentans des com-
» munes cesseront. » Puis venaient les attributions con-

férées à ce gouvernement pour former une « assemblée constituante, » 'afin d'avoir « une constitution des plus dé-
» mocratiques, qui proclame hautement la souveraineté
» du peuple et les principes de l'élection *temporaire*
» dans la plupart des fonctions publiques, » notamment le pouvoir exécutif. « Le gouvernement provisoire aura
» donc la *dictature* jusqu'à la réunion de l'assemblée cons-
» tituante. Cependant, ses fonctions dureront jusqu'à la
» nomination du pouvoir exécutif, après quoi, elles cesse-
» ront. »

« Toutefois, il sera, dès à présent, choisi aux Cayes un
» patriote, dont le dévouement est connu, pour diriger
» l'entreprise par nous provoquée. Il aura le commande-
» ment de l'armée et le droit de la réformer, s'il y a lieu;
» d'y faire toutes les mutations qu'il jugera convenables.
» Sa mission terminée, ce chef rentrera dans la classe
» des citoyens privés, sauf ce qui aura pu être décidé à
» son égard par le gouvernement provisoire ou défi-
» nitif. »

Et le citoyen *Charles Hérard aîné* (Rivière), chef de bataillon au régiment d'artillerie des Cayes, fut de suite choisi dans ce dessein. Il signa cet acte en qualité de « Chef d'exécution; » H. Dumesle, en celle de « Président du comité; » Pilorge, P. U. Ledoux, D. Philippe et J.-B. Lacroix, comme « membres du comité; » Laudun, F. R. Lhérisson et Thomas Presse, comme « secrétaires rédacteurs. »

Le 21 novembre 1842, un nouvel acte, constatant que le *Manifeste* a été présenté à la Société, par le comité chargé de sa rédaction, et a été discuté et adopté à l'unanimité; cet acte définit les pouvoirs donnés à Charles Hérard aîné (Rivière), investi de toute l'autorité exécutive :

trois articles y furent consacrés. Un quatrième article prescrivit le serment que chaque membre de la « Société » des droits de l'homme et du citoyen » devait prêter entre ses mains, « pour le salut et la régénération d'Haïti.» Dès lors il prit le titre de « Chef d'exécution des volontés » du peuple souverain et de ses résolutions. »

Tels furent les actes préparatoires d'organisation relative à l'insurrection que l'Opposition devait proclamer aux Cayes, aussitôt que le moment en serait venu : de nombreuses adhésions y eurent lieu par la suite [1].

On trouve dans le *Manifeste*, le germe de toutes les autres accusations portées contre Boyer, quand cette entreprise eut été couronnée de succès. Le langage passionné dont les opposans se servirent à son égard, n'a rien que de fort naturel de leur part et par rapport au temps où ils écrivaient cette pièce : il faut toujours juger les actions des hommes à raison de l'époque et des circonstances où ils se trouvent, de même qu'on juge celles des gouvernemens, pour prononcer avec équité. D'ailleurs, on est toujours violent envers un chef que l'on veut renverser du pouvoir; on charge de couleurs sombres le tableau que l'on fait de son administration, pour mieux entraîner les masses; mais, c'est à l'histoire qu'il appartient d'en ménager les teintes, d'offrir la vérité, pour éclairer le jugement de la postérité.

L'Opposition sentait si bien que le peuple, en général, n'aurait pas été disposé à concourir au renversement du président Boyer, qu'il lui a fallu changer de tactique dès

---

[1] J'ai appris d'une personne bien informée que ce *Manifeste* a été substitué à un autre acte très-modéré à l'égard de Boyer. Dans le premier plan conçu aux Cayes, chaque commune devait nommer secrètement un député; à un jour donné, tous les députés devaient être rendus au Port-au-Prince, afin de présenter à Boyer cet acte modéré par lequel ils le solliciteraient d'accorder au pays les réformes réclamées par l'Opposition. L'insurrection n'aurait eu lieu qu'en cas d'insuccès.

1839. L'année précédente, dans l'adresse de la Chambre, elle avait dit, en demandant la *révision* de la constitution : « que cette constitution, malgré ses imperfections, » avait eu la vertu de *moraliser* et de tranquilliser la » République durant plus de vingt années. » Cette proposition insolite n'ayant pas été agréée par le Président et le Sénat, l'Opposition attaqua ce pacte fondamental, afin de saper ces deux pouvoirs ; elle en vint à lui attribuer tous les maux, réels ou imaginaires, qu'elle voyait dans l'Etat et qu'elle a énumérés dans son *Manifeste*.

En cela, il y avait un danger pour elle-même : c'est qu'elle prenait envers la nation un engagement solennel de *réparer* ces maux, de *mieux faire* que Boyer dans le gouvernement et l'administration du pays, sous peine de déchoir promptement dans l'opinion de tous et de tomber, à son tour, en présence de la situation qu'elle allait faire naître.

Il est peu de révolutionnaires qui se pénètrent de cette conséquence inévitable ; et nous croyons avoir dit une vérité prouvée par de nombreuses expériences, en parlant de Messeroux : « Il n'est pas donné à tout le monde de remplir » le rôle de révolutionnaire. Pour y réussir et *se maintenir*, » il faut avoir des antécédens honorables, du caractère et » de la capacité, sinon l'on est promptement sifflé sur le » théâtre où l'on se met en scène [1]. »

Le *Manifeste* avait désigné cinq personnages parmi les vétérans du pays, pour former le gouvernement provisoire ; mais il n'y en eut que trois qui répondirent à son appel.

Le général Bonnet venait de mourir le 9 janvier. Nous pouvons affirmer, d'après des témoignages dignes de foi, qu'ayant eu connaissance de cet acte par l'avocat Franklin qui alla à Saint-Marc expressément pour le lui communi-

[1] Voyez tome 6, p. 309.

quer, il *désapprouva* cette entreprise comme dangereuse et devant produire plus de mal que l'*administration* de Boyer, que lui-même trouvait fort imparfaite : nous ne disons pas son *gouvernement*. A ce sujet, Bonnet dit des choses sérieuses à Franklin qui retourna fort abattu à la capitale. Indépendamment de sa haute capacité politique qui lui faisait prévoir l'avenir, Bonnet avait devant les yeux l'expérience de la scission du Sud à laquelle il contribua. Il avait vu encore par quels miracles, pour ainsi dire, s'était effectuée l'*unité haïtienne* qui amena ensuite l'*unité politique et territoriale d'Haïti* à laquelle il concourut si dignement. Il n'est donc pas étonnant qu'après ces faits si glorieux et se voyant sur le bord de la tombe, il ait repoussé l'idée d'une révolution par la chute de Boyer [1].

Quant au général Borgella, il avait les mêmes motifs politiques que son collègue pour repousser cette révolution, et, comme lui, il était infirme par suite de l'apoplexie qui l'avait frappé en 1840 [2]. Si, au temps de toute sa vigueur, il n'avait pas voulu condescendre, par une ambition qui eût été condamnable, à conspirer contre le pouvoir de Boyer avec qui il avait plus d'intimité que Bonnet, ce n'était certainement pas en 1843 qu'il aurait pu se placer à la remorque de l'Opposition. Il savait à quoi s'en tenir de son langage et de ses plans de régénération, pour être convaincu qu'elle ne ferait pas mieux que le Président dont il n'approuvait pas, néanmoins, tous les actes. Sa vieille expérience des affaires, des choses et des hommes, lui

---

[1] Entre autres choses, Bonnet aura dit à Franklin : « Vous travaillez pour le général Guerrier et pour le système du Nord. Une révolution démembrera la République. »
Guerrier est effectivement parvenu au pouvoir ; mais, dans sa courte administration, il a refoulé l'ancien système du Nord et fait prévaloir celui de Pétion auquel il s'était converti. Il a tracé ce bel exemple à Pierrot et Riché.

[2] Cette apoplexie avait produit la paralysie de tout le côté gauche.

donnait aussi la prévoyance des événemens qui surgiraient infailliblement de la révolution à laquelle l'Opposition aspirait.

Dans cette conviction, ayant appris positivement que les opposans des Cayes avaient eu des réunions clandestines ; désireux de *prévenir* plutôt que de *punir*, et dans l'espoir qu'il pourrait réussir à les amener à des sentimens modérés, il convoqua au bureau de l'arrondissement, à la fin de novembre 1842, une assemblée des fonctionnaires civils et militaires, des officiers de tous grades des troupes et de la garde nationale de la ville et de la campagne ; et là, il tint à eux tous et à bien des citoyens qui furent aussi présens, le langage que son autorité supérieure, que son expérience lui donnaient le droit de tenir, pour leur démontrer le danger des discordes civiles, des maux qu'elles entraînent toujours, et la perturbation qui suit toute révolution. Borgella leur dit, enfin, de réfléchir sérieusement sur la situation réelle de la République dans l'actualité, après qu'elle eût traversé tant d'orages politiques ; et qu'il ne fallait pas la compromettre par le désir d'améliorations que chacun pouvait sans doute former, mais qu'on n'était pas sûr d'obtenir par l'agitation des esprits, et surtout par de coupables entreprises contre l'ordre établi et contre la paix publique.

Ces paroles firent impression sur la majorité de cette assemblée ; et Borgella se vit approuvé par tout son auditoire, tandis que quelques-uns, qu'il savait être fort compromis et qu'il aurait pu faire arrêter, persistaient intimement dans leur dessein [1].

---

[1] En descendant l'escalier, R. Hérard dit à quelqu'un : « Comme notre vieux général est adroit ! tout ce qu'il vient de dire n'est que pour endormir le Président ; car il est d'accord avec nous, il a accepté une place dans le gouvernement provisoire que nous établirons. » Et c'est par des assurances semblables, que les opposans grossissaient leur nombre.

Le général Borgella fut ensuite assez souvent renseigné des moindres démarches des opposans et de leurs trames ; mais les personnes qui lui donnaient ces avis le priaient toujours de ne pas les mettre en évidence, en lui avouant qu'elles ne voudraient pas paraître en justice pour soutenir une dénonciation. C'était de la pusillanimité, et un embarras pour lui ; il fallait donc attendre que des actes notoires de la part des opposans vinssent autoriser des poursuites contre eux ; mais ils s'en abstinrent, se bornant à faire une active propagande de leurs idées. Borgella en instruisit le Président, et celui-ci lui répondit de s'assurer *des faits*, d'arrêter les individus pour les faire juger, car on ne devait rien faire d'*arbitraire*. C'était fort bien dit ; mais comment prouver les faits, lorsque personne ne voulait les dénoncer légalement ? Comment arrêter préventivement des individus, sans donner suite à l'action de la justice ?... On peut dire, enfin, que Borgella partageait, aux Cayes, cette espèce d'hésitation, ce laisser-aller que manifestait Boyer lui-même à la capitale, en présence de l'Opposition de cette ville. Comme lui, il pensait qu'elle était impuissante à armer les citoyens contre le gouvernement ; et il restait dans cette fausse sécurité, la pire manière d'agir, peut-être, pour un pouvoir établi. Car, aux Cayes, indépendamment du jeune Dominique qui était venu du Port-au-Prince se mettre en relations avec les opposans, on avait vu M. Wilson Phips venir aussi de Jérémie dans le même but. Avant eux, MM. Benoît, représentant de Santo-Domingo, Normil Dubois, représentant du Petit-Trou, Artémise, de Saint-Jean, avaient paru aux Cayes, évidemment pour s'entendre avec le chef de l'Opposition, président du comité directeur. Le 26 janvier, il y arriva encore, de Santo-Domingo un jeune homme nommé Ramon Mella, envoyé par les opposans de cette ville ; il repartit immédiatement.

Depuis peu de jours le bruit courait que le 26 janvier était celui fixé pour une prise d'armes ; il y eut de l'agitation aux Cayes, chacun s'attendant à cette explosion. Le colonel Cazeau, commandant de la place et du 13° régiment, renforça la garde des postes les plus importans, et la journée se passa sans mouvement.

On disait depuis quelque temps que le chef de bataillon Rivière Hérard avait été choisi par les opposans pour diriger leur entreprise, et l'on avait remarqué qu'il faisait de fréquens voyages dans les communes de l'arrondissement des Cayes, et qu'il alla même jusqu'à l'Anse-d'Eynaud, sans doute pour s'aboucher avec le général Lazare, commandant de l'arrondissement de Tiburon. Le vendredi 27 janvier, on ne fut donc pas étonné d'apprendre qu'il avait réuni les opposans sur l'habitation Praslin qui lui aptenait, et que les conjurés y étaient « en force. » Dans l'après-midi, le colonel Cazeau fit un mouvement militaire pour tenir les troupes de la garnison sous les armes; la garde nationale se réunit spontanément ; les fonctionnaires publics et des citoyens privés se rendirent chez le général Borgella et y passèrent la nuit. Pendant cette nuit. M. P. Soray, vint de la plaine lui dire, qu'il était *faux* qu'il y eût réunion de conjurés à Praslin ; que R. Hérard y était seul, mais qu'il était vivement indigné des soupçons qui planaient sur lui. Ce rapport était mensonger. Le colonel Cazeau fit arrêter le capitaine Merveilleux Hérard, frère de Rivière, qui était de garde à l'arsenal : on savait qu'il y avait eu entre lui et le lieutenant Thomas Presse, aussi de l'artillerie, une conversation qui parut suspecte. Le sous-lieutenant Louis Jacques et le sergent Barbot furent aussi arrêtés, sur l'avis des colonels Toureaux, commandant le régiment d'artillerie et directeur de l'arsenal, et Colin, commandant le 17° régiment [1].

Le 28, vers 9 heures du matin, Bélus Ledoux, préposé d'administration au Port-Salut, vint de Praslin apporter à Borgella une lettre de R. Hérard, par laquelle il exposait à ce général la situation des esprits tendus vers les améliorations désirées par le peuple, et la pensée régénératrice des patriotes réunis autour de lui : cette lettre se terminait par la proposition d'une entrevue. Le général dit à cet envoyé qu'il répondrait à R. Hérard. B. Ledoux, en retournant à Praslin, dit à quelques personnes, que les patriotes étaient en grand nombre, et qu'ils se proposaient de venir attaquer la ville dans la nuit suivante, si une réponse favorable n'était pas faite à la lettre dont il était porteur. On ajouta à ce propos jactancieux, qu'en s'emparant des Cayes, les patriotes ordonneraient le pillage et se vengeraient. Aussitôt l'alarme se répandit. Le bruit courut ensuite que les insurgés étaient déjà rendus sur l'habitation Coquet, à peu de distance : les tambours eurent l'ordre de battre *le rappel*; mais les chefs de bataillon Dugazon et Gervais, des 13° et 17° régimens, par excès de zèle, firent battre *la générale* : ce qui occasionna une vive alerte dans la ville.

Le général Borgella, voulant avoir un concours dévoué et raisonné de ses subordonnés, convoqua chez lui les officiers supérieurs et leur communiqua la lettre de R. Hérard. Tous, unanimement, opinèrent pour qu'il ne pactisât point avec l'insurrection ; ce à quoi il était du reste résolu par devoir et par conviction. Pendant que ce conseil délibérait, des fonctionnaires, des citoyens privés, accourus chez

---

[1] On sait que depuis 1822, presque tous les régimens d'infanterie avaient perdu leurs anciens numéros, et qu'ils les ont repris en 1844. Nous préférons désigner celui-ci, qui était alors le 16°, par ce numéro 17 ; ainsi nous ferons des autres.

Borgella au moment de l'alerte, remplissaient son balcon. M. Armand Durcé dit au milieu d'eux : « La révolution est » dans tous les cœurs; que le général la proclame, et nous » le seconderons ! »Le capitaine Fabre Geffrard, quartier-maître de la gendarmerie, s'adressant alors à l'administrateur C. Ardouin, lui dit : « Proclamons donc la révolution, » en criant : A bas le Président ! Vive le général Bor-» gella ! » Mais, ni l'administrateur, ni aucune autre personne, ne répondirent au désir de ces deux membres de l'Opposition.

Le 27, le capitaine Geffrard avait été à Praslin, et il en était revenu pour essayer d'entraîner Borgella dans le mouvement; mais il s'abstint de lui communiquer cette pensée, préférant sans doute l'y déterminer par le concours de l'administrateur et des personnes qui étaient chez lui, ce qui eût couvert sa responsabilité envers le gouvernement, par cette manifestation qu'on eût pu qualifier *populaire*. Reconnaissant, au contraire, que ce concours lui manquait et que les officiers supérieurs avaient opiné pour la répression de l'insurrection, Geffrard, lié par la parole d'honneur qu'il avait donnée, prit la résolution de rejoindre ses compagnons à Praslin. Il partit dans l'après-midi du 28, en écrivant un billet qui fut remis ensuite à Borgella. Il lui donna une nouvelle assurance de son amitié, en lui promettant de le protéger, s'il y avait lieu, en lui recommandant en même temps sa famille. Son langage affectueux exprimait néanmoins cette situation de l'âme où se trouve un officier militaire qui ne déserte son poste que par des considérations supérieures qui l'entraînent, telles qu'on en remarque dans les révolutions politiques. Nous apprécierons bientôt cette unique *défection* à laquelle le général Borgella fut extrêmement sensible.

Elle le porta à ordonner l'arrestation du capitaine Tuffet, de l'artillerie, sur la conviction acquise de ses sentimens en faveur des insurgés. Le commandant Rivière Hérard exerçait une grande influence sur plusieurs officiers de son corps, et il fallait la nullifier par des actes de précaution, sinon de rigueur. Le lendemain 29, le colonel Cazeau fit arrêter le lieutenant Thomas Presse, aussi de ce corps et neveu de Madame Borgella.

Dès le 27, Borgella avait écrit au Président pour l'informer de la révolte dont R. Hérard était le chef, et au général Solages, commandant de l'arrondissement d'Aquin, pour le requérir de venir aux Cayes avec le 15⁰ régiment et les gardes nationales de son arrondissement [1]. Il en avait également informé le général Malette, commandant celui de l'Anse-à-Veau, afin d'y porter toute sa surveillance.

Le 29, il émit un ordre du jour devenu nécessaire dans l'occurence. Il faisait savoir que « le chef de bataillon
» Rivière Hérard, aidé de quelques factieux et d'autres
» gens qu'il a égarés, avait levé l'étendard de la *révolte*
» et osé lui écrire pour en faire la déclaration. Il prétexte
» le besoin d'améliorations sociales, comme s'il était pos-
» sible d'en obtenir, en armant le fils contre le père, le
» frère contre le frère, en exposant les propriétés. Je dois
» compter sur l'honneur et les nobles sentimens du
» peuple de cet arrondissement. En conséquence, le com-
» mandant R. Hérard est déclaré *trattre* à la patrie. »

Le général Borgella ne pouvait considérer autrement cet officier soumis à ses ordres, ni ceux qui l'aidaient dans son entreprise : celle-ci n'était, et ne pouvait être à ses

[1] La dépêche de Borgella à Boyer lui parvint le dimanche 29, à 3 heures de l'après-midi.

yeux, qu'une *révolte* à main armée. Car, c'était une question à savoir, si les populations s'y rallieraient et la seconderaient pour qu'elle devînt une *révolution* à laquelle il dût se soumettre. Le gouvernement de Boyer, malgré tous les justes reproches qu'on pouvait lui faire, n'était pas une de ces odieuses tyrannies qui indignent tellement la conscience publique, que l'on est autorisé à se ranger de suite à côté de celui qui lève le drapeau de la liberté pour en affranchir son pays.

Cependant, le 28, Borgella avait reçu avis du chef de bataillon Létang-Labossière, commandant le Port-Salut : que la majeure partie de la garde nationale de cette commune avait été se réunir aux insurgés de Praslin [1]. La menace incessante que ceux-ci faisaient de marcher contre la ville des Cayes, l'obligea à la garder avec toutes ses forces jusqu'à l'arrivée du général Solages et de ses troupes. A la parade du dimanche 29, celles des Cayes se grossirent de tous les militaires formant l'effectif des corps, et même des congédiés depuis quelque temps ; la garde nationale était également bien réunie. Ce fut en ce moment que l'ordre du jour ci-dessus fut publié et accueilli par tous. Dans la nuit, Borgella reçut un nouvel avis du commandant Labossière : que les insurgés s'étaient présentés devant le bourg de Port-Salut et que R. Hérard lui avait demandé une entrevue qu'il refusa. Après ce refus, ce dernier avait rétrogradé sur Praslin.

Le 30, informé que Solages et ses troupes étaient près des Cayes, Borgella ordonna au colonel Cazeau d'en sortir avec les 13° et 17° régimens et un bataillon de la garde

---

[1] R. Hérard était né dans cette commune : de là son influence sur une partie de ces habitans qui avaient été les premiers à se déclarer contre le gouvernement de Dessalines.

nationale de la plaine, de rallier celui de Torbeck, et de se porter contre les insurgés : ce colonel partit à 11 heures du matin. Solages arriva en ce moment, et ses troupes à midi. Borgella publia un nouvel ordre du jour où il relatait les faits et disait : « qu'il avait l'espoir de ne trouver qu'un » petit nombre de coupables à livrer au glaive de la jus- » tice, et qu'il réclamait de nouveau le concours des bons » citoyens pour maintenir l'ordre et sauver l'État. » Dans cet acte, il qualifiait le chef de bataillon Rivière Hérard « de *perfide*, qui avait égaré les hommes qui l'en- » touraient. » La nuit survenant, il apprit que Cazeau n'avait pas rencontré les insurgés à Praslin : ils avaient abandonné ce lieu pour se porter au bourg des Côteaux où ils passèrent pour se rendre à l'Anse-d'Eynaud. Le colonel Cazeau les poursuivit jusqu'aux Anglais, bourgade située aux limites de l'arrondissement des Cayes.

Les insurgés étaient donc *en fuite*, pour le moment du moins, après avoir reconnu leur impuissance dans cet arrondissement. Elle était telle, et leurs adhérens aux Cayes le reconnurent si bien, que, pendant qu'ils étaient encore à Praslin, MM. Castel et E. Labastille vinrent prévenir le général Borgella, qu'ils allaient s'y rendre pour essayer de les persuader à se dissoudre : peut-être leur démarche n'était que simulée, afin de les instruire de la vraie situation des Cayes. Quoi qu'il en soit, ces deux citoyens furent ensuite emprisonnés par ordre de Borgella, et avec eux, MM. Armand Durcé, Barjon fils, Layette et Giraudier.

Dans la même nuit du 30, ce général écrivit une lettre à Boyer pour lui rendre compte des faits ci-dessus relatés. En lui citant les principaux personnages qui entouraient le chef de bataillon R. Hérard, — MM. Hérard Dumesle (son cousin), Laudun, Lhérisson et Pilorge, — il lui parla du capitaine Fabre Geffrard, qui l'avait abandonné le 28, en des termes qui prouvaient, et son affection pour cet officier et le regret qu'il ressentait de le voir se jeter dans les rangs de l'insurrection. Borgella avait raison de s'exprimer ainsi, car Geffrard était destiné, plus qu'aucun autre, à contribuer à sa réussite, comme on le verra. Il ajouta qu'il avait appris sa promotion au grade de chef d'escadron, et il envoya au Président des exemplaires de ses deux ordres du jour [1].

Après le départ du colonel Cazeau, il y avait aux Cayes le bataillon d'artillerie et la garde nationale de cette ville. Le commandement de la place fut confié au colonel Toureaux, officier d'une grande activité et de beaucoup de résolution. Le 15° régiment et les gardes nationales de Cavaillon, de Saint-Louis et d'Aquin vinrent renforcer la garnison. Le commandant Tessonaux eut ordre de se tenir au Camp Périn, avec le second bataillon de la garde nationale de la plaine, et là, il gardait la route qui conduit de cette plaine à la Grande-Anse, par le Plymouth.

Le général Borgella envoya l'ordre au colonel Cazeau de passer les limites de l'arrondissement des Cayes, afin de poursuivre les insurgés; et à cet effet, il lui expédia en même temps des lettres d'avis, adressées aux généraux Lazare et Segrettier, par lesquelles il requérait ces généraux, au nom du gouvernement, de laisser passer Cazeau dans le but de sa mission. Ayant su ensuite, par ce colonel, que le général Lazare avait quitté l'Anse-d'Eynaud pour se por-

[1] L'Opposition ayant pris les armes au nom du peuple souverain, elle fit des promotions dans ses rangs d'abord, puis elle offrit des grades supérieurs aux officiers des troupes du gouvernement, pour les embaucher à sa cause. Le comité populaire de Jérémie ayant ensuite promu le chef d'exécution à celui de général de division, ce dernier devint le dispensateur de ces faveurs.

ter à Jérémie avec le 19e régiment et la garde nationale, et que les insurgés l'y avaient suivi, il envoya l'ordre à Cazeau de s'emparer de l'Anse-d'Eynaud et de s'y retrancher. Cette mesure militaire devenait une nécessité, en présence de la situation qui se dessinait dans toute la Grande-Anse, comprenant les arrondissemens de Tiburon et de Jérémie. Il était évident que l'insurrection s'y étendait, après avoir échoué aux Cayes. Il fallait donc attendre les dispositions ultérieures que prendrait le Président d'Haïti. Le commandant Gaëtan n'ayant opposé aucune résistance au passage des insurgés aux Côteaux, fut arrêté et conduit dans la prison des Cayes.

Il nous faut, ici, expliquer un fait qui a été reproché avec amertume au colonel Cazeau, parce qu'on en a ignoré la cause : celui d'avoir ordonné une décharge de mousqueterie sur les bâtimens de la sucrerie Praslin, quand il n'y rencontra pas les insurgés. On a considéré ce fait comme un acte de vandalisme, à raison du regret que cet officier aurait éprouvé de perdre l'occasion de les faire prisonniers. Loin de là. — Hérard Dumesle, sachant que Cazeau gardait une certaine rancune au président Boyer depuis 1820, pour n'avoir pas été fait colonel de la garde à la mort d'Eveillard, lui avait proposé d'entrer dans la conjuration qu'il organisa en septembre 1842. Cazeau le voulait bien, mais à condition qu'il aurait été le « chef d'exécution. » Il objecta qu'il ne pouvait se placer sous les ordres de Rivière Hérard, qui n'était pas aussi ancien militaire que lui et qui n'avait que le grade de chef de bataillon. Lorsqu'il reçut l'ordre du général Borgella, de marcher contre les insurgés réunis à Praslin, il fit la confidence de cette proposition à l'administrateur C. Ardouin qui avait été soldat dans les chasseurs à pied de la garde, sous ses ordres, et il lui dit :

qu'il enverrait auprès des insurgés un officier chargé de leur faire savoir, qu'il profiterait de cette occasion pour se joindre à eux et revenir ensuite aux Cayes, tous ensemble, afin de porter Borgella à se prononcer en faveur de l'insurrection ; que de cette manière, il espérait réussir à les arrêter tous, sans coup férir. Mais C. Ardouin lui répondit :
« Vous avez été un bon ami de mon père, et vous m'avez
» toujours accordé votre amitié ; je dois vous parler avec
» toute la franchise que vous me connaissez. Si vous agis-
» siez ainsi, ce serait un piège que vous tendriez aux insur-
» gés, et vous devez vous en abstenir, pour votre honneur.
» Votre mission est de les dissiper, de les combattre à
» force ouverte ; ne faites que cela. » Cazeau reconnut la générosité de ce conseil dicté par une profonde estime ; et, mu alors par un sentiment chevaleresque, se doutant ou croyant que les insurgés n'étaient pas fort éloignés de Praslin, il fit faire par sa troupe la décharge de mousqueterie dont s'agit, afin de les avertir de sa présence sur les lieux. Telle était son intention.

On peut dire que Cazeau ne remplit pas ainsi son devoir militaire dans toute sa rigueur ; mais qu'on n'oublie pas que la situation des choses et des esprits était telle, que les convictions flottaient, si on peut le dire, entre la fidélité due au gouvernement et l'Opposition qui l'attaquait incessamment. On verra ce brave officier payer de sa vie, la fidélité qu'il garda envers Boyer, que cependant il n'estimait pas, peut-être uniquement par ce louable honneur qui retient le militaire à son drapeau.

Dès le 27 janvier, avons-nous dit, le général Borgella avait informé le Président de la révolte de Praslin ; il lui adressa la lettre qu'il reçut de Rivière Hérard, et il continua, chaque jour, à le tenir avisé des événemens.

Le 2 février, Boyer publia une proclamation adressée à la nation, pour lui annoncer la révolte survenue dans la plaine des Cayes, ce qui s'en était suivi jusqu'au 30 où les insurgés avaient fui. Il y faisait l'éloge de Borgella, des troupes et des gardes nationales des arrondissemens des Cayes et d'Aquin. En parlant des insurgés, il disait :

« Les pervers ! C'est au nom de la liberté qu'ils méditaient le renversement des institutions qui garantissent à la nation ses droits les plus précieux ! C'est au nom de la morale qu'ils s'apprêtaient à armer les citoyens contre les citoyens, les frères contre les frères, les fils contre leurs pères ! C'est au nom de la civilisation qu'ils voulaient plonger Haïti dans les horreurs de l'anarchie ! Mais le peuple n'a pas été dupe de leur perfide langage; mais l'armée s'est montrée ce qu'elle a toujours été, fidèle à la patrie; mais la garde nationale n'a pas démenti le dévouement dont elle est animée pour le maintien de l'ordre et de la constitution. »

Cet acte annonça « que *justice* serait faite à l'égard des » factieux qui ont combiné et dirigé le mouvement insur- » rectionnel du 28 janvier, et qu'*amnistie* pleine et entière » est accordée à ceux qui n'ont été qu'égarés et qui s'em- » presseront de faire leur soumission. » Et attendu qu'il importait de concentrer dans une seule direction tous les moyens destinés à amener la répression de l'insurrection, le général Borgella fut investi du commandement supérieur provisoire du département du Sud ; les commandans d'arrondissement en dépendant furent enjoints à obéir à tous les ordres qu'il donnerait pour le rétablissement de la tranquillité publique.

A la parade qui eut lieu au Port-au-Prince le dimanche 5 février, les troupes de la garnison furent réunies au com-

plet. Boyer appela tous les officiers au milieu du Champ-de-Mars; il leur parla de l'insurrection, de son but, et des devoirs qu'ils avaient à remplir envers la patrie. Sa parole fut chaleureuse et éloquente, surtout lorsqu'il les entretint de la conduite du général Borgella : « Vous n'avez pas ou-
» blié, leur dit-il, avec quel dévouement ce brave général
» amena la soumission du Sud à l'illustre Pétion, pour
» sauver la République ; avec quel courage il combattit
» contre les troupes de Christophe, dans le siége mémo-
» rable de 1812. Eh bien! il vient de sauver encore la Ré-
» publique, par sa fidélité à son gouvernement et à sa
» constitution. Imitez-le ! »

Hélas! que fit de Borgella, l'Opposition, l'insurrection triomphante? Elle en fit un complice des crimes imputés à Boyer, elle en fit un prisonnier aux Cayes ; et dans cette capitale qu'il avait défendue avec tant de bravoure, elle eût renouvelé ce tort, si la voix publique et de nouveaux événemens politiques ne lui eussent ouvert les yeux.

Boyer avait immédiatement envoyé l'ordre à tous les commandans d'arrondissement de l'Ouest, de l'Artibonite et du Nord, de réunir les troupes sous leurs ordres au grand complet, afin de les diriger dans le Sud, s'il y avait lieu. Après la parade du 5, il revint au palais de la présidence où se trouvaient les fonctionnaires publics et des citoyens privés; il parla de l'Opposition et de l'insurrection qui venait d'échouer aux Cayes. Mais il annonça qu'il n'avait aucune nouvelle de Jérémie et des autres communes de la Grande-Anse. « Les insurgés, dit-il, s'y sont rendus sans
» doute, et si les généraux Lazare et Segrettier, ne rem-
» plissent pas leur devoir comme a fait le général Borgella,
» cela pourra devenir inquiétant, et il faudrait combattre.
» Les factieux veulent renverser mon gouvernement, mais

» ils ne prévoient pas ce qui résulterait de leur succès : la
» désorganisation générale, la division du territoire de la
» République, peut-être même la perte de notre nationa-
» lité : dans tous les cas, elle serait compromise.»

Puisqu'il avait une telle pensée, il aurait dû comprendre qu'il jouait la dernière partie avec ceux qui n'avaient cessé d'attaquer son administration en la décriant de leur mieux ; et, alors, il ne fallait pas se reposer sur l'insuccès de l'insurrection aux Cayes, et se borner à déférer au général Borgella le commandement du département du Sud : il aurait dû lui-même se porter dans ce département avec toutes les troupes de l'Ouest pour diriger les opérations militaires. Sa présence eût été aussi d'une grande importance politique, en fixant les dévouemens et la fidélité au drapeau. Ce n'étaient ni le général Segrettier, ni le général Lazare, sans renom militaire, ni le « chef d'exécution » qui passait seulement pour bien connaître la théorie de l'artillerie, ni, enfin, les avocats qui l'entouraient, qui auraient pu opposer une résistance prolongée au chef de l'État dont l'autorité eût paru plus redoutable alors [1].

Qu'avait-il réellement à craindre en quittant la capitale ? Les opposans de cette ville ? Ils n'étaient capables que de propos plus ou moins malveillans tenus discrètement. Dans ces momens-là, leurs journaux n'osèrent pas parler de l'insurrection, sur la simple invitation qui leur fut faite de s'en abstenir, ce qui était très-convenable. Et en laissant au général Victor Poil des troupes suffisantes, avec un pouvoir *discrétionnaire*, même avec la faculté d'appeler en ville la garde nationale des campagnes environnantes, les opposans seraient restés paisibles ; car, enfin, ils étaient aussi

---

[1] Bien des révolutionnaires ont avoué que c'était ce qu'ils appréhendaient le plus.

des *conservateurs*, et ils auraient compris le danger d'une collision. Ensuite, il est constant que les départemens de l'Artibonite, du Nord et de l'Est se sont maintenus en parfaite tranquillité jusqu'au dernier jour : l'idée de l'insurrection contre le pouvoir de Boyer ne s'y est pas manifestée, pour seconder celle du Sud.

Il y eut donc *faute politique* de sa part, en restant à la capitale. Il oublia cette maxime en matière de gouvernement : « Le *crime* n'est pas toujours puni en ce monde, les » *fautes* le sont toujours. » Il est vrai que nous portons ce jugement après coup ; mais les gouvernemens sont faits « pour prévoir, » et les paroles que nous venons de rapporter prouvent que Boyer avait assez bien prévu ce qui résulterait de sa chute [1].

Les 21e et 24e régimens et les gardes nationales de l'arrondissement de Léogane furent les premières forces qui allèrent dans le Sud. Ces troupes se rendirent à l'Anse-à-Veau où commandait le général Malette. A cet effet, le général Inginac qui, malgré son office de secrétaire général, était toujours commandant de l'arrondissement de Léogane, eut l'ordre de s'y porter pour mettre ces forces en mouvement. Il se rendit au Petit-Goave le 4 février, et le 5 elles défilèrent, avec toute l'apparence d'un grand enthousiasme en faveur du gouvernement. Mais à Léogane et surtout au Petit-Goave, il y avait des opposans actifs qui n'avaient cessé de travailler à embaucher les militaires, particulièrement les officiers. Dans cette marche, étant

---

[1] Si la nationalité haïtienne n'a pas été anéantie, elle a été du moins compromise par la séparation des départemens de l'Est, érigés en « République Dominicaine. » Peu après, un « Etat du Nord » fut constitué, pendant que le Sud était en proie à une barbare anarchie. Que serait-il advenu, si le sage Guerrier ne se fût trouvé dans l'Ouest, pour reconstituer l'ancienne République d'Haïti avec son unité politique, au moyen de la haute influence de ce département sur les destinées de la patrie

gardes nationaux, ils continuèrent cette manœuvre encore mieux, et ils furent secondés par ceux de Miragoane et de l'Anse-à-Veau, même par leurs femmes, leurs mères et leurs filles qui partageaient leurs opinions, qui furent éprises de l'insurrection et ne soupiraient qu'en faveur d'une révolution ; et ces personnes ne cessèrent pas de mettre en pratique, à l'égard des autres troupes qui passèrent ensuite dans ces villes, les mille petites attentions flatteuses que leur sexe sait employer pour réussir dans un dessein formé. Il faut dire aussi qu'elles y furent encore déterminées par les mesures de rigueur ordonnées par le général Inginac envers leurs parens.

Lorsqu'on apprit à Miragoane la prise d'armes de Praslin, il y eut des opposans qui allèrent aux Cayes pour juger par eux-mêmes de l'effet qu'elle y produisait ; ils s'en retournèrent consternés, en voyant que les insurgés avaient été contraints de s'enfuir, et ils persuadèrent les autres de ne pas se manifester. Mais Inginac, empiétant certainement sur les attributions qui étaient réservées au général Borgella, chef provisoire de tout le département du Sud, et croyant bien faire, sans doute, envoya l'ordre au commandant Goguette, à Miragoane, et au général Malette, à l'Anse-à-Veau, d'arrêter tous les opposans de ces lieux et de les lui envoyer sous escorte au Petit-Goave[1]. Sa qualité de secrétaire général donnait à penser à ces officiers supérieurs que c'était par autorisation de Boyer.

---

1 On m'a dit que son ordre portait : que les propriétés des opposans seraient *confisquées* au profit des troupes du gouvernement. Dans ses Mémoires de 1843, Inginac semble confirmer cette imputation ; il y dit : « qu'il se livra, dans sa lettre, à des considérations sur tout ce qui pourrait arriver de *fâcheux* à ceux qui se remueraient... En recommandant l'apposition des scellés par l'autorité civile sur les effets de ceux qui avaient été arrêtés ou qui avaient disparu, etc. » Voyez ces Mémoires, page 115. Mais les familles des opposans arrêtés ou en fuite, étaient là ; il n'y avait pas lieu de toucher à leurs biens.

Les opposans eurent le temps d'être avertis de cet ordre, alors qu'ils apprirent le suicide du citoyen Siclay, au Petit-Goave, par suite de paroles vexantes et de menaces dont Inginac fut l'auteur ; ils durent se croire menacés eux-mêmes d'incarcération au moins, sinon d'un sort plus rigoureux : car en même temps on emprisonna au Port-au-Prince, MM. Franklin, Saint-Amand, Covin aîné, Ducharreau, etc. Le général Malette arrêta et envoya à Inginac cinq citoyens qu'il fit emprisonner ; mais les opposans de Miragoane, au nombre d'une vingtaine, s'embarquèrent dans des canots, et allèrent, soit à Jérémie, soit au Corail où ils trouvèrent les insurgés dont ils ranimèrent l'ardeur par le récit du danger qu'ils avaient couru. Ainsi, par la mesure politique très-intempestive que prit Inginac, il occasionna ce qui ne pouvait qu'être nuisible à la cause du gouvernement. Il ne se borna pas à cela ; car il se permit de donner certains ordres pour les opérations militaires, lesquels pouvaient contrarier les dispositions prises par le général Borgella ; et cela, toujours dans les meilleures intentions..

En abandonnant la plaine des Cayes, Rivière Hérard et ses compagnons savaient qu'ils pouvaient espérer du concours de la part du général Lazare, à l'Anse-d'Eynaud. On a dit que ce général s'était laissé persuader, que Borgella était convenu de se déclarer en faveur de l'Opposition, quand elle aurait pris les armes, et qu'il avait promis de la seconder aussi, d'autant plus volontiers, qu'en 1842, il aurait été très-irrité contre Boyer qui lui aurait écrit une lettre sévère, à propos de quelques matériaux destinés aux réparations de l'église de l'Anse-d'Eynaud, dont il aurait disposé. Que ce fait soit réel ou non, il suffisait de l'assurance qui lui fut donnée de l'assentiment secret de Borgella, pour le déterminer lui-même. Et il faut dire que les opposans des Cayes et ceux des autres localités, ne négligèrent nullement ce moyen d'embauchage : ils faisaient accroire que les cinq personnages désignés dans le *Manifeste* du 1ᵉʳ septembre pour être les membres du gouvernement provisoire, étaient d'accord avec eux, tandis qu'il n'en fut rien, assurément. D'autres bruits tout aussi inexacts circulèrent dans le même but : de paralyser les efforts du gouvernement et de ses défenseurs, de jeter l'incertitude dans les esprits, pour mieux les rallier à la cause de l'Opposition en armes contre le chef de l'État. Tantôt on disait qu'on ne visait pas à le déposséder du pouvoir, mais à obtenir de lui les améliorations réclamées pour le bonheur du peuple; tantôt on prétendait n'être armé que contre les vicieuses institutions politiques de la République, seules causes de tous les maux dont on se plaignait. « Le » colonel Rigaud (à Saint-Marc), le colonel Hogu (aux Go- » naïves), le général Guerrier (à la Marmelade), se sont mis » à la tête du mouvement, » disaient certaines lettres que nous avons sous les yeux ; et ces paroles, semées dans les masses, produisaient l'effet désiré.

Quoi qu'il en soit, les insurgés de Praslin étaient en route le 31 janvier pour se rendre à l'Anse-d'Eynaud, quand ce jour-là les opposans de Jérémie se déclarèrent contre le gouvernement en prenant les armes. Là, l'embauchage des militaires avait été plus facile qu'aux Cayes. Le chef de bataillon Philisaire Laraque, justement estimé de tous les citoyens par ses qualités personnelles, avait promis son appui à l'Opposition ; il se manifesta avec elle et entraîna tout. Le 1ᵉʳ février, à la tête des gardes nationaux, il marcha contre l'arsenal qui lui fut livré sans coup férir, et de là sur les troupes, 18º régiment et un bataillon d'artillerie, réunis sur la place d'armes par ordre du général Segrettier : elles se rallièrent à lui sans résistance, malgré celle que voulut opposer le colonel Frémont, commandant de la place. Ce colonel et son général furent mis à l'écart et gardés cependant chez eux avec la considération due à leur rang et à leur âge. Le citoyen Merceron, commandant de la garde nationale, attaché au gouvernement et désespéré de se voir débordé par les citoyens, se donna un coup de pistolet qui ne lui occasionna d'abord qu'une blessure, mais il en mourut ensuite.

Le mot d'ordre avait été envoyé d'avance au général Lazare, et de Praslin et de Jérémie : il se prononça à l'Anse-d'Eynaud le 1ᵉʳ février, marcha de suite avec le 19º régiment et les gardes nationales de son arrondissement sur Jérémie où il entra le 3, aux acclamations enthousiastes des patriotes, hommes et femmes. « Le géné» ral Segrettier (dit Lazare dans une de ses lettres au co» lonel Cazeau, en date du 6) poussé par un beau mou» vement de patriotisme, en présence de l'enthousiasme » qui animait tous les cœurs consentit à me joindre au pied » de l'autel de la patrie. Là, nous rappelant ce feu sacré » qui animait nos cœurs à l'aurore de la révolution, nous » jurâmes, en face de l'armée et du peuple entier, de » mourir ou d'assurer les droits et les garanties du peu» ple. Le peuple reconnaissant, proclama le général Se» grettier, général de division et membre du gouverne» ment provisoire, et moi, général de division commandant » l'arrondissement de Jérémie, et chef de la première di» vision de l'armée. Le commandant Rivière Hérard vient » d'entrer ici ; il a été proclamé général de division et chef » de la seconde division de l'armée. » Le général Lazare adressa une lettre semblable au colonel Colin, commandant le 17° régiment, et Rivière Hérard, une autre à lui et Cazeau; ils les engageaient à prendre parti avec eux.

Si Segrettier céda au mouvement révolutionnaire, Frémont persista dans ses sentimens de fidélité au gouvernement de Boyer. Le Président put reconnaître, avant de tomber, la faute qu'il avait faite, en 1842, en n'acceptant pas la démission que Segrettier sollicita en vain, du commandement de l'arrondissement de Jérémie. En lui substituant Frémont en qualité de général de brigade, il est plus que probable que les choses ne se seraient pas passées de cette manière.

Les colonels Cazeau et Colin s'empressèrent de transmettre au général Borgella les lettres ci-dessus mentionnées qui n'avaient eu aucune influence sur leur esprit.

De son côté, le comité populaire de Jérémie, composé de MM. H. Féry, Paret fils (Numa), T. A. Blanchet, Margron et P. Laraque, et qui distribuait des grades militaires au nom de la souveraineté du peuple, avait adressé aussi à Borgella une lettre en date du 2 février, par laquelle il l'informait des événemens, et lui disait qu'il avait intercepté celle que ce général écrivit à Segrettier, le 31 janvier, en l'invitant à se déclarer en faveur du peuple. Le 5 février, ce comité lui écrivit de nouveau à ce sujet, et de manière à le convaincre de ce qu'il croyait être une nécessité, par les considérations qu'il exposa : — le peuple et les citoyens de Jérémie s'étaient lassés des violations continuelles de la constitution, qui furent cause que les représentans qui voulaient faire entendre leurs justes réclamations contre l'administration de Boyer, laquelle n'aboutissait qu'à la *misère* et au *désespoir*, avaient été ignominieusement chassés de la Chambre des communes; il était urgent de *régénérer* la pa-

trie en lui donnant de nouvelles institutions qui garantissent contre *les empiétemens des chefs futurs,* etc., etc. « Notre
» parti est résolument pris ; nous sommes au nombre de
» 6000 hommes jusqu'ici, disposés à vaincre ou à périr.
» Saint-Marc et les Gonaïves marchent avec nous vers le
» même but, ainsi que le Nord. Toute la côte, d'ici au
» Port-au-Prince, qui est ou comprimée ou en armes, par-
» tage nos sentimens et notre enthousiasme....»

Le général Segrettier adressa également à Borgella, une lettre du 5 février, pour lui donner connaissance des événemens accomplis à Jérémie. « L'Opposition, disait-il, a pris
» une telle puissance ici, que tout m'a obligé de céder à sa
» volonté. Je croyais encore avoir les moyens de faire quel-
» que résistance, quand, au dernier moment, j'ai vu des
» masses énormes de la campagne arriver de toute part et
» se rallier aux mécontens de la ville. Le tableau le plus
» effrayant s'est présenté à mon imagination : un massacre,
» le pillage, l'incendie et tous les maux inséparables de
» semblables circonstances. J'ai cru donc devoir céder à
» l'impulsion de mon cœur qui n'aura rien à me reprocher,
» quoi qu'il puisse m'arriver... Connaissant votre cœur,
» vous approuverez ma conduite; et si vous vous trouvez
» dans la même position que moi, vous éviterez ce qui
» pourra compromettre l'existence du troupeau dont vous
» êtes en ce moment le pasteur. »

MM. F. Brière, Fouchard, Cayemitte et R. Rocher étaient porteurs de ces deux dépêches, et chargés d'y ajouter de pressantes sollicitations verbales, pour porter le général Borgella à acquiescer à ce qu'on désirait de lui. S'il les avait considérés comme « des envoyés pacifiques, » placés sous la protection du droit des gens, quoique d'un parti hostile au gouvernement, il aurait pu les contraindre à retourner à Jérémie, même sans réponse de sa part; mais il craignit que les troupes et la population des Cayes ne vissent dans ce ménagement, la preuve d'une hésitation en lui, et que cette idée ne fût nuisible à la cause qu'il défendait. Borgella ordonna donc qu'ils fussent emprisonnés comme « embaucheurs, » mais sans avoir l'intention de les faire juger comme tels[1]. En réalité, la situation des choses à Jérémie, au 5 février, ne devait pas être envisagée comme constituant déjà une *guerre civile* dans laquelle les deux partis doivent avoir des égards pour leurs agents respectifs: la Grande-Anse était en *révolte*, en *insurrection* si l'on veut, mais rien de plus.

En recevant du comité de Jérémie sa lettre du 2, Borgella reconnut que toute la Grande-Anse passerait infailliblement à l'insurrection; et ignorant alors que la proclamation de la même date lui conférait le commandement du Sud, il écrivit à Malette pour le conseiller de se porter avec le 16° régiment et les gardes nationaux de Nippes à l'ancien camp de Lesieur, situé vers Pestel, aux limites respectives des arrondissemens de Jérémie et de Nippes, afin d'empêcher l'insurrection de se propager dans le dernier, pendant que des Cayes, des troupes iraient garder les défilés du canton de Plymouth, pour s'opposer aussi à son irruption dans l'arrondissement des Cayes : un bataillon du 15° et des gardes nationaux de Cavaillon y furent envoyés et renforcèrent les postes sous les ordres du commandant Tessonaux. Bientôt après, la proclamation du Président arriva aux Cayes avec le général Riché pour y être activé.

[1] Ces envoyés étant les fils d'anciens amis de Borgella à Jérémie, il ne pouvait se décider à agir envers eux avec toute la sévérité des lois ; et c'est pour avoir déjà permis à B. Ledoux, porteur de la lettre de R. Hérard, de retourner à Praslin, qu'il crut devoir retenir ceux qui vinrent de Jérémie ; il craignait réellement un mauvais effet de leur renvoi. En ne les faisant pas juger, il entrait d'ailleurs dans la pensée de Boyer ; je la ferai connaître dans le chapitre suivant.

Borgella envoya ce général prendre le commandement de ces forces ; il se plaça au Camp Périn qu'il fit fortifier ; il établit divers autres postes, avec cette intelligence de la guerre et cette activité qui le distinguaient.

Le 5 février, Borgella publia un nouvel ordre du jour dans lequel il relatait les faits survenus jusqu'alors, et les dispositions qu'il avait prises contre l'insurrection, en sa qualité de commandant du Sud. Il disait aux troupes et aux citoyens : « J'attends de chacun de vous, une nouvelle » preuve de l'attachement que nous portons au chef de l'E- » tat, qui est la personnification du système qui a réuni » tous les fils d'Haïti sous une même bannière, qui assure » à chacun la libre jouissance de ses biens. Respect aux » propriétés, pardon aux victimes de l'erreur ; mais justice » implacable contre les méchans et les pervers. »

Cet ordre du jour lui fut amèrement reproché plus tard, parce qu'il y qualifiait R. Hérard d'*infâme*, après avoir dit qu'il était « *traître* à la patrie et *perfide*. » Mais le chef d'une *révolte* ou d'une *insurrection* qui n'est pas encore une *révolution* par son succès, ne peut être traité autrement. Qu'on lise aussi le *Manifeste* du 1er septembre 1842 et les actes des chefs insurgés avant le succès de leur entreprise, et l'on verra comment ils parlaient du chef que la nation honorait depuis vingt-cinq ans.

Le général Malette reçut alors des ordres positifs pour se rendre à Lesieur. Les troupes venant de l'arrondissement de Léogane devaient l'y renforcer par le 21° régiment et des gardes nationaux, tandis que le 24° régiment et ceux du Petit-Goave viendraient aux Cayes pour avoir une destination ultérieure. Le colonel Lamarre commandait le 21°, le colonel Désiré, le 24°.

Le général Malette ne se montra nullement à la hauteur

de son devoir militaire. Malgré le conseil, d'abord, puis l'ordre qu'il reçut de Borgella, il n'était pas encore parti de l'Anse-à-Veau, quand le colonel Lamarre y arriva avec les forces qu'il commandait en chef jusque-là : ce colonel le devança à Lesieur. Dès ce moment, Malette aurait dû être remplacé par Lamarre qui avait plus de résolution ; il le fut ensuite, par la mollesse qu'il montra à Lesieur, mais il était trop tard ; on avait perdu du temps, Lamarre n'ayant pu le déterminer à marcher sur Jérémie, peut-être sans défense alors, puisque les généraux Lazare et Rivière Hérard s'étaient portés avec toutes leurs forces contre les colonels Cazeau et Colin qui étaient à l'Anse-d'Eynaud.

Ces colonels et leurs troupes ne reçurent aucune preuve de sympathie de la part des habitans de ce bourg, et de ceux des Irois et de Tiburon : on leur refusait de leur vendre des provisions alimentaires, et il fallait attendre celles que l'administration des Cayes devait y envoyer. Ils ne manquaient pas de fonds, et ceux qui avaient été précédemment expédiés des Cayes pour payer les appointemens des fonctionnaires et la solde des troupes de l'arrondissement de Tiburon, tombèrent entre les mains du colonel Cazeau.

Les généraux Lazare et R. Hérard se firent précéder par le chef de bataillon Nazère Mouras, ancien officier du 17°, qu'ils envoyèrent en députation à l'Anse-d'Eynaud. Il disait que les insurgés s'étaient armés contre les mauvaises institutions du pays, mais non contre Boyer. Ces paroles produisirent une certaine irrésolution dans l'esprit des militaires qui souffraient de privations, tandis qu'on assurait que l'*abondance* régnait du côté des insurgés. Craignant des défections dans les rangs de sa troupe, Cazeau replia sur les Irois [1]. L'armée insurrectionnelle occupa de suite l'Anse-d'Eynaud ; et pendant que Lazare écrivait à Cazeau pour l'enjoindre à se retirer hors de l'arrondissement de Tiburon, à lui remettre les fonds destinés aux fonctionnaires et aux troupes de cet arrondissement, — ce qu'il fit par un excès d'équité envers ces concitoyens [2], — R. Hérard avec sa division le contourna en se portant sur le morne de Tiburon, de manière à pouvoir lui couper la retraite sur ce bourg. Cazeau se décida à rétrograder une fois jusqu'aux Anglais. En ce moment, la goëlette qui lui apportait des Cayes les provisions de bouche, des objets pour son ambulance avec des officiers de santé et des fonds pour sa troupe, cette goëlette fut capturée par les insurgés : ils se gardèrent d'agir avec réciprocité envers les troupes de Cayes.

La conduite du colonel Cazeau, en ces circonstances, jeta du louche sur ses vrais sentimens. Mais il faut prendre en considération la répugnance que, généralement, tous les officiers du gouvernement éprouvaient pour rallumer la guerre civile dans le pays ; ils espéraient presque tous, par la modération, ramener leurs frères insurgés à une soumission, désormais impossible, au chef de l'Etat, ou au moins à une transaction qui eût évité l'effusion du sang haïtien. Généralement aussi, fonctionnaires publics et citoyens privés, tout le monde était frappé des actes inconstitutionnels qui avaient eu lieu successivement. On désirait un

---

[1] Lazare avait été colonel du 17° pendant longtemps. Cazeau dut craindre qu'il n'exerçât de l'influence sur ce corps.

[2] Dans sa lettre du 9 février à ce sujet, Lazare disait : « Je vous invite à me faire parvenir cette somme, comme chose appartenant aux serviteurs de la patrie qui n'ont que trop souffert de la privation des diverses payes qui leur sont dues jusqu'à ce jour. »

changement de *système* de la part de Boyer, sans vouloir son renversement du pouvoir ; on espérait beaucoup des *principes* mis en avant par l'Opposition pour capter les esprits ; on n'entrevoyait pas que, pour parvenir à ses fins, elle s'était engagée dans la voie d'une révolution politique qui pouvait aboutir à une révolution sociale. L'Opposition elle-même n'apercevait pas, peut-être, toutes les conséquences qui résulteraient de son entreprise à main armée, après avoir plaidé la cause des principes générateurs de la société : elle ne voyait que l'assentiment secret qui était dans tous les cœurs, et c'est ce qui l'encouragea dans cette entreprise et la porta à parler aussi affirmativement du concours qu'elle trouverait partout.

Quoi qu'il en soit, revenu à la bourgade des Anglais, le 13 février au soir, Cazeau y vit arriver le citoyen Guerrier Moussignac et le docteur Lowel (des Etats-Unis), qui lui apportèrent de la part du général Lazare, un brevet de « général de division, et chef de la troisième division de » l'armée populaire. » Ces deux hommes étaient chargés d'employer tous les moyens de séduction pour la lui faire accepter. Ils apportèrent aussi une lettre de R. Hérard, adressée au chef de bataillon Dugazon et au capitaine L. Greq, par laquelle ces officiers étaient invités à se rallier aux insurgés. Cette lettre disait : « Suivant les principes du
» *Manifeste*...; nous ne devons sévir contre aucun haïtien,
» quel qu'il soit, *pas même* contre le Président d'Haïti,
» puisque ses pouvoirs devront *exister* jusqu'à la forma-
» tion du gouvernement provisoire ; alors, ils cesseront.
» S'il veut *accepter* la présidence temporaire, elle lui sera
» *accordée*. Moi qui vous parle, suivant nos principes, je
» dois rentrer dans la classe des simples citoyens, sitôt ma
» mission terminée... Je vous offre (à Dugazon) le grade de

« colonel du 13⁰ régiment... et à L. Greq celui de chef de bataillon. » Cazeau arrêta les deux émissaires et les envoya sous escorte à Borgella, en lui adressant le brevet et les lettres. Ce général pensa qu'il fallait un acte de sévérité, du moins apparent, et il livra les deux émissaires à un conseil spécial qui les condamna à mort ; ils se pourvurent en révision, le jugement fut maintenu, mais Borgella ne le fit pas exécuter [1].

Quoique convaincu de la fidélité du colonel Cazeau, par ce fait digne d'un officier honorable, Borgella qui le savait exposé à des souffrances physiques très-souvent [2] jugea en outre qu'il était opportun de placer un chef supérieur à la tête des 13⁰ et 17⁰ régiment : il envoya l'ordre au général Riché d'aller, du Camp Périn, prendre le commandement de cette colonne, en emmenant avec lui le bataillon du 15⁰ régiment et des gardes nationaux de la plaine et ceux de Cavaillon qu'il fit encore renforcer par l'autre bataillon du 15⁰ et quatre compagnies de la garde nationale de la ville des Cayes. Le général Riché fut enjoint à marcher contre les insurgés, à les combattre pour reprendre l'Anse-d'Eynaud, et continuer, s'il était vainqueur, à les poursuivre jusqu'à Jérémie, partout enfin où il les rencontrerait, dans le but d'éteindre l'insurrection.

Le colonel Souffrant, étant venu du Port-au-Prince aux Cayes, en ce moment, avec le 23⁰ régiment de Jacmel et le 26⁰ de la Grande-Rivière du Nord, le colonel Désiré alla remplacer Riché au Camp Périn et dans la route du Ply-

---

[1] Lorsqu'il fut frappé d'apoplexie en 1840, le docteur Lowel se trouvait aux Cayes et lui porta des soins efficaces. Il concilia ainsi son devoir politique avec la reconnaissance qu'il devait à ce médecin étranger. Celui-ci fut tellement effrayé de sa condamnation à mort, qu'il devint fou, et Borgella en éprouva un sincère regret. Étranger au pays, Lowel devait-il se mêler de nos querelles intestines au point de servir d'agent provocateur de la désobéissance envers le gouvernement ?

[2] Il est constant que le colonel Cazeau éprouvait souvent des spasmes à l'estomac.

mouth, ayant sous ses ordres le 24ᵉ régiment et la garde nationale du Petit-Goave.

Par ordre de Borgella, en même temps que Riché se porterait contre l'Anse-d'Eynaud et Jérémie, Lamarre devait marcher sur Jérémie avec les 16ᵉ et 21ᵉ régimens, et Désiré avec la troupe qu'il avait sous ses ordres. Ces dispositions, on ne peut le nier, étaient les meilleures qu'on pût adopter pour acculer les insurgés sur un seul point; mais des circonstances que la fatalité sembla amener en leur faveur, firent échouer ce plan militaire, et ils ne négligèrent rien également pour réussir dans leur but.

En prenant le commandement des troupes réunies aux Anglais, le général Riché se porta vivement à l'Anse-d'Eynaud où il ne trouva aucune résistance, les généraux Lazare et R. Hérard étant retournés à Jérémie avec leurs forces, pour se porter contre la colonne commandée par Lamarre qui menaçait les insurgés de ce côté-là. Avec son activité accoutumée, Riché allait partir de l'Anse-d'Eynaud, quand il reçut l'ordre du général Borgella de surseoir sa marche. C'est que Borgella avait appris que les régimens des Cayes avaient manifesté de la répugnance à servir sous ses ordres, à cause de la mauvaise réputation qu'il s'était faite pour avoir obéi trop aveuglément à H. Christophe, quand celui-ci exerça ses atrocités en 1812. Borgella craignit que les colonels Cazeau et Colin, et les officiers de leurs corps, ne partageassent aussi cette répugnance des soldats et ne secondassent pas efficacement les opérations militaires, en même temps que les familles de Jérémie et des autres lieux seraient épouvantées de savoir que Riché était à la tête de ces troupes; ce qui ne pouvait qu'exaspérer davantage les insurgés en armes et s'opposer à toutes défections possibles dans leurs rangs. Triste conséquence de la conduite de cet officier supérieur, qui était destiné cependant à réparer glorieusement un jour les torts qu'il a eus à cette époque reculée, en gouvernant son pays avec intelligence et équité!

Le général Solages fut donc envoyé pour remplacer Riché. Il partit des Cayes le 20 février, avec le colonel Souffrant et le 26° régiment, le colonel Cadet Lelièvre et la garde nationale d'Aquin qu'il commandait, emportant à Cazeau le brevet de « général de brigade » que Borgella venait de recevoir pour lui du Président : récompense que ses anciens services auraient dû obtenir déjà et qu'il méritait par la belle conduite qu'il avait tenue en refusant le grade divisionnaire qui lui fut offert par les insurgés.

Des délais s'étaient écoulés pour opérer ce changement dans le commandement des forces qui allaient marcher de l'Anse-d'Eynaud contre Jérémie. Il y avait encore une vingtaine de lieues à parcourir pour arriver à cette ville, et Solages devait rencontrer les insurgés en position avant d'y parvenir; car le général Lazare avait pu se porter à sa rencontre, par les événemens qui s'étaient passés à Lesieur.

Lorsque Lamarre reçut l'ordre de marcher contre Jérémie, il se trouvait malade au point de ne le pouvoir pendant une huitaine de jours. Le colonel Désiré, de son côté, était forcé d'attendre son mouvement pour opérer le sien; cependant il se porta jusqu'à la rivière Glace, dans la route du Plymouth.

Durant ce temps, le général R. Hérard, revenu à Jérémie avec Lazare, avait pu arriver le 20 février, avec des troupes du côté de Pestel; et les succès de l'insurrection avaient été préparés déjà par le plus brillant de ses officiers, — le colonel Fabre Geffrard, promu à ce grade pour commander l'avant-garde de l'armée insurrectionnelle.

Geffrard était âgé alors de 36 ans[1]. Doué d'une haute intelligence, d'un cœur généreux, sa physionomie attrayante prévenait en sa faveur par un regard bienveillant, un sourire affectueux, et la franchise de sa parole persuasive. Réunissant à ces avantages celui d'être un cavalier accompli, il se distinguait entre tous par une activité qu'excitait son enthousiasme. Geffrard exerçait ainsi sur ses compagnons une influence qui les portait au dévouement le plus absolu envers lui personnellement, car ils savaient aussi qu'il était fidèle en amitié. Avec ses formes caressantes et le nom illustre qu'il portait, qui rappelait le général si justement aimé dans le département du Sud, il devait inspirer de l'intérêt pour la cause de l'insurrection, émouvoir l'esprit et le cœur des jeunes hommes de l'armée du gouvernement, et des vieux militaires qui avaient connu son père, qui l'avaient vu lui-même dans les rangs du 13° régiment, le fusil à la main et le havre-sac sur le dos, comme soldat. Si l'on veut trouver les causes du prestige qui entoure un homme dans les fastes révolutionnaires, il faut les chercher autant dans ces choses accessoires que dans ses qualités personnelles; et nous ne craignons pas d'être démenti, ni de passer pour trop flatteur, en parlant ainsi du colonel Geffrard.

Il avait demandé au général Malette une conférence, afin de le déterminer à se rallier à l'insurrection; n'obtenant pas réponse, le 15 février il renouvela cette demande par une lettre où il exposait le but de cette prise d'armes,

---

[1] Il est né à l'Anse-à-Veau le 23 septembre 1806.

en disant que les organes du peuple désiraient éviter l'effusion du sang de leurs frères, pour n'opérer qu'une révolution morale par la force de la raison. Par une seconde lettre du même jour, il annonça à Malette l'envoi de biscuits et autres provisions pour lui et ses officiers supérieurs, notamment le chef de bataillon A. Leriché, du 16° régiment, « espérant, disait-il, que ce petit cadeau d'un soldat leur » serait agréable. » Geffrard savait qu'à Lesieur on avait des privations, puisque les cultivateurs étaient invités à ne pas vendre des provisions alimentaires aux troupes du gouvernement; et par ce cadeau, il prouvait à tous, que « l'abondance » régnait de son côté. Mais le général Malette était déjà parti pour le Port-au-Prince. Si Lamarre envoya ces lettres à Borgella, comme firent les autres officiers qui en reçurent, elles n'avaient pas moins produit l'effet que leur auteur s'était proposé.

Le 18 février, Geffrard demanda aussi une conférence au colonel Désiré; et celui-ci ne lui faisant pas une réponse favorable, il eut assez confiance en son étoile pour arriver à lui, avec une vingtaine de jeunes hommes qui l'escortaient, en traversant les avant-postes à la rivière Glace. Cet acte de témérité, la présence de ce jeune colonel, ses paroles affectueuses, l'assurance qu'il donna que cette colonne était cernée, imposèrent au vieux Désiré et le fascinèrent; il refusa de se joindre aux insurgés, mais il laissa Geffrard retourner à son camp. Le 19 et le 20, Désiré reçut des lettres des généraux Lazare et R. Hérard qui l'engageaient à se réunir à eux, en lui offrant le grade de « général de brigade. » Ce colonel resta fidèle au gouvernement; mais il assembla un conseil de guerre qui résolut de rétrograder au Camp Périn, attendu que les forces ennemies étaient supérieures à sa colonne qui était cernée, croyait-on, et que les soldats manquaient de nourriture.

Ce mouvement en retraite laissa Lamarre et sa troupe en face de toute l'armée populaire. Celle-ci marcha contre lui ; le 21 février on était en présence, et si près les uns des autres, que Lamarre essaya, par ses discours, de convaincre ses adversaires du tort qu'ils avaient de s'être armés contre le gouvernement, des maux effroyables qu'ils allaient attirer sur la patrie commune. Ses paroles furent incisives et prononcées avec toute l'autorité de son âge et de son rang ; elles irritèrent le jeune Dorvillier Bruno, neveu du général Segrettier, qui lui répondit avec véhémence. Lamarre, oubliant qu'il était le chef d'une troupe qui se reposait sur lui seul, sortit de ses rangs, s'avança sur ce jeune homme et le prit au collet, en lui reprochant la hardiesse de ses paroles. En ce moment, un autre jeune homme de l'armée populaire déchargea son pistolet sur ce colonel qui fut atteint mortellement. Quelques officiers du 21ᵉ régiment, dévoués à leur chef, le vengèrent en massacrant le meurtrier et le jeune Dorvillier. Un combat de peu de durée s'ensuivit entre le 21ᵉ et la troupe populaire.

Mais la confusion s'était mise dans les rangs des troupes du gouvernement. Par son grade, le colonel Maignant, du 16ᵉ régiment, succédait de droit au commandement. Ses sympathies, celles du chef de bataillon A. Leriche et de presque tous les autres officiers de ce corps étaient en faveur de la cause populaire. Leur défection eut lieu, sinon immédiatement, du moins peu après, dans la même journée ; ils entraînèrent presque tout le 16ᵉ régiment, et une partie du 21ᵉ les imita, tandis que l'autre emporta le corps de Lamarre, qui ne tarda pas à expirer, jusqu'aux Baradères où il fut enterré.

La perte de cet officier, regrettable par ses qualités civiques et personnelles et qui n'eut pas le temps de recevoir le brevet de « général de brigade » que lui envoya le Président d'Haïti, et la défection opérée à Lesieur, allaient décider du sort du gouvernement ; car tous les autres régimens qu'il fit passer dans le Sud imitèrent successivement la conduite tenue par le 16°. Depuis longtemps l'esprit de ce corps, officiers et soldats, était ébranlé par les menées des opposans de l'arrondissement de Nippes : c'est ce qui avait occasionné la lenteur que le général Malette avait mise à partir de l'Anse-à-Veau, et lui-même paraît avoir été gagné par eux. Les ordres d'arrestation envoyés par le général Inginac, à l'Anse-à-Veau et à Miragoane, la fuite des opposans de ces villes, lesquels se trouvaient dans les rangs des insurgés à Lesieur, en face de leurs concitoyens, tout contribua à la défection du 16° régiment.

Le 30°, du Cap-Haïtien, et le 10°, du Mirebalais, étaient déjà arrivés aux Baradères ou plus loin, pour renforcer les troupes à Lesieur ; ils rétrogradèrent avec les fuyards et le 4°, de Saint-Marc, qu'ils rencontrèrent du côté du Petit-Trou, et ces trois régimens s'arrêtèrent à l'Anse-à-Veau où était le général Lacroix, envoyé par le Président pour prendre le commandement de cet arrondissement.

Le général R. Hérard ne perdit pas un instant après la défection des troupes à Lesieur ; il se porta aux Baradères et au Petit-Trou (où les populations se rallièrent à lui), dans l'intention de marcher sur l'Anse-à-Veau. Le général Lazare fit volte-face afin de se porter à la rencontre de la colonne qui marchait de l'Anse-d'Eynaud contre Jérémie.

En avant et à deux lieues de cette ville se trouve la Ravine-des-Sables : une redoute y avait été élevée et gargée, comme poste avancé par un détachement. Le général Lazare arriva à temps avec sa troupe et un canon, à l'endroit appelé le Numéro-Deux, à peu de distance de la redoute.

Le général Solages, arrivé à l'Anse-d'Eynaud le 22 février, partit de là le lendemain. En route, on trouva sur un arbre, une lettre qui annonçait la mort de Lamarre et la défection de sa troupe ; remise au général Cazeau, elle fut lue à haute voix, et cette nouvelle produisit une pénible émotion dans toute l'armée. Cependant, Solages continua sa marche, en divisant ses forces en deux colonnes et une réserve : la première, sous les ordres de Cazeau, la seconde sous ceux du colonel Souffrant, et la réserve sous ceux du colonel Lelièvre. Le 25, l'avant-garde, parvenue à la Ravine-des-Sables, trouva le poste avancé, commandé par l'officier Clergeau, sur une éminence du chemin qu'il fallait gravir. Attaquée avec résolution, la redoute opposa une vive résistance qui fit perdre du monde ; le chef de bataillon Gervais, du 17e, y fut tué ; mais ayant été contournée, elle fut abandonnée. Il était 4 heures de l'après-midi, quand on fut en présence du gros de l'armée populaire, pourvue d'artillerie.

Solages se porta de sa personne en avant et demanda à parler au chef, comme s'il était possible désormais de s'entendre pour éviter l'effusion du sang. M. Élie Dubois, qui l'estimait, se présenta et lui parla avec affection ; il confirma la nouvelle de la mort de Lamarre, et de la défection du 16e régiment, dont les drapeaux flottaient dans les rangs de l'armée ennemie. Apprenant que le général

Lazare était le chef supérieur, Solages voulait commettre l'imprudence de pénétrer jusqu'à lui ; mais Cazeau et ses officiers s'y opposèrent. Il cria alors : « Vive le Président » d'Haïti ! » dans le vain espoir d'un ralliement à la cause du gouvernement : on fut sourd à ce cri. En ce moment, il ordonna un mouvement en retraite, afin d'attendre le lendemain pour combattre avec plus d'avantage, vu l'heure déjà avancée. Mais l'ennemi profita de ce mouvement pour démasquer son canon et le décharger : par une habile manœuvre de Cazeau qui fit ouvrir ses rangs à temps, aucune victime ne tomba sous ce feu. Le combat ne pouvait plus être évité.

Cazeau l'engagea en marchant avec intrépidité contre les troupes ennemies, d'où un feu vif de mousqueterie partait et abattait ses vaillans soldats : il eut son cheval tué sous lui. Durant ce temps, Solages ordonna au colonel Souffrant de pénétrer dans un bois voisin, afin de contourner l'ennemi ; mais cet officier, d'une bravoure longtemps éprouvée, ne put y réussir : l'ennemi avait prévu ce mouvement, et il contraint le 15º à fléchir, au moment où ce corps voit tomber le vaillant capitaine Morisseaux. En vain Souffrant fait-il avancer le 26º pour soutenir le 15º; il ne peut gagner du terrain. Le colonel Lelièvre est lui-même forcé de prendre part au combat contre une colonne ennemie qui veut contourner l'armée entière; sa réserve soutient très-bien le choc. Mais alors le brave Cazeau tombe frappé à mort par une balle, et avec lui plusieurs officiers, notamment le lieutenant Douin qui se cramponna à l'un des drapeaux du 13º, en se sentant blessé mortellement.

La retraite devenait impérieuse; le général Solages l'ordonna, en faisant emporter le cadavre de Cazeau, et des blessés. Ce fut bientôt une déroute complète, beaucoup de soldats refusant de tirer ou jetant leurs fusils et gagnant les bois. On put cependant enterrer le cadavre de Cazeau près du bourg de Dalmarie, et les blessés furent embarqués à l'Anse-d'Eynaud pour être transportés aux Cayes [1].

Ainsi, au combat du Numéro-Deux comme à Lesieur, la mort d'un brave officier devint funeste à la cause du gouvernement. Le destin sembla se prononcer contre lui : c'est qu'il y avait enthousiasme du côté des insurgés, et peu de conviction dans les rangs de ses défenseurs, malgré la fidélité qu'ils lui gardèrent.

Le même jour, 25 février, les insurgés obtenaient sur un autre point un nouveau succès, qui devait leur livrer tout le département du Sud. Du Petit-Trou, le général R. Hérard marcha contre l'Anse-à-Veau. Il suffit de son approche de cette ville, pour déterminer tous les militaires des 4e, 10e et 30e régimens à opérer une défection en sa faveur : aucun ne voulut combattre. Ce jour-là, on vit le colonel Thomas Hector, du 4e, aller jusqu'à la Petite-Rivière de Nippes avec son corps, uniquement pour protéger le salut du colonel Bazelais, gendre du Président d'Haïti, qui avait marché avec lui en sa qualité d'ingénieur, et qui se voyait forcé de retourner au Port-au-Prince. Si T. Hector usa de ces formes courtoises dans sa défection, le colonel Fabre Geffrard, toujours actif à l'avant-garde, usa aussi d'une modération louable en cette circonstance : entouré de ses jeunes et bouillans cavaliers, il poursuivit quelques instans le colonel Bazelais, qui ne s'en effrayait pas toute-

---

[1] J'écris la relation de la marche de Solages et des combats qui s'ensuivirent, d'après des notes de C. Ardouin tenues sur les renseignemens qui lui furent fournis ; mais, il est possible qu'il y ait des inexactitudes dans ce récit comme dans celui relatif à l'affaire passée à Lesieur.

fois, et il sut arrêter l'ardeur de son escorte pour le laisser paisiblement continuer sa route.

Faisons ici un retour en arrière, afin de constater quelques faits.

Le général Borgella avait publié divers ordres du jour, les 16, 17 et 24 février, pour rallier aux drapeaux les soldats et les gardes nationaux qui s'en étaient absentés momentanément ; pour menacer les personnes qui tenaient aux troupes des propos séditieux, même des femmes qui, par leur position sociale, auraient dû s'en abstenir, d'être poursuivis criminellement ; enfin, pour déclarer en état de siége tout le département du Sud, afin d'y faire régner exclusivement les lois militaires [1] De leur côté, les généraux Lazare et R. Hérard, ce dernier surtout en sa qualité de « chef d'exécution, » avaient émis des proclamations et ordres du jour dans le but révolutionnaire qu'ils poursuivaient. A ce sujet, on peut remarquer que le chef d'exécution ne fut pas avare de semblables actes, jusqu'au moment où un gouvernement provisoire fut installé.

Quand Borgella apprit le désastreux résultat survenu à Lesieur, il avait envoyé le colonel Chardavoine, son aide de camp, à la tête du 23° régiment pour renforcer le colonel Désiré au Camp Périn, afin d'être prêt à se reporter en avant dans la route du Plymouth, au cas où les généraux Solages et Cazeau eussent été vainqueurs. Aux Cayes, le 8° régiment, du Port-au-Prince, commandé

---

[1] L'ordre du jour relatif aux femmes lui fut sévèrement reproché, comme si de telles personnes pouvaient impunément commettre les délits prévus par les lois. Bien des femmes ont contribué, dans ces circonstances, à la révolution dont elles s'étaient engouées, sans prévoir que la plupart d'entre elles verseraient d'abondantes larmes avant longtemps.

par le colonel Bellanton, et un détachement de la garde à cheval du Président, sous les ordres du capitaine Fettierre, venait d'arriver, annonçant que le général Gardel, commandant l'arrondissement de Jacmel, pénétrerait bientôt dans le Sud, avec le 22ᵉ régiment et les gardes nationales de cet arrondissement.

En apprenant l'insuccès de Solages, Borgella lui ordonna de rentrer aux Cayes avec les débris de sa colonne, et il y fit rentrer également les troupes et gardes nationales qui étaient au Camp Périn, avec les poudres qui s'y trouvaient; il envoya enclouer les pièces d'artillerie qui, depuis longtemps, avaient été placées sur l'habitation Boutellier. Car, le commandant du Sud prévoyait bien que, hors le chef-lieu de ce département, tout le reste allait tomber aux mains du chef d'exécution, qui marcherait infailliblement contre lui avant d'avancer contre le département de l'Ouest.

A l'entrée de Solages, Borgella fit célébrer un service funèbre en mémoire du brave Cazeau et des militaires victimes à la Ravine-des-Sables et au Numéro-Deux, du vaillant Lamarre et de ceux qui périrent à côté de lui. Puis, autorisé par le Président d'Haïti, il promut au grade de général de brigade, Colin, Souffrant et Lelièvre, et il fit d'autres promotions justement méritées : celles de Bruno Picdeper au grade de colonel du génie ; de Fettierre, à celui de chef de bataillon, etc, etc. Riché venait de recevoir le brevet de général de division, envoyé par le Président[1].

Ce général commandait la place des Cayes depuis son retour de l'Anse-d'Eynaud. Sous un tel chef, le service

---

[1] Le 19 février, je fus envoyé en mission aux Cayes, principalement pour autoriser le général Borgella à faire des promotions dans les grades supérieurs.

et la défense étaient assurés. Il fit nettoyer et ouvrir les fossés de la ville par des cultivateurs de la plaine appelés en corvée ; les ponts en bois placés sur la rivière de la Ravine furent brisés, ceux en maçonnerie, gabionnés, ainsi que d'autres points qui offraient un accès dans la place. Le général Lelièvre eut le commandement de tous les gardes nationaux et gardait la ligne, de l'embouchure de la Ravine jusqu'à l'ancien fort où se trouve le confluent de cette rivière avec les fossés. Le général Colin, avec les 13e et 17e régimens, défendait de ce point au pont de l'entrée où se trouvaient des pièces d'artillerie. De là à l'esplanade, les 15e et 23e régimens étaient placés sous les ordres du général Solages. Et le colonel Bellanton, ayant sous lui les 8e et 24e régimens, couvrait la ligne, de l'esplanade à l'embouchure de la rivière de l'Ilet, gardant aussi la poudrière située de ce côté-là. Le général Souffrant commandait la réserve, composée du 26e régiment et de quelques compagnies d'élite, et se tenait sur la place d'armes. L'arsenal était gardé par le colonel Toureaux avec le bataillon d'artillerie. Enfin, le chef de bataillon Fettierre, bien digne d'une telle mission par ses qualités militaires, devait défendre le bureau de l'arrondissement où se trouvait le général Borgella, avec le détachement de la garde du Président et un autre du 17e régiment.

Ainsi, sauf les *défections* qui étaient possibles, la place des Cayes pouvait être bien défendue contre l'armée populaire. Mais ses habitants, les familles qui avaient leurs parens dans ses rangs, s'effrayaient et gémissaient d'avance de cette lutte fratricide, et c'était fort naturel quand on considérait encore que les communications avec le gouvernement central étaient désormais rompues, qu'il avait envoyé dans le Sud presque tous les corps de troupes. Aussi, dès le 4 mars, avant l'arrivée de l'armée populaire qui ne parut près des Cayes que le 8 dans l'après-midi, les principaux habitans se réunirent afin de présenter à Borgella leurs doléances, dans une pétition que rédigea le citoyen Emile Blanchard et qu'ils signèrent tous. Ils y rendaient justice à ses sentimens, à la sagesse avec laquelle il avait préservé la ville des dangers qui la menaçaient ; ils applaudissaient à sa prudence, à son zèle pour le maintien de l'ordre et de la paix publique.

« Général, dirent-ils, Haïti ne rend point seule hommage à votre gloire militaire. Votre nom a traversé l'immensité des mers pour prendre place dans les annales de l'histoire où la postérité inscrit ceux des grands hommes de chaque peuple. Rien ne peut plus flétrir cette gloire acquise par cinquante ans de guerre et de glorieux travaux. Vos cheveux blancs, nobles et beaux comme les lauriers qui couronnent votre front victorieux, ont reçu la double consécration de la valeur, de l'amour et du respect de toute une nation.

» Sous l'impulsion d'un sentiment impétueux, irrésistible, Haïti s'émeut et s'agite. De tous les coins du territoire, la nation s'est levée et se pose debout, les armes à la main, les uns pour revendiquer des droits méconnus, les autres pour garantir la République du désordre et de l'anarchie. Certes, nous devons tous *défendre* les institutions établies, maintenir les lois et le pacte fondamental de l'État ; mais s'il y a des *réformes* indispensables, nécessaires à la prospérité nationale, s'il est des *réclamations* justes, fondées, qu'on les produise, qu'on les mette au grand jour... L'armée qui se présente à nos portes s'annonce au nom de la patrie, au nom de la liberté, au nom des principes qui forment aussi la base de nos institutions... Tâchons donc d'éviter de répandre notre sang par nos propres mains, lorsqu'on pourrait peut-être s'entendre, et nous en remettre à l'autorité constitutionnelle de l'État pour décider de la question... »

Et la pétition, remise à Borgella par dix citoyens, concluait par lui demander l'autorisation d'aller au devant de l'armée populaire pour essayer de s'entendre, sauf à se ranger à ses côtés, si les espérances et les sentimens de la population étaient déçus et méconnus.

Dans la situation des choses, Borgella ne pouvait rester sourd à de telles représentations; mais il avait son devoir politique et militaire à remplir avant tout. Il assembla un conseil de guerre composé de tous les officiers supérieurs sous ses ordres, afin qu'ils prissent connaissance de la pétition et qu'ils concourrussent avec lui à la décision qu'elle exigeait. La plus large liberté d'opinions fut laissée à chacun d'eux, et l'on vit manifester des sentimens opposés les uns aux autres. Les officiers de l'Ouest demandèrent tous, en leur nom et celui de leurs subordonnés, en cas d'accord avec l'armée populaire pour éviter tout combat, à retourner dans leurs foyers. Enfin, dirigeant la délibération dans ce sens, Borgella obtint du conseil de guerre, qu'on permettrait l'envoi d'une députation auprès du général R. Hérard, chef d'exécution, quand son armée paraîtrait. Le 5 mars, il répondit aux pétitionnaires en ces termes :

« En réponse à votre pétition qui m'a été remise, je vous adresse la copie du procès-verbal renfermant la décision du conseil de guerre réuni pour statuer sur votre demande. L'humanité, l'horreur du sang, et surtout du sang des frères, a dicté la concession faite en cette grave circonstance. Mais que cette œuvre de bienveillance ne soit pas considérée comme un acte de faiblesse! alors tout serait sacrifié à l'honneur. Vous me désignerez les noms des citoyens qui doivent former la députation, afin que je leur donne un sauf-conduit. »

De son côté, le général R. Hérard avait vu rallier encore à son armée, à la Petite-Rivière de Nippes, le 22ᵉ régiment et les gardes nationales de l'arrondissement de Jacmel qui firent défection, aussitôt que le général Gardel cessa de les commander. Parti de Saint-Michel, il avait passé à Miragoane le 24 février; et le 25, étant sur l'habitation Desvarieux, tout près de cette ville, il éprouva une attaque d'apoplexie qui lui paralysa la langue complètement, mais en lui laissant ses facultés intellectuelles. Obéissant à son devoir, il continua la route pour se rendre à l'Anse-à-Veau, suivant les ordres qu'il avait reçus. Mais, parvenu à la Petite-Rivière, il fut accablé par la maladie, et on dut l'embarquer dans un canot qui le transporta à Miragoane.

On remarquera cette fatalité qui frappa le même jour, 25 février, deux vaillans généraux, Gardel et Cazeau, tandis que leur collègue Lacroix était fait prisonnier à l'Anse-à-Veau, par la défection de ses troupes.

Bientôt, le général R. Hérard était rendu à Miragoane d'où il partit pour se porter contre la ville des Cayes, en passant par Saint-Michel, Aquin, Saint-Louis et Cavaillon, et voyant se réunir à lui les populations de ces lieux. Il avait accueilli à l'Anse-à-Veau le représentant David Saint-Preux qui, étant dans la prison d'Aquin, avait obtenu du geôlier sa mise en liberté.

A l'approche de l'armée populaire des Cayes, la députation des habitans sortit et alla au devant d'elle : ces habitans trouvèrent le général R. Hérard sur l'habitation Bergeaud, à deux lieues de la ville. Ils demandèrent communication, tant pour les citoyens eux-mêmes que pour Borgella et ses troupes, du *Manifeste* révolutionnaire dont on parlait beaucoup, afin de savoir sur quelles bases on se proposait de « régénérer le pays : » ce qui prouve que bien des personnes, aux Cayes mêmes, n'en avaient jamais eu connaissance. Une sorte de fin de non-recevoir fut donnée à ce sujet par rapport au général Borgella personnellement ; car on prétendait, à tort, qu'il lui en avait été donné communication avant la prise d'armes de Praslin. Toutefois, la députation revint en ville avec ce document, chargée, de la part du général R. Hérard, de demander les conditions proposées pour la capitulation de l'armée du gouvernement. En sa présence et celle du conseil de guerre réuni de nouveau, le général Borgella fit donner lecture du *Manifeste* et des conditions qu'il mettait à son adhésion, lesquelles il avait fait écrire d'avance. Les voici :

« Le général de division Borgella, etc., assisté de son conseil de guerre, après avoir pris connaissance du *Manifeste* contenant les réclamations du peuple, déclare l'accepter et propose aux chefs de l'armée qui s'avance, une fusion, un renouvellement de fraternité, aux conditions suivantes :

» Respect pour les personnes et les propriétés. Que nulle vengeance ne soit faite au profit des haines particulières. Que personne ne soit recherché, ni incriminé pour ce qu'il a dit ou écrit durant ces temps de troubles. Que chacun conserve son libre arbitre, c'est-à-dire, la faculté de prendre part aux événemens ou de se retirer. Enfin, que les troupes de l'Ouest, qui sont actuellement en cette ville, puissent s'en retourner dans leurs foyers.

» Le général répète qu'il se soumet aux volontés du peuple, parce qu'il ne voudrait point qu'il y eût encore une seule goutte de sang de versée. Son patriotisme et son amour pour ses concitoyens le lui commandent. Ainsi, que sa première condition soit acceptée et religieusement observée : Respect pour les personnes et les propriétés !

» Le colonel Chardavoine (sénateur), assisté des députés de la ville, est chargé d'apporter la présente déclaration.»

Si le sort du président Boyer et de son gouvernement allait se décider par la soumission de Borgella et de ses troupes, le sort de la Révolution de 1843 devait dépendre aussi de la sincérité avec laquelle « le chef d'éxécution des » volontés du peuple souverain » allait accepter ces conditions, posées par l'illustre Vétéran qui commença sa carrière militaire en 1791, et qui eut dans le cours de sa vie tant d'actions dignes du vrai citoyen.

Le sénateur colonel Chardavoine et les députés se rendirent auprès du général R. Hérard, et revinrent au coucher du soleil du 8 mars, avec la pièce qui suit :

Liberté, ou la Mort.
République *Haïtienne*.
Au nom de la Souveraineté du peuple,

Le Chef d'exécution de la volonté du peuple souverain et de ses résolutions,

Après avoir consulté le giron des comités populaires, et les propositions insérées dans la lettre du général Borgella demandant un mûr examen, a résolu d'ajourner la réponse à demain matin.

Salut en la patrie.

Signé : C. Hérard aîné.

Certifié par le président et les membres du giron,

Signé : Hérard Dumesle, Laudun, Bédouet[1].

---

[1] Cet acte est écrit de la main de H. Dumesle. En changeant la dénomination de la

Aussitôt que l'on apprit que l'armée populaire approchait, une agitation toute naturelle eut lieu dans la ville des Cayes, les troupes se préparant au combat, les familles en redoutant l'issue. A cinq heures de l'après-midi, le général Borgella fut avisé par le colonel Augustin Cyprien, que le général Lazare pénétrait dans la plaine par la route des Côteaux. Les troupes du général R. Hérard s'avançaient déjà de tous côtés pour environner la place, par l'habitation O'shiel et par la route du cimetière, les communications s'établirent de suite entre elles et la ville, par des canots qui traversaient la rivière de la Ravine et par d'autres points. Afin d'éviter une collision désormais inutile, puisqu'on traitait de la capitulation de la place, Borgella avait recommandé au colonel Chardavoine d'engager le général R. Hérard à donner l'ordre à ses troupes de ne pas tenter d'y pénétrer.

A 6 heures du soir, plusieurs officiers d'artillerie vinrent déclarer à Borgella, que les militaires de ce corps avaient abandonné les canons de l'arsenal, parce que le colonel Toureaux, porté à une fâcheuse exaspération, menaçait de faire sauter ce dépôt de poudre et d'armes. Colonel de ce corps, il avait toujours vécu en mauvaise intelligence avec le chef de bataillon Rivière Hérard, et directeur de l'arsenal, il conçut cette coupable pensée pour ne pas se soumettre au général de l'armée populaire.

Il aurait dû considérer que l'arsenal était un établissement public, une propriété nationale dont il ne pouvait disposer par la destruction, un tel événement devant en outre occasionner celle des propriétés privées contiguës,

République d'Haïti en celle de « République Haïtienne, » le chef de l'Opposition créa malgré lui une « République Dominicaine » sur le territoire de l'île. Il ignorait les idées et les vrais sentimens qui existaient depuis quelque temps dans les départemens de l'Est.

un incendie même dans la ville des Cayes, en exposant encore bien des personnes à périr injustement. Mais, il est à remarquer que Toureaux avait souvent des travers d'esprit, des singularités qui prenaient le caractère de la monomanie : l'une de ces singularités consistait à imiter le costume ou du moins la coiffure de Napoléon 1er, tant il était enthousiaste de la haute capacité militaire de ce grand capitaine [1]. Il n'est donc pas étonnant qu'il soit arrivé à concevoir une idée si regrettable. Le général Borgella en fut désolé, et par rapport à cet officier lui-même qui avait été son aide de camp et qu'il aimait, et par rapport aux conséquences de sa résolution; il envoya auprès de lui le capitaine Jean Lindor, son aide de camp, pour l'en dissuader; il ne réussit pas. Toureaux se maintint à l'arsenal.

A sept heures et demie du soir du 8, Borgella fut averti que les colonels Bellanton et Désiré, avec les 8e et 24e régimens, avaient fait *défection*, que l'armée populaire était ainsi devenue en possession de la poudrière et des forts de la Tourterelle et de l'Ilet. La place était donc entamée dans cette ligne. La nuit se passa dans cette situation. Le général R. Hérard en profita pour ne faire aucune réponse aux conditions posées pour la capitulation.

Le 9 mars, il pénétra dans la place avec toute son armée, Borgella ayant reconnu la nécessité de n'ordonner aucune résistance. Ce général tenta une nouvelle démarche auprès de Toureaux qui, seul à l'arsenal, en éloignait tout le monde par la crainte de périr inutilement. Il lui écrivit une lettre affectueuse pour le détourner de sa fatale idée ; ce brave y répondit en ces termes :

---

[1] Au Port-au-Prince, on se rappelle la même manie de Meyrèles, citoyen recommandable qui devint fou.

« Mon général, vos bontés me font baisser la tête ; je
» suis sensible à tout ce que vous me dites par votre lettre
» de ce jour. Je conviens que ma résolution est désespé-
» rée, mais elle est prise. Pardonnez-moi, je vous prie ;
» vous savez que vous régnez dans mon âme, et vous ré-
» gnerez encore sur mes cendres.

« Je vous respecte jusqu'au tombeau ! Signé : TOUREAUX. »

La journée se passa ainsi, et l'on avait espoir qu'il fini-
rait par céder. Le général Solages et le colonel Chardavoine,
ses amis, s'exposèrent même à pénétrer auprès de lui pour
l'y engager : il fut sourd à leurs représentations. Entouré de
poudre, ayant ses pistolets à la main, il ne pouvait y être
contraint. Une demi-heure après qu'ils furent sortis de l'arsenal, vers sept heures, Toureaux mit le feu aux poudres
et périt. Les flammes de ce bâtiment communiquèrent le
feu aux maisons voisines, mais la ville eut le bonheur d'é-
chapper à l'incendie [1].

Par une lettre du 10 février, écrite à onze heures de la
nuit, de la main du Président, il disait au général Borgella
qu'il venait d'apprendre que « des individus, connus pour
« être en relations intimes avec les révoltés, avaient suivi
« le 24ᵉ régiment du Petit-Goave, comme dragons de la
« garde nationale, sans doute avec de perfides intentions.
« Prenez garde à eux. La prudence commande de les mettre
« à l'écart, en sûreté ; » c'est-à-dire en prison. C'étaient
Messieurs Félix Poisson, Edouard Lochard, Bonnecase et
six autres désignés dans une note annexée à la lettre. Mais
Borgella n'avait pas cru devoir incarcérer ces citoyens ; et
lorsqu'il s'agit d'envoyer une députation de ceux des Cayes

---

[1] Par un décret du chef d'exécution, du 12 mars, « tous les biens, meubles et im-
» meubles de Toureaux sont séquestrés pour être vendus au profit des familles qui
» souffrent de cet acte de vandalisme de la part de cet infâme suppôt de la tyran-
» nie, etc. »

au devant de l'armée populaire, il avait fait mettre en liberté toutes les personnes qui étaient détenues par ses ordres dès le début de l'insurrection et successivement. En demandant « respect pour les personnes et les propriétés, » au moment de traiter de la paix, il en traçait l'exemple.

Le chef d'exécution qui avait eu ses raisons pour ne pas traiter sur ces bases, dès son entrée aux Cayes, ordonna l'arrestation et l'emprisonnement de plusieurs officiers supérieurs ; 1o du général Riché qui n'avait eu d'autres *torts* en ces circonstances, que d'avoir montré une grande activité, comme militaire, à exécuter les ordres de ses supérieurs; mais qui payait ainsi la mauvaise réputation qu'il s'était faite sous le règne affreux de H. Christophe : car, pourquoi Solages et les autres généraux qui combattirent à la Ravine-des-Sables et au Numéro-Deux, ne furent-ils pas emprisonnés ? 2° du chef de bataillon Lambert qui, en 1842, avait été l'un des signataires de la protestation dirigée contre les élections de la capitale, et qui se distinguait par son dévouement au gouvernement qui l'avait accueilli à son arrivée de l'étranger.

Nous ne citons que ces deux hommes, et nous enregistrons encore l'acte le plus inconséquent, le plus injuste et le plus impolitique que le général R. Hérard ait rendu, parmi tant d'autres, dans l'exercice de son pouvoir dictatorial : — le décret du 10 mars par lequel, après avoir ouï la délibération du « comité régénérateur, » il déclara *nuls et non ave-*
« *nus* tous brevets, commissions, diplômes, lettres de ser-
« vice délivrés par Boyer, à partir du 15 janvier dernier,
« comme impopulaires et liberticides. » Nous nous abstenons de reproduire le « considérant » qui accompagnait cet acte étrange, dans le temps où les grades militaires les plus élevés étaient accordés avec profusion à des hommes, à des

jeunes gens qui n'avaient jamais servi le pays par les armes, — excepté depuis le 27 janvier [1].

Un autre acte révolutionnaire porte la même date du 10 mars, de la ville des Cayes. Mais l'indiscrète histoire est, de sa nature, investigatrice : elle constate ici que cet acte fut rédigé au Port-au-Prince, le 24 mars. C'est celui qui déclara « la *déchéance* du général J.-P. Boyer de l'office de Prési- « dent d'Haïti, comme coupable de lèse-nation, » et le mit en accusation avec sept autres personnes considérées comme ses « complices, » pour être jugées par un jury national.

A côté de ces actes, citons aussi un trait du caractère de Hérard Dumesle, auquel on doit applaudir :

En 1841, il avait eu maille à partir avec l'administrateur Céligny Ardouin ; une proposition de duel entre eux avait succédé à un procès au tribunal correctionnel des Cayes. Lorsque les députés de cette ville allèrent auprès du chef d'exécution, H. Dumesle chargea l'un d'eux de dire à C. Ardouin : qu'il aurait sincèrement désiré de lui prouver qu'il ne conservait aucune rancune, aucun ressentiment contre lui, à raison de ces faits, et de le couvrir de toute sa protection en entrant aux Cayes ; mais qu'il était entouré de gens animés de sentimens de vengeance à son égard, et par rapport à sa conduite dans l'administration des finances qu'il gérait avec *trop* de rigueur, et parce qu'ils l'accusaient d'avoir été l'instigateur des actes du général Borgella dans ces derniers temps ; que, n'étant pas sûr de pouvoir le

[1] Comment ! vous vous êtes mis en insurrection le 27 janvier, et vous avez déclaré nuls, dès le 15, les brevets délivrés tardivement, par un chef qui gouvernait le pays depuis 25 ans, à d'anciens officiers de l'armée, vieux militaires qui l'avaient servi avec honneur, tandis que vous vous prévaliez du grade de général de division qui vous fut décerné par de simples citoyens au nom d'une *abstraction !* Et une telle faute, dans un pays toujours soumis au régime militaire, à ce régime dont vous alliez avoir tant besoin pour vous soutenir !...

soustraire à des vexations, il l'engageait à quitter les Cayes [1].

C. Ardouin fut sensible à ce procédé généreux. Il profita du retour ordonné par le général Borgella, de deux garde-côtes qui étaient venus aux Cayes apporter des habillemens de troupes, etc., par ordre du Président, et il partit sur l'un d'eux dans la soirée du 8 mars pour se rendre au Port-au-Prince. Il y arriva le 13 dans l'après-midi, et annonça à Boyer la capitulation des Cayes.

Toutes les autorités de cette ville étaient déchues de droit par l'entrée de l'armée révolutionnaire. Le colonel Fabre Geffrard fut nommé commandant de l'arrondissement. Ainsi qu'il l'avait promis à Borgella, il eut pour lui tous les égards dus à son rang, à ses anciens services, au malheur de sa position actuelle, à son grand âge (70 ans) et à ses infirmités résultant de la paralysie dont il était affecté; et si ce général ne fut pas alors mis en prison, il dut à Geffrard cette considération qu'on eut pour lui. Ce colonel ne pouvait oublier que son père avait honoré Borgella de toute son amitié, qu'il l'avait toujours distingué parmi les officiers de cette époque; il ne pouvait oublier non plus, qu'à son tour, Borgella l'honorait lui-même de son affection et de son estime.

C'est ici le lieu, pour nous, d'apprécier la *défection* de Fabre Geffrard au 28 janvier. Nous avons dit comment elle eut lieu, et par quels motifs il s'y détermina : la parole d'honneur qu'il donna au chef de bataillon R. Hérard, l'engagement pris, sous serment, de se dévouer à l'entreprise indiquée dans le *Manifeste* révolutionnaire, d'après ses propres convictions.

On a vu plus avant comment il se conduisit. Il ne tarda

---

[1] Le chef de l'Opposition reconnaissait ainsi, dès lors, qu'il était débordé.

pas à être relevé du commandement de l'arrondissement des Cayes pour se porter dans l'Ouest et contribuer à achever la révolution ; et l'on sait qu'il ne cessa de jouir de l'estime publique dans ce département comme dans le Sud, à l'occasion des divers emplois qu'il y remplit [1].

A l'époque où nous écrivons ces lignes, nous nous voyons gêné, en quelque sorte, dans l'expression de nos idées, pour motiver notre appréciation par tout ce que nous pourrions dire en faveur de Fabre Geffrard ; la pudeur nous retient. Cependant, le temps a marché ; il a prouvé que la bonne réputation de ce citoyen s'était étendue dans les départemens de l'Artibonite et du Nord, comme dans les deux autres.

En savez-vous la cause ? C'est que, dans toutes les circonstances de sa vie publique, il a montré une grande intelligence des choses et des affaires de son pays, une modération digne d'éloges, un dévouement, un amour vrai pour tous ses concitoyens, ses frères, *sans distinction*. En Haïti, ce sont les conditions indispensables du *succès* pour tout chef qui veut être honoré de son vivant et vénéré par l'histoire et la postérité. Voyez quel a été le sort de ceux qui eurent des sentimens contraires !

En parlant des antécédens de Pétion, depuis l'affaire des *Suisses* dont il prit la juste défense en 1791, et de sa défection en 1799 et de celle de 1802, nous croyons avoir prouvé que ces actes influens sur les destinées de ce chef et de son pays, ont eu pour mobile ce profond sentiment de *frater-*

---

[1] Pendant l'insurrection, une comète parut ; elle était magnifique, et sa queue, vue de la capitale, se prolongeait au sud-ouest. Si le peuple vit dans son apparition un présage de la chute infaillible de Boyer, la faveur dont il entourait déjà le colonel Fabre Geffrard le porta à dire de la comète : « C'est le panache de Geffrard ! » On sait que les révolutionnaires portaient alors un panache blanc à leurs chapeaux. Et n'est-il pas curieux qu'une autre comète, vue en 1858 au nord-ouest de la capitale, ait été envisagée par le peuple comme le précurseur de la révolution qui a renversé le singulier Empereur d'Haïti ?

nité; il lui a dû ses éclatans succès dans sa carrière politique. On sait du reste combien ses deux défections ont été utiles à la patrie.

Lorsque nous avons parlé de celle de Borgella en faveur de la scission du Sud, nous avons dit qu'il fut entraîné à ce mouvement irréfléchi contre sa propre conviction, mais que le pays a été ensuite heureux qu'il s'y fût jeté, parce qu'il devint l'auteur principal de la réconciliation qui sauva la patrie en 1812; et cette réconciliation n'aurait pas eu lieu d'une manière aussi admirable, si Borgella ne se fût montré l'ami, le protecteur de tous ses concitoyens dans le Sud.

Eh bien! aujourd'hui que de grands événemens se sont accomplis en Haïti, que la Révolution de 1843 a, pour ainsi dire, terminé sa course par la restauration, le rajeunissement de la République, ne doit-on pas voir dans la *défection* de Fabre Geffrard, comme dans celles de Pétion et de Borgella, une de ces résolutions inspirées par cette divine Providence qui veille au salut des peuples?

Un homme se trouve-t-il dans une situation politique grave ou périlleuse, s'il a du bon sens il règle sa conduite par le raisonnement, ou, le plus souvent, il se sent entraîné, malgré lui, à prendre un parti décisif, quelles que doivent être les conséquences de sa détermination. Cependant, sa détermination influe grandement sur le sort de son pays : n'est-il pas permis alors de reconnaître ou de penser qu'il n'a été qu'un instrument intelligent dans les mains de Dieu? La philosophie, comme la religion, nous enseigne que tout est mystère dans les choses de ce monde; mais il faut le concours du temps pour apercevoir ou constater ce qui est *bien* ou *mal*, et c'est là l'œuvre de l'histoire qui enregistre les actions des hommes.

Nous savons bien qu'il y a eu, dans ces derniers temps,

plusieurs hommes qui ont fixé l'attention publique; mais quel autre que le général Fabre Geffrard était mieux placé dans l'esprit des populations et de l'armée surtout, pour opérer la récente révolution qui a fait disparaître, comme par enchantement, cet Empire tyrannique qu'un égoïsme sanguinaire fonda sur des cadavres, qu'un stupide fétichisme dirigeait, et qui, pour se perpétuer, joignit la désunion des citoyens et la force brutale, à la corruption et à la honteuse dilapidation des deniers publics?

On objectera, peut-être, que cet Empire a eu une longue durée, trop longue certainement dans l'intérêt de notre pays. Mais nous répondons d'avance à cette objection : que c'est encore un de ces mystères qui entrent dans les desseins de la Providence. Les nations, comme les individus, ont besoin de grands enseignemens pour leur expérience. Haïti devait faire la sienne au prix de tous les malheurs.

Mais cessons ces réflexions philosophiques, pour parler de la dernière phase de la Révolution de 1843.

CHAPITRE VII.

Sentimens éprouvés par le président Boyer, en apprenant l'insurrection de Praslin; son dégoût du pouvoir. — Cette disposition intime influe sur les mesures qu'il ordonne. — Promotions dans les rangs militaires. — La défection des troupes à l'Anse-à-Veau occasione l'alarme au Port-au-Prince. — La garnison de cette ville sort et marche sur Léogane. — Elle revient à Gressier et marche de nouveau pour attaquer Léogane. — Défection de l'arrondissement de Jacmel. — Disposition de Boyer à abdiquer le pouvoir et à se retirer à l'étranger ; offres que lui fait à cet effet le Consul de S. M. B. — Combat à Léogane; défection des troupes, excepté la garde du Président. — Acte d'abdication remis au président du comité permanent du Sénat. — Boyer s'embarque sur la corvette *Scylla*. — Le comité permanent du Sénat dresse procès-verbal de la réception de l'acte susdit et l'envoie au secrétaire d'État Pilié. — Ce grand fonctionnaire le fait publier avec une adresse aux Haïtiens. — Deux actes révolutionnaires rendus après le départ de Boyer. — Jugement sur ce chef. — Résumé de la sixième Epoque.

Dans le chapitre précédent, on a vu, qu'informé de l'insurrection de Praslin, le président Boyer prit certainement des mesures pour s'opposer à sa réussite. Cependant, nous avons dit qu'il aurait dû, ce nous semble, se porter dans le Sud; car, bien que les insurgés eussent été impuissans dans l'arrondissement des Cayes, le Président n'ayant eu d'abord aucune nouvelle de la Grande-Anse où ils se réfugièrent, mais ayant su ensuite que les généraux Lazare et Segrettier avaient pactisé avec eux, il était encore temps qu'il prit cette résolution. Quels ont pu être les motifs de son abstention? C'est une question qui intéresse assez l'histoire de notre pays et le jugement qu'on devra porter sur ce chef, pour que nous disions au lecteur ce que nous savons à ce sujet.

Lorsqu'il reçut du général Borgella la dépêche du 27 janvier qui lui annonçait la prise d'armes, il m'envoya une lettre de C. Ardouin qu'elle renfermait sous son pli [1]. Mon frère m'entretenait de bien des particularités qui avaient précédé l'événement et qui l'avaient accompagné. Je crus qu'il était de mon devoir d'apporter cette lettre au Président : il fut satisfait de cette communication, et il me donna à lire la dépêche du général Borgella qui était plus concise, et une autre que lui avait adressée aussi le général Solages, lui disant qu'il allait se rendre aux Cayes selon la réquisition de Borgella. Je continuai à agir ainsi à l'arrivée de chaque courrier, car je recevais en même temps de nouvelles lettres de mon frère.

En me voyant, Boyer me dit d'un air pénétré : « Eh bien !
» les opposans ont enfin levé le masque; ils sont arrivés
» à ce qu'ils méditaient depuis longtemps contre mon
» gouvernement. Ils ne le trouvent plus convenable pour
» le pays ! Les malheureux ! l'expérience du passé n'est
» donc rien pour eux ! Et c'est aux Cayes, c'est dans le
» Sud qu'ils osent faire un appel aux armes ! Mais, j'espère
» que le général Borgella réussira à dissiper cette révolte. »

Je lui appris alors que, dans le mois de décembre 1842, le général Solages m'avait écrit une lettre dans laquelle il me disait : qu'il venait d'apprendre que l'Opposition avait fait imprimer au Port-au-Prince un *Manifeste* dirigé contre le gouvernement, et que ce pouvait être un bruit comme tant d'autres que les opposans faisaient circuler. « Mais,

---

[1] J'aurai à citer mon nom si souvent dans ce chapitre, que je prie le lecteur de permettre que, dès à présent, je parle de moi à la première personne du singulier.

» me dit le Président, Solages ne m'en a point avisé, et
» vous-même ne m'en avez rien dit ? — N'étant pas plus
» certain que lui de ce fait prétendu, je ne vous en ai
» point parlé, Président. »

J'ajoutai que j'avais appris aussi, que les opposans comptaient beaucoup sur le général Bonnet pour participer à tout mouvement qu'ils entreprendraient, et qu'ils disaient que le colonel Rigaud était d'accord avec lui. « J'i-
» gnore, Président, si tous ces bruits étaient fondés ; mais
» maintenant que ce colonel, commandant de la place de
» Saint-Marc, remplace provisoirement le général Bonnet
» dans cet arrondissement, ne vous semble-t-il pas néces-
» saire de le révoquer ? Rigaud est le parent des Hérard et
» leur intime ami ; je crois qu'il ne pourra pas seconder
» franchement les mesures que vous ordonneriez; car,
» probablement, vous ferez venir à la capitale les troupes
» de l'Artibonite et du Nord pour les employer au besoin.
» — Rigaud n'a aucune influence à Saint-Marc, répondit
» le Président ; il ne pourrait rien faire pour contrarier mes
» ordres. »

Cependant, quelques jours après, je sus que le sénateur colonel Dalzon était parti pour Saint-Marc, afin de remplacer Rigaud. Avant son départ, le Président avait fait mander de là le chef de bataillon Cazimir Vincent, commissaire des guerres, pour s'enquérir de la conduite de Rigaud depuis la nouvelle de l'insurrection. Il avait appris que ce colonel, en faisant publier la proclamation du 2 février, en avait plaisanté avec quelques jeunes hommes. Cazimir fut renvoyé de suite à Saint-Marc, avec mission auprès des officiers supérieurs des régimens de cette ville, d'arrêter et d'emprisonner Rigaud, s'il ordonnait le moindre mouvement contraire à l'obéissance due au gouvernement. Arrivé à minuit, Cazimir trouva ces officiers réunis ; ils veillaient, à raison de ce qui s'était passé dans la journée. — Vers 2 heures de l'après-midi, un canot monté par deux jeunes gens était entré à Saint-Marc, venant de Jérémie. Ces marins étaient porteurs d'une lettre qu'ils remirent au colonel Rigaud, et à laquelle il répondit immédiatement ; puis, le canot repartit. Dans la soirée, ce colonel, escorté de ceux avec lesquels il avait plaisanté de la proclamation du Président, visita les postes de la ville ; mais, parvenu à l'arsenal et voulant y entrer, l'officier de garde s'y opposa, parce que les officiers supérieurs de la place lui en avaient donné l'ordre, dès l'arrivée du canot : ils suspectaient le colonel Rigaud de trahison. Ces officiers engagèrent Cazimir à repartir de suite pour la capitale, afin d'informer le Président de ces faits. C'est alors qu'il envoya le colonel Dalzon remplacer Rigaud[1]. Dalzon avait pour instructions : de le livrer au jugement d'une commission militaire, s'il tentait de faire la moindre résistance à l'ordre écrit de remettre le commandement ; et, s'il y obéissait, de le faire arrêter et emprisonner. Mais, Rigaud ayant obéi sans murmurer, Dalzon se borna à lui dire, qu'il ne fallait pas sortir de la ville de Saint-Marc : ce que fit Rigaud. Dalzon en informa le Président, à qui il répondit de lui, par la surveillance qu'il avait ordonnée à son égard[2].

Tous ces faits me furent racontés par Boyer lui-même. Il était encore indigné de la conduite du colonel Rigaud, bien qu'il ne renouvelât pas l'ordre relatif à son emprison-

[1] Le 8 février.
[2] On sait cependant quelles vexations Dalzon subit de la part du général H. Hérard, pour avoir remplacé Rigaud à Saint-Marc. Ces injustices ont dû contribuer à la conduite que tint Dalzon dans la même année. Ce n'est pas une justification que je présente pour sa mémoire, mais je dois être impartial envers tous mes concitoyens.

nement; et à cette occasion, il me dit comment il lui avait parlé affectueusement en lui donnant le commandement de la place de Saint-Marc : il avait voulu que cet officier fût sous les ordres du général Bonnet qui, ayant été aide de camp d'André Rigaud, aurait eu naturellement plus d'égards pour lui que tout autre commandant d'arrondissement.

J'appris aussi du Président, que de Jérémie il était arrivé un canot à la Saline, avec des paquets de dépêches et d'actes révolutionnaires adressés au général Guerrier et au colonel Cincinnatus Lecomte, commandant de la place du Cap-Haïtien, à qui un brevet de « général de brigade » était envoyé par R. Hérard, pour le porter à se déclarer en faveur de l'insurrection, de même que le général Guerrier dont on espérait le concours. Le commandant du poste de la Saline expédia ces paquets au Président, après avoir fait arrêter et emprisonner les émissaires, contre lesquels Boyer n'ordonna rien de plus.

Évidemment, il ne voulait pas sévir avec rigueur à l'égard des personnes reconnues complices de l'insurrection, et je vais le prouver.

Le général Borgella lui ayant appris l'arrestation des hommes qui furent emprisonnés aux Cayes, lui proposa de les faire juger à la capitale, s'il le croyait nécessaire, après avoir obtenu du tribunal de cassation un arrêt de renvoi pour cause de sûreté publique. Mais, le 10 février le Président lui répondit :

« Lorsque la révolte éclate dans un pays et qu'elle menace de le plonger dans l'anarchie et la guerre, l'action de la justice civile doit être suspendue et remplacée par l'action militaire dont l'énergie, dégagée de toutes formes lentes ou évasives, peut seule sauver la chose publique.

Mais il est bien entendu qu'on ne doit livrer à la justice des commissions militaires que ceux qui seront pris, combattant contre la République, ou qui seront reconnus être les chefs ou provocateurs de la révolte. Quant aux individus qui ont pu y avoir quelque part, mais qui ne se trouvent pas dans les deux cas ci-dessus exprimés, il vaut mieux *les détenir en prison*, après leur avoir fait subir les interrogatoires nécessaires, et *ajourner* leur mise en jugement devant le tribunal civil jusqu'à l'époque où le retour du calme permettra de mieux apprécier la nature du délit dont ils se seront rendus coupables... »

Et, en post-scriptum, de sa propre main : « N'envoyez » pas ici les prisonniers dont il est question. »

J'étais auprès du Président, quand il donna l'ordre d'écrire cette lettre, au sénateur S. Villevaleix qui, vu l'absence du secrétaire général Inginac, avait été appelé pour diriger la correspondance du gouvernement : elle n'avait jamais été plus active que dans ces circonstances [1]. Après que ce sénateur se fût retiré dans les bureaux, le Président me dit : « Il est inutile que je fasse juger qui que ce soit » en ce moment, ni que je dise au général Borgella d'en» voyer ces prisonniers ici. D'ailleurs, ajouta-t-il en » souriant et d'un ton calme, qui peut me garantir que » cette insurrection ne deviendra pas une révolution ; que » je ne serai pas renversé du pouvoir ? Je vois parmi mes » concitoyens si peu de conviction du devoir qu'ils ont à » remplir envers la patrie ; cette Opposition a réussi à éga» rer déjà tant de gens qui ne comprennent pas leurs véri» tables intérêts, qu'il est fort possible qu'elle réussisse » dans ses desseins. S'il en arrive ainsi, tous ceux qui sont

---

[1] Bien des officiers remplirent des missions sur divers points du pays.

» actuellement détenus seront mis en liberté ; mais si l'in-
» surrection est étouffée, pourrai-je faire punir, eux ou
» tous autres qui sont dans ses rangs et que l'on arrêterait ?
» Il y aurait alors trop de coupables pour en frapper un
» seul. Non, je ne le ferai pas. Quand j'ai fait rédiger le
» code pénal pour le soumettre à la législature, je n'ai pas
» voulu que la peine de la *déportation* y fût comprise
» comme dans le code français, puisque notre constante
» politique, d'accord avec la raison et nos intérêts, tendait
» toujours à accueillir nos frères venant de l'étranger. Ce-
» pendant, si l'insurrection est vaincue, j'aimerai mieux
» commettre un acte *arbitraire* que de faire verser du sang,
» en *déportant* tous ceux qui seraient reconnus coupables :
» mieux vaudrait qu'ils fussent éloignés du pays pour un
» temps plus ou moins long, que j'abrégerais, ou tout autre
» chef à ma place. Au fait, les opposans à mon gouverne-
» ment sont des *insensés* qui ne comprennent ni la situation
» réelle de notre pays, ni leurs véritables intérêts ; ils ont
» perverti l'esprit public, et je ne leur souhaite pas autant
» de mal qu'ils s'en feraient eux-mêmes par leur succès.
» Oh ! ils s'en repentiraient, et en bien peu de temps ! »

Les sentimens exprimés par Boyer en ce moment étaient trop louables, pour que je n'approuvasse pas sa résolution. Je lui dis que la déportation ou l'exil était déjà une peine assez redoutable, bien qu'elle laisse toujours l'espoir de rentrer dans la patrie, et qu'il vaudrait mieux, en effet, l'appliquer arbitrairement à l'égard des insurgés, le cas échéant.

Il me semble que le lecteur doit conclure de ce que je viens de dire : que le Président lui-même n'avait plus foi dans la durée de son gouvernement, et que s'il ne se porta pas avec les troupes dans le Sud, c'est que son dégoût du pouvoir, qu'il éprouvait depuis quelques années, lui fit juger inutile cette mesure.

Sans doute, tout gouvernement est responsable envers le pays qu'il dirige, des résolutions qu'il prend ; il doit veiller à sa propre conservation, agir efficacement pour atteindre ce but, dans l'intérêt même de la société qui lui a confié le pouvoir ; mais il faut aussi, pour le juger équitablement, prendre en considération les circonstances où il se trouve. L'excuse qu'on peut offrir pour le président Boyer, en 1843, et en supposant que sa présence dans le Sud eût empêché la révolution, cette excuse est tout entière dans l'âge où il était parvenu et dans les tracasseries incessantes de l'Opposition. Mais au point de vue rigoureux de l'histoire, on peut encore lui reprocher de n'avoir pas organisé son gouvernement de manière à avoir des *conseillers officiels* autour de lui, pour le stimuler en quelque sorte. Les grands fonctionnaires étaient des hommes aussi âgés que lui, et auxquels, d'ailleurs, il ne laissait point d'*initiative ;* car tout dépendait de lui seul, et son caractère le voulait ainsi.

Il est arrivé cependant un moment où je me permis de lui dire, qu'il était à regretter qu'il n'eût pas été dans le Sud. Il me répondit : « Ma présence ici était nécessaire, » par rapport aux troupes que j'y ai envoyées ; il fallait » les faire habiller, pourvoir d'armes qui leur manquaient, » pourvoir aussi au remplacement d'officiers supérieurs » qui manquaient dans plusieurs corps[1] ; et puis, qui » m'aurait remplacé moi-même à la capitale, en présence » de l'esprit d'insubordination qui y règne ? Personne ! » Tout conseil à ce sujet eût donc été inutile ?

[1] On a vu arriver à la capitale un des régiments du Nord qui était commandé par un *capitaine.* Le Président avait négligé d'y nommer colonel et chefs de bataillon. C'était détruire toute émulation dans ce corps ; aussi fit-il défection aux insurgés.

Ce même jour, je hasardai encore d'appeler son attention sur la nécessité de faire des promotions dans les rangs supérieurs de l'armée, afin d'éviter des défections en faveur des insurgés qui, se targuant du principe de la souveraineté nationale, délivraient des brevets et en offraient aux officiers du gouvernement. C'était le 15 février, alors que le Président était informé de la tentative faite auprès du colonel Cazeau. « Oui, me dit-il, je vais récompenser les
» anciens services de beaucoup d'officiers ; mais il ne faut
» pas qu'ils croient que je *redoute* leur défection : je dois
» agir avec mesure. Vous voyez sur cette galerie, le
» colonel Méreaux qui m'attend. Je l'ai fait appeler
» pour lui donner son brevet de général de brigade :
» c'est un brave qui, même sans cela, ne me trahirait
» jamais. »

Et quatre jours après, le Président m'envoya aux Cayes pour autoriser le général Borgella à faire aussi des promotions, s'il le jugeait convenable, même au grade de général. Ma mission était de m'enquérir, en outre, de la situation des esprits dans cette ville et de ce que pensait Borgella de l'insurrection. En prenant mes instructions le 18 au soir, Boyer me fit voir les brevets qu'il devait envoyer : aux généraux Riché, Obas et Carrié, comme divisionnaires ; aux colonels Lamarre, Souffrant, Dalzon, Alain, Cadet Antoine, Hogu, comme généraux de brigade. « Puisque je vais aux Cayes, lui dis-je, j'apporterai les
» brevets de Riché et de Souffrant, et je pourrai remettre
» au général Inginac, au Petit-Goave, celui qui est desti-
» nés à Lamarre : il le lui enverra. » — « Non, je les
» enverrai. » Deux jours après, ceux de Riché et de Lamarre furent expédiés, trop tard pour ce colonel qui périt le 21 février, à Lesieur.

On sait du reste que les généraux Voltaire et Victor Poil furent faits divisionnaires, les colonels Lamitié, Denis Tréméré et Bertrand Jean, généraux de brigade; que bien d'autres promotions eurent lieu dans les grades inférieurs à ceux-là. Le colonel Frémont fut aussi nommé général de brigade; mais son brevet fut confié à sa famille pour lui être remis en temps opportun.

Dès le commencement de l'insurrection, alors qu'il n'avait aucune nouvelle de la Grande-Anse, le Président fit expédier à Jérémie une barge pour y apporter des fonds destinés aux appointemens des fonctionnaires publics et à la solde des troupes. Ces fonds leur profitèrent dans leur insurrection[1]. La marine militaire ne consistait plus qu'en deux petites goëlettes et *la Pacification*. Le Président pensa à acheter un ou deux navires de commerce qui lui furent offerts à la capitale, lesquels étant armés pouvaient servir à porter des troupes qui auraient été débarquées sur le littoral, afin de concourir aux opérations militaires de celles que le général Borgella envoya à l'Anse-d'Eynaud. Mais il renonça à ce projet, et parce qu'il apprit la retraite du colonel Cazeau de ce bourg, et par rapport au prix qu'on demandait pour la vente de ces navires.

La nouvelle de la mort de Lamarre et de la défection d'une partie de ses troupes parvint au général Borgella dans la journée du 23 février, par une lettre que lui adressa, des Baradères, le citoyen Bance que le Président avait envoyé en mission à Lesieur. Je partis des Cayes le lendemain matin pour rendre compte de la mierne au Président. Le colonel Bazelais me trouva au Petit-Goave le 25 dans la soirée, et nous continuâmes immédiatement notre route.

[1] Un autre envoi de fonds et de provisions profita aux insurgés le jour où ils entrèrent l'Anse-à-Veau.

Le général Inginac ayant appris la défection des troupes à l'Anse-à-Veau et à la Petite-Rivière ne pouvait plus rester au Petit-Goave où il n'avait ni soldats ni gardes nationaux; il quitta cette ville dans la nuit même. Tandis qu'il était mal accueilli à Léogane par la population, par les femmes surtout qui lui reprochèrent la mort de Lamarre et celle de leurs parens dont on exagérait la perte, ce qui le contraignit à en sortir de suite pour se rendre au Port-au-Prince, le colonel Bazelais et moi arrivions en cette ville le dimanche 26, à 7 heures du matin.

La garde à cheval était cantonnée sur l'habitation Le Tort, et les troupes de la garnison rangées sur la place Pétion pour y passer la parade. On savait déjà la déconfiture de Lesieur, notre arrivée fit soupçonner à tous ces militaires que d'autres défections avaient suivi celle-là [1].

Au palais, nous trouvâmes le Président s'habillant pour aller passer l'inspection des troupes. Mon retour s'expliquait par la mission même que j'avais reçue; mais celui du colonel Bazelais parut extraordinaire à Boyer. Lorsque cet officier lui en dit le motif, il resta étonné et indigné. Sa femme, présente à notre entretien, dit : « Comment ! même » le régiment du Cap-Haïtien vous a abandonné ! » Le Président, s'animant, nous dit : « Je ferai tirer l'alarme et battre » la générale, afin que toutes les troupes marchent contre » l'ennemi qui voudra envahir l'arrondissement de Léo- » gane. — A quoi bon ? lui répondit le colonel Bazelais, » que j'appuyai. Président, vous pouvez ordonner qu'elles » soient mises en mouvement, sans recourir à ces sinistres » appels aux armes qui vont effrayer la population et faire » croire que le danger est plus grand. » Mais Boyer fit ap-

---

[1] Le 28, on apprit à la capitale la mort de Caxeau et la déroute des troupes au Numéro-Deux.

peler le général Victor Poil qui, apprenant les événemens, exprima la même idée que lui. Nous repoussâmes en vain, de nouveau, cette mesure militaire; elle fut ordonnée, et aussitôt la capitale fut en proie à une fiévreuse agitation : tous les hommes s'armèrent, la garde nationale se réunit, tandis que les familles s'imaginaient que la ville allait être attaquée par l'armée populaire qui, en ce moment, se disposait à marcher contre les Cayes.

Le plus mauvais effet que devait produire cette alarme, c'était d'obliger les citoyens de la garde nationale urbaine à se trouver armés à côté des troupes. Ils étaient presque tous de l'Opposition ou ils allaient grossir ses rangs, à mesure qu'on apprendrait de nouveaux succès pour l'armée populaire; et l'alarme devait encore agiter les campagnes voisines de la capitale. Le Président ne tarda pas à reconnaître ce résultat, et il l'aggrava en décidant que la garde nationale urbaine sortirait avec les troupes qu'on envoyait pour occuper Léogane : c'était enfermer le loup dans la bergerie[1].

Il ne donna pas le temps au général Inginac de respirer l'air de la capitale. En sa qualité de commandant de l'arrondissement de Léogane, il fut placé à la tête de cette petite armée, et il avait sous ses ordres les généraux Méreaux et Denis Tréméré. Confier à Inginac des troupes pour aller combattre l'ennemi, c'était l'exposer à peu près au ridicule : il était myope, il n'avait jamais fait la guerre, et depuis sa blessure en 1838, il était affaibli physiquement. Mais, conservant ses facultés intellectuelles, il reconnut le danger qu'il y avait à occuper Léogane où les femmes travailleraient l'esprit des troupes. Il les plaça sur l'habitation Dampuce,

---

[1] Les troupes sortirent le 27 février.

aux portes de cette ville. Malgré lui, les communications s'établirent sous tous les rapports. Son état maladif était tel, que Madame Inginac, toujours dévouée, fut obligée de se tenir auprès de lui dans le camp pour lui porter des soins. Le Président finit par le rappeler au Port-au-Prince, et le commandement passa au général Méreaux qui reçut l'ordre de rétrograder sur l'habitation Gressier.

Là, une active camaraderie s'établit entre les gardes nationaux et les troupes. Les citoyens, bien pourvus de provisions alimentaires et de boissons qu'ils faisaient venir de la capitale, les partageaient avec les officiers et les soldats qui ne recevaient du gouvernement que la ration en argent. Il leur fut facile de corrompre la fidélité qui lui était due, tandis que la marche rétrograde sur Gressier ébranlait les esprits et opérait la défection des populations dans l'arrondissement de Léogane.

Le même effet devait se produire dans celui de Jacmel, quand l'on saurait que les troupes et les gardes nationales, sorties de là, avaient passé aux insurgés du Sud. Déjà, à Jacmel même, un mouvement en leur faveur avait eu lieu sous la direction du citoyen Modé, jeune avocat, qui entraîna les jeunes hommes. Le Président avait dû y envoyer le colonel Soulouque avec une centaine de chasseurs à cheval dont il commandait le régiment. Cet officier y avait rétabli l'ordre par la seule présence de sa troupe et sans être obligé de sévir. Mais il revint au Port-au-Prince, laissant Jacmel sous les ordres du colonel Antoine Jérôme, commandant de la place et provisoirement de l'arrondissement. Ce vieillard ne résista pas longtemps aux séductions de Modé. Celui-ci, en apprenant l'entrée de l'armée insurrectionnelle aux Cayes, institua un comité populaire qui délivra à Antoine Jérôme un brevet de « général de division, » et à lui-même le grade de « colonel commandant de la place de Jacmel. » Tout cet arrondissement étant ainsi en défection, on s'empressa d'envoyer à Léogane un fort détachement de patriotes, pour aider à la résistance de ceux de cette ville. Le Président fut informé aussitôt de ces événemens.

En faisant sortir les troupes, même sa garde à pied et à cheval, il avait ordonné des travaux de fortifications autour de la place du Port-au-Prince, particulièrement au Sud de cette ville. Mais les officiers du génie et d'artillerie employés à ces travaux, n'étaient pas plus convaincus que lui-même de leur efficacité. La meilleure défense consistait dans la fidélité et le dévouement des défenseurs du gouvernement, et au point où l'on était arrivé, il n'y avait guère à y compter.

Ici, je demande encore au lecteur la permission de relater quelques particularités qui me sont personnelles, mais qu'il est nécessaire qu'il sache, parce qu'elles se lient à ce qui concerne le président Boyer.

Dès le 27 février, M. Simonisse, avocat et opposant comme presque tous ses confrères, mais lié d'amitié avec moi, vint me voir. Il me demanda mon opinion sur la situation des choses, et si je pensais que le Président pourrait résister efficacement à l'entraînement qui gagnait tous les esprits en faveur d'une complète révolution. Je lui répondis que je voyais avec douleur que tout y marchait rapidement, et que ce serait un grand malheur pour le pays, par les conséquences qui en résulteraient. « En ce cas, me dit-il, le
« Président quitterait Haïti, sans doute. Que feriez-vous,
» vous-même? — Je me soumettrais au nouvel ordre de
» choses, à la révolution : n'est-ce pas le devoir de tout
» citoyen ? — Mais, vous avez de puissans ennemis dans
» les rangs de l'Opposition, pour avoir défendu le gouver-

» nement. Vous seriez exposé à des vexations, à quelque
» chose de pire, d'après tout ce que j'ai entendu dire de
» vous. Il serait donc prudent de vous éloigner du pays,
» au moins pour quelque temps. — Je serais vexé, dites-
» vous, je serais exposé à autre chose? Que feriez-vous
» donc de tous les grands principes que vous tous avez pro-
» clamés en face du pays? Vous ne respecteriez pas mes
» convictions, la liberté de mes opinions politiques, lors-
» que vous plaidiez pour les vôtres? Et alors que je me
» soumettrais à votre triomphe, j'aurais à supporter vos
» persécutions? En ce cas, vous feriez de belles choses en
» Haïti! » M. Simonisse ne put obtenir rien de plus que
ces paroles.

Deux jours après, M. Thomas Ussher, consul de S. M. B., me fit l'honneur de venir aussi me voir. Depuis 1836, j'étais dans les meilleurs rapports avec lui; il m'accordait son estime et son amitié, et j'y répondais par les mêmes sentimens. Il me fit des questions et réflexions semblables à celles de M. Simonisse, et je lui répondis de la même manière. Mais il ajouta l'offre obligeante de me recevoir à bord de la goélette de guerre anglaise *Fair Rosamunda*, qui était dans la rade avec la corvette *Scylla*, et de me faire conduire à la Jamaïque, si je me décidais à sortir d'Haïti pour quelque temps: je l'en remerciai. Après cela, il me demanda si le président Boyer n'avait rien dit dans mes entretiens avec lui, sur ses intentions en cas d'une révolution complète. Je lui répondis que non, et que je ne pouvais pas même chercher à le pressentir à cet égard, par respect pour sa position actuelle. « Eh bien! me dit M. Ussher, si le Pré-
» sident lui-même vous en parle, s'il vous témoigne son
» intention de sortir du pays, veuillez lui dire que je met-
» trais à sa disposition la corvette anglaise pour le porter

» où il voudrait aller. En cela, je suis certain que je fe-
» rais une chose agréable à ma souveraine. Je vous ai tou-
» jours dit que je n'approuvais pas entièrement l'ad-
» ministration du Président ; mais aujourd'hui je suis ému
» de la position où il se trouve envers Haïti qu'il a gou-
» vernée avec tant de talent, et je voudrais pouvoir
» lui prouver ma haute estime : je ne puis oublier qu'il
» a signé un traité avec la Reine de la Grande-Breta-
» gne. »

J'applaudis à ces sentimens et dis à M. Ussher que, le cas échéant, je communiquerais au Président son offre empreinte de tant de délicatesse. Ce moment survint bientôt : ce fut le 5 mars, jour où le Président apprit la défection de Jacmel et de son arrondissement.

J'allai au palais où je le trouvai sous le péristyle. Il me parla à voix basse de la nouvelle qu'il venait de recevoir, et il me dit qu'il était surtout étonné que des hommes de bien, tels que M. P. Carriès et d'autres, eussent consenti à faire partie du comité populaire de Jacmel. Je lui répondis qu'il ne devait pas, selon moi, s'étonner de cet entraînement général (des esprits) ; que dans les révolutions, les hommes qui jouissent de la considération publique doivent y souscrire pour les modérer par leur concours aux actes que nécessite la situation ; et que je me persuadais que M. P. Carriès et les autres agissaient dans cette intention. S'apercevant que notre conversation pouvait être entendue des personnes qui étaient sous le péristyle, le Président me fit passer avec lui dans le salon des généraux.

Là, il me dit : « Donnez-moi votre avis sur la situation
» où est le pays. Parlez-moi franchement comme vous
» l'avez toujours fait. » Je lui répondis : « Président je

« vois avec peine que vous ne pouvez plus vous mainte-
« nir au pouvoir. Tout le département du Sud a dû passer
» à l'insurrection, et c'est ce qui aura déterminé la dé-
» fection de Jacmel et de son arrondissement, comme celui
» de Léogane. Je crois que vous ne devez guère compter
» sur la fidélité des troupes qui sont à Gressier : elles se-
» ront probablement entraînées comme toutes les autres,
» et l'esprit public à la capitale me paraît aujourd'hui fort
» hostile à votre personne. —Eh bien! je pourrais me re-
» tirer à Saint-Marc... — Oui, repris-je aussitôt, oui,
» Président, vous pourriez vous y rendre; et si vous fai-
» siez un appel énergique aux populations de l'Artibonite
» et du Nord, je crois qu'elles se réuniraient auprès de
» vous, et peut-être les troupes de ces départemens qui
» ont fait défection repasseraient de votre côté. Mais ce
» serait un appel aux passions, ce serait rallumer dans le
» pays la guerre civile que vous avez si heureusement
» éteinte en 1820. Rappelez-vous, Président, que l'idée
» d'une *scission* n'a cessé d'exister dans le Nord; l'an-
» née dernière encore, il s'agissait de cela au Cap-Haï-
» tien au moment où le tremblement de terre vint em-
» pêcher cette folie. Irez-vous réveiller cette idée, servir
» d'instrument à sa réalisation ? Car, on ne se réunirait au-
» tour de vous que dans ce but, qu'avec cette arrière-pensée.
» Le ferez-vous, Président, pour conserver un pouvoir
» dont vous êtes dégoûté depuis plusieurs années ? Ce
» serait agir contrairement à votre dignité personnelle et
» au bonheur de votre pays. Il y a vingt-cinq ans que
» vous le gouvernez selon qu'il vous a paru convenable à
» ses vrais intérêts ; mais l'Opposition a réussi à vous alié-
» ner les esprits et les cœurs. Eh bien! Président, déposez
» le pouvoir, laissez-la gouverner à son tour ; la nation

« jugera entre vous et elle. Nous sommes dans le siècle
» des abdications ; il y en a eu de célèbres dans les deux
» mondes : la vôtre, loin d'atténuer votre mérite, le
» rehaussera aux yeux de vos concitoyens. Votre ad-
» ministration a été signalée par trop de grands événe-
» mens, pour qu'ils les oublient, lorsque vous n'avez
» jamais été d'ailleurs un tyran. Comptez sur la réaction
» qui s'opérera infailliblement dans les sentimens du peu-
» ple, dès qu'il verra l'Opposition à l'œuvre. Vous con-
» naissez mieux que moi les hommes qui sont à la tête du
» mouvement révolutionnaire : pourront-ils mieux faire
» que vous, Président ? »

Boyer, qui avait paru animé quand il parla de se retirer à Saint-Marc, devint calme pendant que je lui exposais mon opinion. A mes dernières paroles, il sourit, évidemment par l'espoir d'un jugement favorable à son administration, que lui donnait l'inaptitude des chefs révolutionnaires. Il me dit alors : « Vous avez raison, j'abdiquerai, s'il y a
» lieu ; car le moment n'est pas encore venu. Mais, si je le
» fais, où pensez-vous que je doive me rendre en quittant
» Haïti ? Continuez à me donner vos conseils. »

Je lui dis que la République de Venezuela serait le pays de l'Amérique qu'il pourrait choisir, si la mission de Chanlatte à Bogota, en 1824, n'avait pas prouvé que les gouverneurs de la Côte-Ferme avaient entièrement oublié l'important service que Pétion leur rendit ; et qu'il ne serait pas de sa dignité, ni de celle d'Haïti, qu'il allât y chercher un refuge ; — qu'à la Jamaïque, il pourrait vivre n toute sécurité, que le climat lui conviendrait ; mais que cette île était trop voisine d'Haïti, que les révolutionnaires seraient toujours inquiets de sa présence là. Aucune autre colonie anglaise ne me parut propre à son séjour, et à plus

forte raison, les Etats-Unis. « Je crois donc, Président,
» que c'est en Europe qu'il vous faudrait choisir un séjour.
» A votre âge et avec votre tempérament, le midi de la
» France serait convenable, car vous êtes très-frileux ;
» mais s'il survient des difficultés entre la France et Haïti,
» par la mauvaise administration des révolutionnaires, ils
» seraient capables de croire que vous y avez contribué.
» L'Italie me paraît le seul pays que vous deviez habiter,
» en Toscane, par exemple, où la vie est à bon marché.
» L'Italie est la patrie des arts : elle vous offrirait en outre
» mille agrémens dans votre retraite philosophique. Là,
» sous un ciel clément, vous pourriez écrire vos mémoires,
» continuer ceux que vous avez déjà commencés, d'après
» ce que je vous ai entendu dire une fois. »

Le Président approuva cette idée. « Mais, comment me
» rendre en Italie, au moment où il me faudrait sortir
» d'ici ? »

« Vous me pardonnerez, Président, lui répondis-je, d'a-
» voir causé de cette éventualité avec un personnage étran-
» ger, qui m'a chargé de vous faire des offres à ce sujet,
» avec beaucoup de bienveillance et d'estime pour vous.—
» Qui donc? —M. Ussher, le consul anglais. » Et je lui dis
ma conversation avec ce consul. « Cela ne m'étonne pas de
» sa part, me répondit Boyer, et je lui en sais d'autant
» plus gré, qu'il justifie ainsi la bonne opinion que j'ai
» conçue de lui : je l'ai toujours distingué parmi les agents
» étrangers qui sont ici. C'est bien : je verrai plus tard si
» je devrai accepter ses offres. »

Le 10 mars, une sorte de conseil de guerre fut tenu au palais, et j'y concourus. L'objet en était plutôt politique, selon que j'en jugeai par l'attitude du Président. Il était informé qu'une active propagande d'idées révolutionnaires se faisait dans le camp de Gressier, et que des désertions avaient lieu parmi les militaires qui se rendaient à Léogane. En faisant revenir ces troupes au Port-au-Prince, n'était-ce pas s'exposer à les voir se déclarer en faveur de l'insurrection? En les laissant encore à Gressier, elles pouvaient peut-être s'ameuter et marcher contre la capitale. Mieux valait donc les faire marcher contre Léogane qu'elles attaqueraient, si elles obéissaient à l'ordre du Président; sinon, leur défection pourrait s'y opérer une fois et décider de la question de l'abdication. Ce fut dans ce sens que j'opinai pour cette mesure, sans toutefois avouer mon motif, car je n'avais communiqué à personne mon entretien avec Boyer. Le conseil résolut la marche contre Léogane : le Président envoya ses ordres au général Méreaux, je crois par Messieurs S. Faubert et N. Brouard qu'il avait placés comme secrétaires auprès de ce général. Le sénateur S. Villevaleix fut aussi envoyé à Gressier, et c'est peut-être lui qui apporta ces ordres, après avoir fait partie du conseil.

Le même jour, le Président me dit que, puisque M. Ussher avait pensé à lui offrir un passage sur la corvette anglaise, il pourrait lui faire cette offre par une lettre; car, jusque-là, je n'étais qu'un intermédiaire chargé de paroles verbales. Boyer avait certainement raison; mais je reconnus aussi qu'il voulait en cela prendre soin de sauvegarder, non-seulement sa dignité personnelle, mais celle de sa haute position de chef de l'État : ce qu'il n'oubliait jamais envers les agents étrangers. Je lui donnai l'assurance que M. Ussher écrirait volontiers cette lettre, tant j'étais sûr de ses sentimens.

J'allai donc au consulat de S. M. B. vers une heure de l'après-midi. M. Ussher était à table avec un certain nombre de personnes, notamment M. Levasseur, consul général de France, et le commandant du brig de guerre français l'*Oreste*, qui venait d'arriver dans la rade. Je fis appeler M. Ussher à qui je dis le désir du Président : il y consentit sans hésitation, et il prit la précaution d'écrire cette lettre dans sa chambre, au lieu de la faire dans son bureau du consulat. Après qu'il m'eut soumis sa rédaction, pour éviter, me dit-il, de se servir d'aucune expression, en français, qui pût blesser et la dignité du Président dans la situation où il se trouvait, et son amour-propre personnel, il copiait cette lettre quand M. Levasseur vint au bureau et me dit : « Je suis bien aise de vous rencontrer ici, » M. Ardouin. Dans les circonstances où se trouve votre » pays, le Président fait sans doute des dispositions pour » son départ avec sa famille. Veuillez bien lui dire de ma » part que je mettrai volontiers le brig l'*Oreste* à ses » ordres, pour le porter où il voudra aller. » Je connaissais assez l'esprit caustique de M. Levasseur, pour sentir ce que ses paroles contenaient d'ironie; et je lui répondis : « J'ignore, Monsieur le consul général, si le Président fait » aucune disposition à cet égard; mais, s'il m'en parle, je » lui rapporterai votre proposition. Je ne suis venu à ce « consulat que pour ce qui m'est personnel. » M. Levasseur se retira, et je pris la lettre de M. Ussher que j'apportai au Président : il en fut satisfait. Je lui fis savoir la proposition de M. Levasseur, et il me dit : « J'aurais mieux aimé » m'embarquer sur un navire américain, que sur un na- » vire français offert par M. Levasseur. [1] »

Dans la journée du 11 mars, j'arrêtai avec M. Ussher les mesures relatives au départ du Président.

[1] On doit se rappeler ici la conduite de M. Levasseur à la fin de 1841, et qu'il devait être relevé de son poste, d'après l'entretien que Boyer avait eu avec l'amiral Arnous.

Le 12, les troupes sous les ordres du général Méreaux étaient rendues devant Léogane. L'attaque dirigée contre cette ville ne fut pas sérieuse; la garde à pied du Président, seule, commandée par le général Denis Tréméré et le chef de bataillon Terlonge, soutint un instant ce combat. Toute la garde nationale du Port-au-Prince passa du côté des insurgés, avec les autres régimens de ligne. Le sénateur S. Villevaleix se distingua par une bravoure inutile. La garde à pied et à cheval fut ramenée à la capitale, par les généraux Méreaux et Denis Tréméré, le colonel Balancé et le chef de bataillon Terlonge : ces officiers honorables surent inspirer à leurs subordonnés le sentiment du devoir imposé à ce corps d'élite envers le chef de l'État qu'il défendait spécialement.

A 2 heures de l'après-midi du dimanche 12 mars, Boyer fut informé de tout ce qui avait lieu devant Léogane [1]. Le résultat politique étant obtenu par l'issue du combat, il n'avait plus qu'à procéder aux préparatifs de son embarquement sur la corvette anglaise. J'allai au palais où je le trouvai presque seul ; pas un fonctionnaire public n'y était venu depuis quelques jours. C'est un curieux, sinon triste spectacle, que celui d'un pouvoir politique qui tombe devant une révolution accomplie par l'abandon de l'opinion publique. Chacun cherche à s'effacer le mieux possible, pour ne pas se compromettre envers le nouveau pouvoir qui va s'élever : le soleil levant paraît alors plus radieux que celui qui se couche.

Le Président était calme quand je le vis; il me dit ce qu'il venait d'apprendre et me chargea de rédiger l'acte de son abdication, et d'aller faire savoir à M. Ussher qu'il

---

[1] Je crois que le lieutenant Legendre fut le premier qui vint donner cette nouvelle à Boyer; il avait pris part au combat, une balle avait traversé son chapeau.

s'embarquerait le lendemain dans la soirée, avec une partie de sa famille ; car il pensait que les autres membres pourraient rester dans le pays, sans être plus inquiétés que ne l'avaient été les familles de Dessalines et de H. Christophe. Il se trompait à cet égard, son expérience des hommes n'était pas complète.

Vers 7 heures du soir, je retournai au palais pour lui rendre compte de ma mission auprès de M. Ussher. Nous étions convenus qu'un canot et une chaloupe de *la Scylla* se rendraient au coucher du soleil, le 13, derrière l'arsenal, avec le commandant Sharpe et des officiers, et que M. Ussher s'y trouverait aussi. Le Président m'ayant demandé si j'avais rédigé l'acte d'abdication, je lui répondis que je l'avais commencé chez moi, et que je l'achèverais s'il me donnait une plume et de l'encre. Sa femme, Madame Joute Lachenais, me fournit ces objets. Je m'assis près d'un guéridon qui était dans le petit salon au nord du palais, tandis que Boyer était à moitié couché sur un canapé : il était atteint d'un gros rhume et avait un peu de fièvre. Quand j'eus achevé d'écrire, je lui donnai lecture de ce qui suit :

« Au Sénat de la République d'Haïti.

» Citoyens Sénateurs,

» Vingt-cinq années se sont écoulées depuis que j'ai été appelé à remplacer l'illustre fondateur de la République que la mort venait d'enlever à la patrie. Durant cette période de temps, des événemens mémorables se sont accomplis. Dans toutes les circonstances, je me suis toujours efforcé de remplir les vues de l'immortel Pétion, que, mieux que personne, j'étais en position de connaître. Ainsi, j'ai été assez heureux de voir successivement disparaître du sol, et la guerre civile et les divisions de territoire qui faisaient du peuple haïtien une nation sans force, sans unité. J'ai pu ensuite voir reconnaître solennellement sa souveraineté nationale, garantie par des traités dont la foi publique prescrivait l'exécution.

» Les efforts de mon administration ont constamment tendu vers un système de sage économie des deniers publics. En ce moment, la situation du trésor national offre la preuve de ma constante sollicitude : environ un million de piastres y est placé en réserve.

» De récens événemens, que je ne dois pas qualifier ici, ayant amené pour moi des déceptions auxquelles je ne devais pas m'attendre, je crois qu'il est de ma dignité, comme de mon devoir envers la patrie, de donner, dans cette circonstance, une preuve de mon entière abnégation personnelle, en abdiquant solennellement le pouvoir dont j'ai été revêtu.

» En me condamnant en outre à un ostracisme volontaire, je veux ôter toute chance à la guerre civile, tout prétexte à la malveillance. Je ne forme plus qu'un vœu : c'est qu'Haïti soit heureuse. »

Le Président approuva cette rédaction, excepté en ce qui concerne la mention du million de piastres placé en réserve au trésor. « Pourquoi parler de cela dans cet acte, me
» dit-il. — Pourquoi, Président ? C'est que la postérité
» commence pour vous ; c'est qu'il faut mettre l'histoire en
» mesure d'affirmer dans quelle situation vous aurez laissé
» les finances de l'État ; c'est qu'il faut donner à la nation
» le moyen de juger entre vous et les révolutionnaires. Ils
» vous accusent d'avoir dilapidé les deniers publics, et
» soyez certain qu'ils vont bientôt gaspiller ces fonds des-

» tinés spécialement au payement de la dette étrangère. Il
» faut aussi les mettre dans l'heureuse impuissance de
» mentir à la France, les obliger à remplir nos engage-
» mens envers elle : la sûreté extérieure de notre pays
» l'exige. »

Ces réflexions plurent à Boyer, qui ajouta ensuite au 2e paragraphe : « D'autres fonds sont, en outre, déposés à » la caisse des dépôts et consignations, à Paris, pour » compte de la République; » ce que j'ignorais. Il modifia la dernière phrase du 4e paragraphe en l'écrivant ainsi : « Je ne forme plus qu'un vœu : c'est qu'Haïti soit » aussi heureuse que mon cœur l'a toujours désiré. »

Je quittai le Président après 8 heures du soir. Les militaires de sa garde, rentrés à la capitale, occupèrent la cour du palais : on les voyait observer un silence qui témoignait de leur respect pour le chef de l'État[1]. En ville, on présumait bien que Boyer allait quitter le pays; mais s'il y eut beaucoup de satisfaction parmi les opposans, ils ne firent aucun mouvement.

Vers 2 heures de l'après-midi du 13, les deux goëlettes venant des Cayes entrèrent dans le port. L'administrateur C. Ardouin, déjà fait chef d'escadron par le Président, arriva au palais où il me trouva seul avec lui; il lui annonça la capitulation des Cayes. Boyer lui dit : « Le gé- » néral Borgella a bien agi en évitant l'effusion du sang; » il a d'ailleurs justifié la confiance que j'avais en lui. Je » pars ce soir pour l'étranger : je quitte sans regret le

---

[1] A l'arrivée de Terlonge, le Président lui remit le brevet de colonel de la garde à pied. Il l'embrassa avec émotion et lui dit : « Je regrette, mon cher Terlonge, de » vous avoir apprécié trop tard. » C'est tout un éloge pour cet officier dont la franchise fit croire à Boyer qu'il inclinait en faveur de l'Opposition. Il ne fut pas le seul qui reçut en cette circonstance des témoignages d'estime de la part du Président, et ce fut pour plusieurs un titre à la persécution des révolutionnaires.

» pays, et je le laisse aux mains de ceux qui se proposent
» de le *régénérer*. » Il prononça ce dernier mot avec un
sourire expressif, et nous partageâmes, — je l'avoue, —
l'incrédulité qui le motivait.

A la veille de s'expatrier de son pays qu'il avait gouverné
si longtemps, Boyer ne me parut éprouver aucune animosité à l'égard de ses nombreux ennemis qui répandaient
tant de calomnies contre lui. Le 10 ou 11 mars, il dit au
secrétaire d'État Pilié avec qui je me trouvais près de lui :
« Je crois devoir faire payer aux militaires qui sont encore
» autour de moi, une solde en monnaie d'Espagne : je
» vais en donner l'ordre. Vous ferez payer également en
» cette monnaie, un mois d'appointemens aux fonction-
» naires publics que je ne vois plus à ce palais national
» depuis quelques jours. » Il y avait de l'amertume dans
cette observation ; mais le Président était bien autorisé à
la faire pour constater cette faiblesse des âmes : car on
conçoit, on peut justifier l'abandon d'un tyran qui va
tomber du haut de sa puissance fondée sur l'injustice,
mais non pas celui d'un chef qui fut toujours modéré dans
l'exercice de son pouvoir, alors même qu'il se montrait
indigné de ce qui lui déplaisait, et qu'il mettait la plus
grande énergie dans ses mesures pour le maintien de
l'ordre public.

En proie à ce sentiment de déplaisir, le Président nous
dit encore : « Mes ennemis ont égaré le peuple, en répan-
» dant mille absurdes calomnies contre moi. Par exemple,
» ils m'accusent de dilapidation des deniers publics. Ce-
« pendant, à la mort de Pétion, j'ai proposé à la législa-
» ture une loi qu'elle a rendue, pour accorder à Célie une
» pension viagère de quatre mille gourdes par an : j'ai
» voulu que la nation s'honorât par cet acte de recon-

» naissance envers la mémoire du Père de la patrie. Mais
» je me suis gardé de faire toucher cette pension par la
» mère de cette enfant, que je considérais comme ma
» pupille. Mon amitié pour Pétion, ma gratitude envers
» lui, m'imposaient la douce obligation de prendre soin
» de sa fille, d'en faire la mienne, et de l'élever comme
» telle. J'ai gouverné le pays depuis vingt-cinq ans, et mes
» ennemis eux-mêmes seraient étonnés de savoir le peu
» que je possède réellement en numéraire [1]. »

M. Pilié était aussi étonné que moi, d'apprendre que la pension de Célie n'avait jamais été payée. Je dis au Président, qu'il n'était pas juste de sa part, d'avoir privé la mère de cette enfant de la somme annuelle qu'elle aurait dû recevoir; que la nation avait sanctionné de tout son cœur la loi rendue à cet effet, et qu'il était encore temps de l'exécuter. Le secrétaire d'État appuya mon opinion, et nous décidâmes Boyer à signer un ordre en conséquence. Je l'écrivis, en portant la somme totale à environ 29 mille gourdes, pour les sept années et plus que Célie avait vécu après Pétion : cette somme fut payée, comme de droit, en monnaie d'Espagne, parce que la monnaie nationale, à cette époque, était au pair de celle-là.

Enfin, le moment du départ arriva. Le 13 mars, vers 6 heures du soir, le sénateur Madiou accompagna Madame Joute Lachenais derrière l'arsenal, où se trouvaient les embarcations de la corvette anglaise [2]. Le président Boyer monta à cheval, entouré d'une forte escorte d'officiers et

---

[1] Il n'avait pas même 25 mille piastres; et que d'indignes imputations sous ce rapport !

[2] La rue du Champ-de-Mars où elle passa, fut appelée ensuite *Rue du 13 Mars*, par le conseil communal institué quelques mois après. Cette dénomination n'a pas plus subsisté que celle de *Rue de Praslin*, donnée à la rue du Port, parce que le général R. Hérard occupa l'ancien logement de Boyer qui y est situé.

de cavaliers de la garde sous les ordres du général Méreaux. Il passa dans plusieurs rues comme s'il faisait une tournée en ville, afin de donner le temps à M. Coquière et sa famille de se rendre aux embarcations : je me joignis à M. Ussher pour les y accompagner. Nous étions sur le rivage, quand Boyer arriva sur les lieux et mit pied à terre. En ce moment, il fit ses adieux à son escorte et félicita le général Méreaux de sa conduite; mais il s'exprima avec la colère de l'indignation contre ceux qui l'obligeaient à quitter Haïti. « Avant trois mois, dit-il, ils se repentiront » de leur mauvaise foi et de ce qui cause aujourd'hui leur » joie [1]. »

Un certain nombre de personnes s'étaient rendues sur le rivage ; je distinguai plusieurs jeunes gens qui se trouvaient sur le passage du Président, parmi les pièces d'acajou déposées là ; ils se découvrirent, probablement par ce respect qu'impose toujours l'autorité ; je leur dis de se ranger pour le laisser passer ; ce qu'ils firent. Aucune parole ne fut prononcée par ces curieux. La famille de Boyer entra dans la chaloupe qui portait ses effets, et lui dans le canot du commandant Scharpe qui l'aida de la main à y monter. M. Ussher et moi y entrâmes aussi. Boyer continuait à parler avec colère ; nous l'engageâmes à se calmer, à se mettre au-dessus de son infortune politique, commune à tant d'autres chefs d'État. Il nous dit : « Vous avez raison, car » mes ennemis seront plus malheureux que moi. » Et il devint aussi calme, aussi gai dans sa conversation, que s'il allait d'un port d'Haïti à l'autre.

A 8 heures, il monta à bord de la corvette. La troupe y

---

[1] On sait, en effet, que dans le mois de mai 1843, un mouvement insurrectionnel eut lieu dans l'arrondissement de Jérémie ; les chefs furent fusillés. Aux mois d'août et de septembre, d'autres événemens se passèrent aux Cayes et au Port-au-Prince ; ils commencèrent une réaction dans les idées.

était au port d'armes, les matelots rangés sur toute la longueur du navire. Les officiers l'avaient reçu, tous dans le silence et avec respect. Un moment après, la chaloupe arriva à bord, et les dames furent accueillies avec courtoisie.

Je pris congé du Président et de sa famille, pour me rendre à terre avec M. Ussher et le commandant Scharpe. Boyer me pressa dans ses bras, en me remerciant de l'avoir assisté et d'être resté auprès de lui jusqu'au dernier moment. J'avais rempli mon devoir.

Dans la journée du 13 mars, Boyer avait remis au sénateur Bazelais, président du comité permanent du Sénat, l'acte portant sa démission. Le 14, dans la matinée, ce sénateur convoqua les six autres membres du comité, MM. J. Daguerre, N. Viallet, Gayot, Bouchereau, Madiou et J. Paul. Ils se réunirent au palais du Sénat, dressèrent procès-verbal de la réception de cet acte, et en envoyèrent copie, par un message, au secrétaire d'État Pilié, en l'invitant à se charger des attributions du pouvoir exécutif, en vertu de l'article 147 de la constitution, et à donner publicité au procès-verbal contenant l'acte de démission [1].

Le même jour, M. Pilié accusa réception de ce document, et fit paraître l'acte suivant :

« Le Secrétaire d'État provisoire

» Fait savoir officiellement au public que le Président

---

[1] Le mot *abdiquer* qui est dans cet acte souleva la colère du « chef d'exécution » à l'installation du gouvernement provisoire. « L'insensé! dit-il, se croyait-il donc souverain? » Non, Boyer ne le croyait pas; mais il exerçait les plus précieuses prérogatives de la souveraineté nationale, d'après la constitution de 1816; il a pu dire : « J'abdique le pouvoir dont j'étais revêtu. » Dans l'ancienne Rome, on abdiquait le consulat et d'autres magistratures, et cependant le peuple romain était au moins aussi souverain que le peuple haïtien.

d'Haïti vient de déposer au Sénat de la République, l'acte portant sa démission.

» Haïtiens ! dans les circonstances actuelles où se trouve notre pays, nous devons donner l'exemple du calme et de la modération. Que les personnes et les propriétés soient entièrement respectées, que tous les fonctionnaires de la capitale se pénètrent de l'importance de concourir avec l'autorité supérieure au maintien de l'ordre. C'est en suivant cette marche, que toutes les garanties seront offertes aux citoyens et aux chefs qui commandent la capitale.

» Donné au palais national du Port-au-Prince, le 14 mars 1843, an 40° de l'indépendance.

Signé : Pilié.

Tous ces actes furent insérés dans le *Télégraphe* du 15 mars [1].

Après eux, je produis également celui qui suit et qui fut signé au Port-au-Prince, le 14 ou 15 mars, par une infinité de citoyens, tant dans l'ordre civil que militaire. Il faut le sauver de l'oubli : c'est la mission de l'histoire.

Liberté, ou la Mort.

République Haïtienne.

Au nom du peuple souverain,

« Nous, soussignés, déclarons devant l'Être-Suprême, donner notre adhésion libre, sincère et entière, à la révolution inaugurée le 27 janvier, dont le but *est* de renverser le gouvernement *immoral* et *corrupteur* [2] de l'ex-Président

---

[1] Ce fut le dernier numéro de ce journal qui avait paru en 1843.
[2] Ces deux mots sont écrits en grosses lettres dans l'acte.

Boyer, et de régénérer les institutions civiles et politiques de la République.

» Nous jurons et promettons, sur notre honneur, de prêter notre franc et loyal concours pour coopérer à cette glorieuse régénération. »

Il faut encore sauver de l'oubli l'acte suivant :

Liberté, ou la Mort.

Acte de déchéance.

« Au nom du peuple souverain.

» Charles Hérard aîné, chef d'exécution des volontés du peuple souverain et de ses résolutions,

» En vertu des pouvoirs qui lui ont été conférés, au nom du peuple, par l'acte du 21 novembre 1842, en exécution du manifeste expositif de ses griefs et déclaratif de la revendication de ses droits ;

» Considérant que le général Jean-Pierre Boyer a violé la constitution en vertu de laquelle l'office de Président d'Haïti lui avait été confié pour exercer le pouvoir exécutif ;

» 1° Par les nombreux attentats qu'il a portés à l'inviolabilité de la représentation nationale, en décimant ses membres dans les sessions de 1822, 1833, 1839 et 1842, pour lui ravir son indépendance et la forcer à trahir son mandat ;

» 2° Par l'abus qu'il a fait de la faculté de proposer des candidats au Sénat, soit à l'occasion de la formation des listes, soit en y portant des membres de sa famille ou des favoris qui n'avaient aucun titre à cette dignité, afin de faire de ce corps un instrument docile à ses volontés ;

» 3° Par l'usurpation de pouvoirs qui ne lui étaient point attribués, notamment ceux de faire grâce et de créer un papier-monnaie ;

» 4° Par la délégation qu'il s'est fait donner, par une législature illégale et corrompue, de pouvoirs que la constitution lui refusait impérativement, tels que ceux de former et organiser l'armée, de changer ou modifier le système monétaire, de suspendre les lois civiles par des mesures extraordinaires, au moyen des commissions créées dans toutes les villes, sous le prétexte de consolider l'ordre public ;

» 5° Par l'initiative qu'il a prise dans les lois relatives aux impôts publics ;

» 6° Par l'altération qu'il a faite au texte des lois, et le refus de promulguer celles qui avaient été décrétées par la législature ;

» 7° Par la distraction des citoyens de leurs juges naturels, en les livrant à l'arbitraire de commissions ou civiles ou militaires, composées d'agents à ses ordres ;

» 8° Par la révocation, sans jugement, de juges inamovibles, pour leur substituer des hommes ou corrompus ou dévoués à ses caprices ;

» 9° Par la destitution arbitraire d'employés honorables et de fonctionnaires qu'il n'avait pas le droit de révoquer ;

» Considérant que par tous ces faits, calculés avec une profonde perversité, il a renversé tous les principes, violé tous les droits, détruit toutes les garanties, notamment celles du jury et de la liberté de la presse ; — qu'il a violé les règles et les formes protectrices de la justice, au point qu'il n'y a plus de sûreté ni pour les propriétés ni pour les personnes ; — que, tout en écrasant le peuple d'impôts odieux, il a plongé les *finances* et l'administration publique dans *le désordre et l'anarchie, afin de masquer la dilapidation qu'il a faite des deniers publics;* — que pour établir sa domination et façonner le peuple à la servitude, il s'est efforcé d'éteindre en lui tout sentiment de dignité nationale, en cherchant à l'abrutir par ces deux moyens de despotisme : la misère et l'ignorance; — que, par un système combiné de mensonge, d'espionnage et de délation, il a perverti l'opinion, corrompu la morale publique, semé la division et la haine parmi les citoyens, et jeté la défiance et l'effroi dans les familles ; — qu'une fois entré dans cette voie d'iniquité, il s'est livré à la *tyrannie* la plus odieuse, en s'imposant comme le seul arbitre du pays ; qu'enfin, par une ignorance profonde du droit des gens et sa mauvaise foi dans les relations internationales, il a compromis l'honneur et le caractère haïtien, et exposé l'indépendance nationale;

« Considérant que la République ayant été mise en péril par un tel état de choses, le peuple, désespérant d'une réforme qu'il avait en vain et tant de fois réclamée par ses organes légitimes, s'est vu réduit à prendre les armes pour révoquer le mandat constitutionnel qu'il avait consenti, et ressaisir l'exercice de sa souveraineté ;

« Considérant que *tous ceux* qui ont coopéré aux actes d'usurpation et de tyrannie du Président Boyer, ou qui, par des actions déloyales ou des conseils perfides, l'ont secondé dans des mesures liberticides, soit comme fonctionnaires, soit comme exécuteurs de ses volontés, doivent être réputés *ses complices;*

» A ces causes, déclare et arrête ce qui suit :

« Art. 1ᵉʳ. Le général *Jean-Pierre Boyer* est déchu de l'office de Président d'Haïti, comme coupable de lèse-nation.

Art. 2. Sont mis en état d'accusation, comme *complices* du Président Boyer et traîtres à la patrie :

Joseph-Balthazar Inginac, général de division et secrétaire général près du Président d'Haïti ;

Alexis Beaubrun Ardouin, ex-sénateur ;

Charles Céligny Ardouin, administrateur des Cayes ;

Jean-Jacques Saint-Victor Poil, général de brigade et commandant l'arrondissement du Port-au-Prince ;

Jérôme-Maximilien Borgella, général de division, commandant l'arrondissement des Cayes et provisoirement le département du Sud ;

Jean-Baptiste Riché, général de brigade ;

Louis-Mesmin-Seguy Villevaleix, sénateur et ex-chef principal des bureaux du Président d'Haïti [1].

Art. 3. Tous les individus compris dans les art. 1er et 2 ci-dessus, seront livrés à un jury national et jugés dans la forme qui sera déterminée.

Art. 4. Toute autorité cessant devant la volonté du peuple souverain, il sera pourvu à toutes les fonctions publiques dont l'utilité sera reconnue et dans la forme qui sera prescrite par la nouvelle constitution.

Art. 5. Provisoirement, les citoyens chargés actuellement de fonctions publiques, civiles et militaires, continueront à les exercer, sous l'autorité du gouvernement populaire, jusqu'à révocation ou remplacement.

Art. 6. Le présent acte sera imprimé, lu et affiché dans toute l'étendue du territoire de la République.

Donné au quartier-général des Cayes (du Port-au-

---

[1] Si *tous ceux* qui avaient coopéré aux actes reprochés au président Boyer, étaient *ses complices,* pour être *justes,* il fallait mettre en accusation J. C. Imbert, Voltaire, Ségrettier, Guerrier et cette foule de sénateurs, de représentans, de fonctionnaires publics de l'ordre civil et de l'ordre militaire. Le « Chef d'exécution » aurait dû se mettre aussi en état d'accusation, comme *officier très-zélé* avant 1843 : je n'en dis pas davantage.

Prince), le 10 (24) mars 1843, an 40° de l'indépendance et le 1ᵉʳ de la régénération.

Signé : C. Hérard aîné.

Par le chef d'exécution :
Le chef de l'état-major général de l'armée populaire,
igné : Hérard-Dumesle¹. »

J'ai terminé la tâche que j'ai entreprise, et j'en rends grâce à Dieu.

Je voulais écrire seulement la biographie de l'un des vétérans de mon pays. Ce sujet m'a en quelque sorte imposé l'obligation de parler de tous ces hommes d'une génération qui, pénétrée de sa dignité originelle, de la justice de ses droits naturels, de la sainteté de sa cause, s'est levée spontanément aux cris poussés par la France en faveur de l'humanité entière, pour revendiquer sa part dans l'héritage commun ; — de cette génération qui s'est illustrée dans sa lutte contre le vieux système colonial, qui s'est vue ensuite dans l'impérieuse nécessité de combattre contre cette généreuse France elle-même, livrée à une regrettable réaction, afin de fonder une patrie pour ses descendans, pour toute la race noire.

Gloire à tous ces enfans de l'Afrique, à quelque classe qu'ils aient appartenu dans le régime colonial renversé par eux sur le sol d'Haïti ! Car ils ont tous contribué au triomphe des idées qui leur mirent les armes à la main.

---

1 On concevra facilement, que les événemens accomplis en Haïti depuis 1843, que les malheurs éprouvés par cette patrie commune, toujours chère au cœur des opposans au gouvernement du président Boyer, comme à celui des hommes qui le défendirent, que l'infortune politique des uns et des autres, m'imposent aujourd'hui l'obligation de ne discuter ni réfuter l'acte d'accusation ci-dessus, en ce qui concerne les accusés de complicité, même le président Boyer.

Honneur à leur mémoire ! Car ils dorment tous aujourd'hui dans la tombe.

Les générations qui leur ont succédé ne rempliraient pas leur devoir envers eux, si elles n'éprouvaient pas un profond sentiment de gratitude pour les services qu'ils ont rendus à la patrie, si elles n'entouraient pas de leur vénération la mémoire des plus illustres parmi eux.

Je me suis efforcé de distinguer ces derniers, de les désigner à mes concitoyens, sans hésiter toutefois à dire ce qui m'a paru reprochable dans leur conduite (à l'exception d'un seul d'entre eux) soit par les passions qui les animaient et qu'ils ne surent ou ne purent maîtriser ; soit qu'ils cédassent trop aux circonstances qui les entouraient ; soit qu'ils ne comprissent pas la situation réelle de notre pays ou le but que poursuivait la nation ; soit, enfin, que les défauts de leur caractère fussent un obstacle au désir du bien qu'ils avaient.

Le président Boyer est, sans contredit, celui qui doit être placé en première ligne dans cette dernière catégorie. Le lecteur a pu remarquer combien de fois j'ai exprimé le regret que ce chef distingué eût un caractère qui fut cause de bien des reproches qu'on peut justement lui faire, dans l'exercice du pouvoir qu'il a eu si longtemps en main. Aucun autre ne m'a offert, — si j'ai bien jugé, — plus d'occasions de blâme à côté de tant d'autres où j'ai dû le louer. Je l'ai vu souvent contrarié, malheureux de ce qui lui déplaisait, sans se rendre compte, peut-être, de l'influence de son caractère dans le jugement qu'il portait sur les choses et sur les hommes de son pays ; il eût désiré, de la part de ceux-ci, une sorte de perfection impossible dans la nature humaine, et dont lui-même n'offrait pas l'exemple.

Personne n'avait plus que lui le sentiment de la justice envers tous ses concitoyens ; la plupart de ses actes le prouvent, et cependant, dans l'application particulière qu'il en faisait, il lui est arrivé souvent d'être injuste par ce sentiment même. Mais, s'il était prompt à l'être par la vivacité de son caractère, signe ordinaire d'un bon cœur, il était aussi prompt à revenir sur une décision injuste, tant sa haute raison savait l'emporter à la fin sur sa passion du moment. Il avait l'amour de l'ordre à un degré supérieur, et l'organisation successive de toutes les parties du service public le justifie. Aucun chef du gouvernement de notre pays n'a obtenu autant de régularité que lui, de la part des fonctionnaires de l'administration civile et militaire ; et il a dû ce succès par les exigences de son caractère qu'ils connaissaient.

Malheureusement, le système d'économie dont il avait fait en quelque sorte le programme de son administration, poussé trop loin, l'a empêché de comprendre, peut-être, qu'il était nécessaire cependant de rajeunir progressivement le corps des fonctionnaires publics, par l'adjonction successive des jeunes hommes éclairés que produisait la nouvelle génération née depuis l'indépendance nationale, afin qu'ils fussent aptes à remplacer dignement la vieille génération qui avait fondé la patrie et qui était au pouvoir. En les tenant écartés, en ne leur offrant pas une carrière assurée dans un pays où il est si difficile de s'en procurer une convenable, il les livra, pour ainsi dire, à toutes les obsessions de l'Opposition formée contre son gouvernement dès son origine ; à eux se joignirent leurs familles embarrassées de leur trouver un emploi en rapport avec leurs lumières acquises.

L'agriculture, par des motifs énumérés souvent, n'étant

presque plus le fait des classes éclairées, — ce qui est regrettable, — le bien-être qu'elle eût pu leur procurer s'est trouvé déplacé et en faveur de celles qui s'en occupent. — L'industrie, réduite à l'exercice de quelques arts et métiers, n'a pas été de leur goût, à cause de leur instruction. — Le commerce, seul, restait comme un moyen de gagner leur existence; mais, par cela même, il était difficile de surmonter la concurrence qui s'y développait naturellement.

De là leur inclination à se jeter dans les emplois publics auxquels les jeunes hommes de ces classes aspiraient encore par leur instruction, par le désir qu'ils éprouvaient de servir la patrie comme leurs devanciers. En les trouvant en quelque sorte fermés à leur désir, à leur ambition, ils devaient grossir les rangs de l'Opposition et la pousser, avec toute l'ardeur de leur âge inexpérimenté, dans la fatale voie qu'elle a parcourue.

La carrière militaire aurait pu suppléer à l'insuffisance des emplois publics; mais elle tendait chaque jour à n'en être plus une, par la réduction successive de l'armée depuis que la paix intérieure était assurée, et que la paix extérieure n'était plus menacée. Au reste, cette carrière était soumise à des règles qui ne permettaient pas de la franchir promptement, pour arriver aux grades supérieurs qui procurent quelque aisance dans la vie, et l'on a vu comment Boyer fut avare de promotions envers les plus anciens serviteurs de la patrie. Sa résolution à cet égard était évidemment calculée : il voulait arriver à une situation telle, que le régime militaire ne dominât pas excessivement le régime civil, comme par le passé.

Ce plan a été singulièrement dérangé par la Révolution de 1843; mais je ne puis apprécier le résultat qu'elle a produit sous ce rapport, comme sous tous autres, mon intention n'étant pas de poursuivre mes Études historiques au-delà du renversement du président Boyer.

Au fait, je n'ai voulu qu'essayer d'écrire l'histoire de la génération qui prit les armes en 1790, et dont il a été le dernier et l'un des plus illustres représentans.

Boyer a conduit, achevé avec talent, l'œuvre glorieuse de cette génération par les grands faits de son gouvernement : — en réunissant toutes les parties de l'île d'Haïti sous les mêmes lois, sous le même pavillon; — en constituant ainsi l'unité politique de la nation haïtienne par l'unité territoriale; — en organisant l'administration publique d'une manière assez régulière, quoique, sous ce rapport, il laissât à désirer ce qui devait la parfaire; — en donnant au pays une complète législation, par l'adoption des codes d'un peuple civilisé, par une infinité de lois sur toutes matières; — enfin, en obtenant de la France la consécration solennelle de l'indépendance et de la souveraineté nationale, par des traités que précédèrent des négociations intelligentes, où il fit preuve d'autant de dignité que de patriotisme.

De tels faits suffisent sans doute pour recommander la mémoire de Boyer à la postérité. Et si l'on a suivi avec attention ceux où il a paru reprochable, on reconnaîtra, — j'aime à l'espérer, — que les défauts de son caractère en furent l'unique cause, car ses intentions furent toujours droites, son désir du bien incontestable. En lui, le tempérament dominait souvent la raison, mais celle-ci finissait par l'emporter après réflexion et par la bonté du cœur. Il a prouvé cette bonté par une infinité d'actes de bienfaisance exercés envers une foule de personnes qu'il assistait par des secours en argent tirés de sa cassette particulière, alors qu'il se montrait si économe des deniers publics; mais on ignorait ces actes, tant il y mettait de la délicatesse ; et c'est ce qui explique sa modeste situation pécuniaire au moment qu'il abdiqua le pouvoir.

Ardent, énergique dans certaines occasions où il fallait déployer la puissance de l'autorité, Boyer savait se modérer comme on pouvait l'attendre d'un esprit aussi éclairé; la clémence dont il usa souvent le prouve. Privé d'une instruction classique, comme presque tous les Haïtiens de son âge, par le système colonial, il sut acquérir des lumières par son goût pour l'étude. Doué d'une grande pénétration et d'une élocution facile, élégante, il se fit remarquer sous ce rapport entre tous ses contemporains, et il n'en fut lui-même que trop convaincu; car, étant en outre très-spirituel, il abusa souvent de cet avantage durant son pouvoir, en lançant des traits acérés contre ceux qu'il savait être opposans à son gouvernement, en ne ménageant pas assez les susceptibilités de l'amour-propre des fonctionnaires publics, des magistrats surtout, qu'il trouvait en défaut : par là, il irritait ses adversaires, il s'aliénait bien des cœurs. Mais, quand il voulait captiver quelqu'un, personne n'était plus séduisant que lui, par les formes caressantes qu'il employait, par le langage exquis dont il se servait.

La facilité qu'il avait à s'exprimer, jointe à la certitude de sa supériorité intellectuelle sur beaucoup de ses contemporains, et les premiers succès de son administration, n'ont que trop contribué à l'obstination qu'il a mise à ne céder en quoi que ce soit aux réclamations de l'opinion publique dont l'Opposition se fit l'organe. Il n'aimait pas d'ailleurs qu'on parût le devancer dans la conception d'une chose utile au bien public, et il trouvait alors mille raisons pour ne pas adopter ce qu'on lui proposait. Une telle manière d'agir peut être attribuée à cette regrettable vanité dont les esprits supérieurs ne sont pas toujours exempts. En outre, exerçant un pouvoir déjà très-étendu par la constitution qui donnait l'initiative des lois au Président d'Haïti, et s'étant réservé encore les hautes fonctions ministérielles par la loi de 1819, les grands fonctionnaires eux-mêmes, ses conseillers de droit, ne pouvaient pas influer sur ses résolutions. S'il en fut ainsi, on conçoit que l'Opposition parlementaire pouvait encore moins obtenir ce qu'elle réclamait, par l'éclat même qu'elle donnait à ses idées. Boyer eût cru perdre tout le prestige de son autorité s'il lui cédait; et de ce qu'il n'estimait pas les hommes qui se trouvaient à la tête de cette Opposition, il se croyait d'autant plus autorisé à dédaigner la réclamation des améliorations qu'ils formulaient dans un langage propre à leur concilier l'opinion publique. Il est si difficile d'abandonner une route qui a conduit au succès !

Ce fut une grande faute de sa part ; car il aurait dû s'apercevoir, que les temps avaient changé, que les idées en matière de gouvernement et d'administration avaient fait des progrès réels, par l'instruction qui était plus répandue dans la société, par les relations qu'entretenait la République avec les nations civilisées dont les livres et les journaux étaient aux mains de tous les gens éclairés. Ces derniers se passionnaient naturellement en les lisant, en reconnaissant combien Haïti marchait lentement par rapport à ces nations ; et sans tenir compte des difficultés de sa situation particulière, des progrès qu'elle avait néanmoins accomplis, ils en désiraient de plus grands. Boyer aurait dû, enfin, se pénétrer des observations suivantes, tracées par la main d'un habile politique [1] :

---

[1] Machiavel, Discours sur la première Décade de Tite-Live, 3e partie.

« J'ai souvent observé que la cause du succès ou du
» non succès des hommes dépendait de leur manière d'ac
» commoder leur conduite aux temps. On voit les uns pro-
» céder avec impétuosité, les autres avec prudence et cir-
» conspection : or, comme dans l'une et l'autre de ces mé-
» thodes on ne suit pas la véritable route, on erre dans
» toutes les deux également. Celui qui se trompe le moins,
» et à qui la fortune sourit, est celui qui fait concorder,
» comme je l'ai dit, ses résolutions avec le temps et les
» circonstances ; mais on ne se décide jamais qu'entraîné
» par la force de son naturel...

» Ce qui assure aux républiques une existence plus lon-
» gue et une santé plus vigoureuse et plus soutenue qu'aux
» monarchies, c'est de pouvoir, par la variété et la diffé-
» rence de génie de leurs citoyens, s'accommoder bien plus
» facilement que celles-ci aux changemens opérés par le
» temps [1]. Un homme habitué à une certaine ligne de con-
» duite ne saurait en changer, nous l'avons dit; il faut né-
» cessairement, quand les temps ne peuvent s'accorder
» avec ses principes, qu'il succombe...

» Deux choses s'opposent à de pareils changemens : d'a-
» bord, c'est l'impossibilité où nous sommes de résister à
» la pente du naturel qui nous entraîne ; ensuite, la diffi-
» culté de se persuader qu'après avoir eu les plus grands
» succès en se conduisant de telle manière, on pourra réus-
» sir également en suivant une autre ligne de conduite.
» C'est ce qui fait que la fortune ne traite pas toujours éga-
» lement un homme ; en effet, elle change les circons-
» tances, et lui ne change point sa méthode. Les États
» eux-mêmes périssent, comme nous l'avons expliqué plus

[1] La monarchie de la Grande-Bretagne fait exception à cette règle. Il est vrai que l'élément démocratique exerce une grande influence dans ce pays.

» haut, faute de changer avec les temps ; mais ces chan-
» gemens sont plus lents dans les républiques, parce qu'ils
» s'y font plus difficilement... »

Voilà, si je ne me trompe, ce qui est applicable à la conduite de Boyer, dans les dernières années de sa présidence.

Si j'examine aussi ce qui peut être appliqué à celle de ses adversaires et de la plupart des hommes, et surtout de la jeunesse qu'ils enrolèrent sous leur bannière, je puis encore citer le même auteur :

« En recherchant, dit-il, les causes de ces oppositions de
» caractères (il s'agit de Scipion et d'Annibal), on en trouve
» plusieurs, puisées dans la nature même des événemens.
» La première de ces causes est fondée sur l'amour des
» hommes pour la nouveauté. Cette passion agit le plus
» souvent avec autant d'activité sur ceux dont le sort est
» heureux que sur ceux qui souffrent de leur position ; car,
» comme nous l'avons dit et avec vérité, les hommes *se*
» *lassent* du bien-être comme ils *s'affligent* d'une situation
» contraire. Cette disposition des esprits fait donc, pour
» ainsi dire, ouvrir toutes les portes à quiconque proclame
» une *innovation*. S'il vient du dehors, on court au devant
» de lui ; s'il est du pays, on l'environne, on grossit, on
» favorise son parti ; quelles que soient sa marche et sa
» conduite, il fait des progrès rapides... »

En résumé, ce qu'on peut justement reprocher à Boyer, c'est de n'avoir pas fait *tout le bien* dont il était capable et que favorisait la longue paix qu'il procura au pays. « Les
» gouvernemens doivent se constituer en révolution perma-
» nente pour satisfaire aux besoins de la société. » C'est-à-dire, qu'ils doivent eux-mêmes opérer les réformes que réclame l'état de la société, sans attendre que les exigences de

l'opinion leur en fassent une impérieuse obligation : ils sont placés, organisés pour cela.

Il ne suffit pas non plus qu'ils procurent une situation matérielle supportable, une certaine aisance aux peuples qu'ils dirigent ; il y a également dans l'ordre moral et intellectuel, des besoins auxquels il faut satisfaire, et l'homme d'État doit les apprécier. Lorsque la conscience publique les réclame pour le perfectionnement des institutions nationales, le gouvernement est d'autant plus mal avisé en violant ces institutions ou souffrant qu'on y porte atteinte. Si l'on recherche la cause principale de la Révolution de 1843, on la trouvera sans doute dans les expulsions successives des représentans qui, dans la Chambre des communes, se firent les organes de l'Opposition, pour demander les réformes qu'à tort ou à raison l'opinion désirait.

De leur côté, ces représentans ne sont-ils pas reprochables d'avoir donné une trop libre carrière à leur imagination, dans l'expression de leurs vœux ? Se sont-ils assez pénétrés de la situation réelle du pays, des difficultés qu'elle présentait ? N'ont-ils pas été trop systématiques dans leur opposition ? On sait toutes les concessions qu'il faut faire à l'amour-propre des hommes, quand il est froissé à un haut degré ; mais il y avait lieu, peut-être, de leur part, de ne pas saisir ce qui leur était personnel, pour pousser invariablement la nation à une révolution dont ils pouvaient prévoir les funestes suites. Quelle que fût l'ambition qu'ils avaient de servir la patrie qu'ils aimaient, ils auraient dû se rappeler son passé si plein d'enseignemens, et ne pas compromettre la situation relativement heureuse où elle était parvenue, après tant d'orages politiques.

Enfin, qu'est-il advenu de la Révolution de 1843 ? C'est que : Chef du gouvernement, Chef de l'Opposition, Chef d'exécution des volontés du peuple souverain, sont allés tous trois mêler leurs cendres sur la terre étrangère, après avoir souffert des douleurs de l'exil et gémi encore plus de voir leur pays natal livré aux horreurs d'une odieuse et barbare tyrannie...

Cette pénible expérience sera-t-elle perdue pour Haïti ? Tous ses citoyens éclairés, quelle que soit la nuance qui a séparé leurs opinions politiques, ne sentiront-ils pas la nécessité de s'unir entre eux pour ne plus déchirer le sein de cette patrie commune, pour travailler de concert, au contraire, au maintien de la paix publique ? L'union la plus intime entre tous ses enfans est le devoir le plus sacré qu'ils aient à remplir envers elle. L'union, c'est la force, c'est le moyen pour eux d'être heureux sur cette terre de merveilleuse fertilité : elle seule peut garantir l'indépendance nationale, la possession de tous les droits, de toutes les libertés du peuple.

Que tous les citoyens doués de quelques lumières n'oublient jamais, néanmoins, qu'il n'est pas un seul droit dans l'état social qui n'ait un devoir corrélatif ; réclamer les uns sans accomplir les autres, c'est vouloir jeter la perturbation dans l'ordre matériel et dans l'ordre moral, au grand détriment de tous. Ils ne sont pas moins tenus à se défier des idées de perfectionnement incessant dans les institutions, parce que ce serait agiter inutilement les esprits pour n'y substituer le plus souvent que de vaines théories.

Lorsque le pays a le bonheur de posséder un gouvernement éclairé, modéré par ses lumières mêmes, ayons tous la modestie de le croire aussi patriote que nous, et laissons-lui le temps de mettre en pratique le système d'administration qu'il a jugé convenable aux circonstances et aux intérêts généraux de la société.

La Révolution de 1843 a parcouru l'orbite qu'elle s'était tracée instinctivement. Toutes les conquêtes légitimes auxquelles elle avait aspiré sont aujourd'hui assurées, garanties par une constitution qui donne au gouvernement qu'elle a organisé, la force nécessaire à son existence et les moyens de produire le plus grand bien possible à la nation. Sachons tous l'entourer du respect que réclame toujours l'autorité publique, pour faciliter l'accomplissement de ses devoirs.

Tels sont mes vœux en terminant mon œuvre.

RÉSUMÉ DE LA SIXIÈME ÉPOQUE.

Immédiatement après la conclusion des traités avec la France, la session législative eut lieu. L'Opposition parlementaire qui s'était organisée, en 1837, dans la Chambre des communes, tirant parti de cet heureux événement, porta cette Chambre à voter une adresse au chef du pouvoir exécutif, dans laquelle elle formula ses vœux au nom de la nation. Cet acte remarquable, et par sa rédaction et par les convenances observées à l'égard de Boyer, exposa l'urgente nécessité d'une révision de la constitution de 1816, afin de rajeunir les institutions politiques qui régissaient le pays, et de plusieurs lois sur différentes matières, notamment sur la réorganisation du système judiciaire et de l'administration publique en général, pour rendre responsables les grands fonctionnaires de l'État et les principaux commandans militaires.

Par cette adroite tactique, où elle enlevait au Sénat l'initiative que lui attribuait la constitution, et sur la révision et sur l'administration, l'Opposition voulut mettre Boyer en demeure de se prononcer sur les améliorations qu'elle réclamait incessamment pour assurer le bonheur du peuple qui, selon elle, était en proie à la misère.

Mais l'éclat donné à l'adresse de la Chambre devint en

quelque sorte la cause motrice d'une conspiration ourdie contre la vie du Président d'Haïti, par des gens obscurs qui affectèrent de voir en lui une résistance à la réalisation du bien public ; ne pouvant l'atteindre, ils imaginèrent l'assassinat du secrétaire général Inginac pour trouver une meilleure occasion de parvenir à l'exécution de leur projet. En même temps, ils firent éclater une révolte à main armée sur un point voisin de la capitale.

Effrayée elle-même de ces faits qui soulevèrent l'indignation générale, l'Opposition se calma ; mais elle trouva l'occasion d'opérer de l'aigreur entre la Chambre et le Sénat à propos de son adresse et de ces attentats contre la paix publique.

Dans ces circonstances, des intrigues eurent lieu ; elles portèrent Boyer à soupçonner un sénateur d'en être l'auteur, et le Sénat à l'exclure de son sein, en violation ouverte de la constitution. En même temps, un projet fut conçu pour exclure les membres de l'Opposition de la Chambre ; mais Boyer le fit avorter.

Le résultat de toutes ces menées fut la stérilité de la session législative pendant laquelle il n'y eut qu'une loi votée sur les douanes. La Chambre avait scindé le projet du pouvoir exécutif, le Sénat le rétablit tout entier, et ce fait fut la cause d'une rupture complète entre les deux corps.

L'année suivante, le pouvoir exécutif ajourna la session législative sans motif apparent. Un refus d'impôts, à Jérémie, constata la naissance d'une opposition au gouvernement dans cette ville. En même temps, des négociations se poursuivaient pour un traité entre Haïti et la Grande-Bretagne, lequel ne put aboutir, et des arrangemens nouveaux se concluaient à Paris, entre la République et les porteurs des titres de son emprunt contracté en 1825.

A l'ouverture de la session législative, l'Opposition porta encore la Chambre des communes à voter une nouvelle adresse au pouvoir exécutif où les vœux exprimés en 1838 étaient rappelés, où une réclamation fut consignée à propos de l'élection de plusieurs sénateurs qui devaient en remplacer d'autres dont les fonctions allaient expirer. La Chambre prétendit que la constitution exigeait la présentation, par le pouvoir exécutif, d'une liste générale et unique de candidats, au lieu des listes partielles pour chaque sénateur à élire, et qu'elle voulait le renouvellement intégral du Sénat. Le Président d'Haïti n'adoptant pas ces innovations, et la Chambre persistant dans son refus de listes partielles, il consulta le Sénat à ce sujet, et ce corps se rangea à son opinion. Loin de céder à l'interprétation constitutionnelle donnée sur cette question par le pouvoir exécutif et le Sénat, l'Opposition protesta en des termes violens et fit un appel à l'armée.

L'agitation produite à la capitale par les opposans porta trente-un représentans à protester contre leur violence perturbatrice, et à adresser leur protestation au pouvoir exécutif. Celui-ci s'en prévalut et convia l'armée à soutenir le gouvernement contre les factieux ; il prononça des destitutions d'employés publics liés à l'Opposition. Alors, trente-sept membres de la Chambre des communes, formant la majorité dans ce corps, reconstituèrent son bureau et élirent un sénateur sur une liste partielle. Ce fut l'occasion d'un rapprochement, d'une réconciliation entre le Sénat et la Chambre.

La Chambre somma ses membres opposans d'adhérer à

l'élection du sénateur, sous peine d'être éliminés de son sein. Ils protestèrent contre cette décision, et leur élimination fut prononcée.

De nouvelles destitutions de fonctionnaires de tous rangs suivirent cet acte, à la capitale, aux Cayes et à Jérémie, où l'Opposition se manifesta le plus, en décernant une médaille en or à son chef, H. Dumesle. De nombreuses adresses d'adhésion parvinrent à Boyer sur toutes ces mesures, de la part des officiers supérieurs de l'armée, des magistrats et des fonctionnaires publics.

La Chambre des communes, débarrassée des opposans, rendit diverses lois proposées par le pouvoir exécutif, et celui-ci consulta le Sénat sur les moyens à employer pour améliorer le système monétaire de la République : des mesures lui furent indiquées.

Dans l'année 1840, le chef de l'État en prit plusieurs pour favoriser l'agriculture et le commerce national. Pendant la session législative, diverses lois furent rendues, notamment sur l'érection d'une chapelle qui devait recevoir les restes de Pétion, et sur des modifications introduites au code civil. Des traités furent conclus avec la Grande-Bretagne et la France, dans le but de faciliter la répression de la traite des noirs, qui, par une loi promulguée précédemment, avait été assimilée à la piraterie.

L'année suivante, un traité politique fut signé entre Haïti et la Belgique : il contenait des dispositions, quant au commerce, qui assuraient le traitement fait à la nation la plus favorisée, ainsi qu'il en avait été par les traités conclus avec la France. Mais le Roi des Belges ne le ratifia point, parce qu'il eût désiré des stipulations sur la réciprocité d'avantages, et pour le commerce et pour la navigation des deux pays.

La session législative fut féconde par une douzaine de lois rendues sur diverses matières. L'Opposition ayant fondé plusieurs journaux, les délits commis par la voie de la presse furent mieux précisés qu'auparavant, et leur jugement dut avoir lieu par les tribunaux sans assistance du jury, de même que d'autres crimes contre la paix publique, contre les personnes et les propriétés. L'organisation de la haute cour de justice fut enfin décrétée ; une nouvelle organisation des troupes de ligne et des dispositions nouvelles sur leur recrutement, et sur les appointemens et la solde des militaires de tous rangs, la police urbaine, etc., furent également décrétées.

A propos d'une affaire de fausse monnaie dont un Français fut l'auteur, le consul général de France rompit ses relations avec le gouvernement ; il se retira à bord d'une corvette de sa nation et requit l'amiral de la station des Antilles de venir lui prêter son assistance. Mais cet amiral blâma sa conduite et ses actes, et promit à Boyer de conseiller son rappel au gouvernement français, après en avoir obtenu que ce consul général reprît ses fonctions.

L'époque du renouvellement intégral des représentans des communes arriva en 1842. Les éliminés de 1839 furent réélus, et avec eux une vingtaine d'autres membres de l'Opposition. Pendant que le gouvernement fondait un journal pour en combattre les doctrines, et qu'elle en établissait un autre dans le but de les soutenir, un légat du Saint-Père le Pape signait un concordat provisoire afin de régler les matières religieuses : ce projet n'eut pas de suite, par les événemens politiques survenus dans la même année.

L'opposition secrète que faisait au gouvernement le secrétaire d'État Imbert, porta Boyer à le révoquer de ses fonctions. En même temps, il fit quelques promotions parmi les anciens officiers militaires, mais insuffisamment pour satisfaire au juste désir d'autres aussi méritans ; et il demanda au comité permanent du Sénat la convocation de ce corps.

A sa réunion, le pouvoir exécutif lui posa la question de savoir, si les représentans éliminés en 1839, réélus par leurs communes, pouvaient siéger dans la nouvelle Chambre, sans exposer le pays à une perturbation dangereuse pour la paix publique, sans désavouer l'approbation générale qui avait été exprimée au moment de leur élimination.

Cette grave question mit le Sénat dans une fausse position. Chargé de la garde de la constitution et de veiller à son maintien, il se vit forcé néanmoins d'opiner contre l'admission des éliminés, pour ne pas occasionner une révolution politique qui eût été la suite d'une opinion contraire, puisque le chef de l'Etat eût perdu dès lors le prestige de la raison et du pouvoir qu'il exerçait.

Mais cet accord entre le Sénat et le Président d'Haïti souleva l'Opposition ; des condamnations judiciaires eurent lieu contre plusieurs citoyens élus représentans, et la Chambre, en se constituant, admit les éliminés de 1839 et tous les autres membres opposans. Une vingtaine de représentans furent gagnés cependant à la cause du gouvernement. La dissidence survenue dans la Chambre occasionna une scène tumultueuse à la suite de laquelle tous les opposans s'en retirèrent, la force publique ayant appuyé la majorité qui se forma sous l'impulsion du gouvernement. Cette majorité les somma d'adhérer à ses décisions, sinon ils seraient considérés comme démissionnaires. Leur refus entraîna cette mesure violente.

C'était, pour le pouvoir exécutif, l'occasion de se mettre à la tête des réformes demandées par l'Opposition et désirées par l'opinion publique. Mais Boyer ne comprit pas cette situation grave des esprits; il mécontenta même la majorité de la Chambre qui avait sacrifié les principes constitutionnels au repos public, en la laissant dans une inaction pénible à sa dignité. Le prétexte dont il se servit pour se conduire ainsi fut la catastrophe produite par un affreux tremblement de terre.

Le 7 mai, toute l'île d'Haïti éprouva ce fléau qui porta ses ravages surtout dans sa bande septentrionale : plusieurs villes furent renversées et des milliers de personnes périrent sous leurs décombres.

Vers la fin de cette année, la capture illégale de deux bâtimens espagnols par un garde-côtes de l'État occasionna une affaire désagréable au gouvernement, qui refusa d'abord toute indemnité aux capitaines qui en réclamaient pour avoir été détournés de leur route. Mais, sur la réclamation faite par le gouverneur de Cuba, cette indemnité fut payée par le trésor public.

L'Opposition exploita cette affaire, pendant que dans le département du Sud, elle se préparait à une prise d'armes contre le gouvernement.

L'incendie d'une partie de la capitale, en janvier 1843, en fut le signal. Les opposans de cette ville provoquèrent cette insurrection, en assurant ceux des Cayes que cet incendie avait excité une nouvelle indignation contre Boyer.

Le 27 janvier, l'insurrection fut proclamée dans la plaine des Cayes, par le chef de bataillon Charles Hérard aîné, de l'artillerie, reconnu « chef d'exécution des vo-
» lontés du peuple souverain et de ses résolutions, » d'après le manifeste révolutionnaire rédigé par la « société

» des droits de l'homme et du citoyen » dont Hérard Dumesle était le président.

Réduite à une impuissance absolue dans l'arrondissement des Cayes, par la vigilance et la fermeté du général Borgella, l'insurrection se porta dans ceux de Tiburon et de Jérémie où elle avait pareillement éclaté avec succès.

Malgré toutes les mesures prises par le gouvernement pour la combattre, elle réussit à conquérir tout le département du Sud, au moyen de la défection successive des corps de troupes envoyés contre elle.

Convaincu de l'impossibilité de se maintenir encore au pouvoir, Boyer se décida à abdiquer et à se retirer à l'étranger.

TABLE DES MATIÈRES

CONTENUES DANS CE VOLUME

PÉRIODE HAITIENNE

SIXIÈME ÉPOQUE

LIVRE SIXIÈME

CHAPITRE PREMIER.

1838. — La session législative est ouverte. — La Chambre des communes déclare au Président d'Haïti qu'elle répondra à son discours par une adresse. — Élection d'un sénateur, quoique le Sénat n'ait pas avisé la Chambre de cette vacance dans son sein. — H. Dumesle prononce un discours pour préparer la Chambre au vote de son adresse. — La Chambre ajourne l'élection d'un nouveau sénateur, parce que le Sénat ne lui a pas donné avis de cette vacance. — Le 27 avril, elle vote son adresse et la fait porter au Président d'Haïti par une députation; Boyer promet d'y répondre. — Examen de cet acte. — Pétition adressée à la Chambre par trois jeunes Haïtiens qui, de Paris, demandent l'érection d'une statue à Pétion. — La Chambre la prend en considération et charge son président d'en entretenir Boyer; il promet de donner suite à ce projet. — Complot formé pour assassiner Boyer à la fête de l'agriculture ; le 2 mai, le général Inginac est assassiné. — Révolte dans la commune de Léogane; elle est étouffée. — Les assassins sont arrêtés et jugés; six d'entre eux subissent la peine de mort, et les autres sont condamnés à la réclusion. — La Chambre des communes envoie à Boyer une députation à cette occasion; cette députation se rencontre au palais avec une autre envoyée par le Sénat. — Discussion entre leurs membres : Boyer la fait cesser, les invite à se modérer et à garder le silence sur cet incident. — H. Dumesle en rend compte à la Chambre qui fait publier son rapport. — Irritation de Boyer à ce sujet. — Projet d'expulsion de quelques représentans, déjoué par Boyer. — La Chambre s'ajourne pendant huit jours. — La députation du Sénat lui rend compte de la discussion survenue au palais; le Sénat fait publier son rapport. — Le général Inginac tente vainement de rétablir l'harmonie entre le Sénat et la Chambre. — Lettres anonymes adressées au consul français et à la Chambre contre Boyer. — Il soupçonne le sénateur Pierre André d'en être l'auteur, et le dénonce publiquement. — Le Sénat prononce son expulsion et informe Boyer et la Chambre de cet acte afin qu'il soit remplacé. — Boyer s'abstient de proposer des candidats, et arrête une poursuite judiciaire dirigée contre Pierre André; il lui paye ses appointemens de sénateur. — Proposition et discours de D. Saint-Preux à la Chambre, pour

TABLE DES MATIÈRES.

l'envoi d'une députation auprès de Boyer. — Le Président propose un projet de loi sur les douanes ; la Chambre vote la loi comme si elle émanait de son initiative. — Le Sénat décrète la loi, en rétablissant le fait par la formule d'usage : la rupture est complète entre les deux corps. — Diverses circulaires adressées aux autorités, et arrêté du Président d'Haïti. 3

CHAPITRE II.

1839. — Prorogation de la session législative au 12 août. — Refus d'impôts à Jérémie. — Négociations pour un traité de commerce et de navigation entre la Grande-Bretagne et Haïti. — La République prend des arrangemens avec les porteurs de titres de son emprunt de 1825. — Ouverture de la session législative. — H. Dumesle et David Saint-Preux font deux motions qui sont adoptées et insérées dans l'adresse de la Chambre. — Boyer lui propose des candidats au sénatoriat. — Son message au Sénat sur le système monétaire du pays. — Le Sénat réintègre le sénateur Pierre André dans ses fonctions. — Discussion de l'adresse de la Chambre ; elle l'envoie au Président d'Haïti. — Compte-rendu de la députation sur l'accueil qu'elle a reçu. — La Chambre élit un sénateur pour cause de décès. — H. Dumesle fait publier un article sur la question de la loi des douanes. — Boyer fait rectifier le compte-rendu de la députation de la Chambre. — Il lui propose trois nouveaux candidats au sénatoriat. — Elle refuse l'élection et demande une liste générale des candidats pour cinq sénateurs à élire. — Boyer soumet la question au Sénat. — Son message et celui du Sénat à ce sujet. — Message de la Chambre concernant des bruits sinistres et insistant pour avoir la liste générale. — Boyer lui demande des explications sur ces bruits ; ensuite il lui répond sur la question de la liste générale, en lui envoyant copie du message du Sénat à ce sujet. — Publication de toute cette correspondance. — Le 4 octobre, la Chambre discute de nouveau la question des listes de candidature ; discours véhément de D. Saint-Preux à cette occasion. — La Chambre décide de protester préalablement à l'élection des sénateurs. — 31 de ses membres font scission et protestent contre cette décision ; ils adressent leur protestation à Boyer et en demandent la publication. — Séance orageuse du 6 octobre au palais de la présidence, allocution de Boyer aux officiers militaires, destitutions prononcées. — 37 représentans reconstituent le bureau de la Chambre, et élisent un sénateur sur une liste de trois candidats. — Une députation va annoncer ce résultat à Boyer ; elle se rencontre au palais avec une députation du Sénat ; accord et félicitations entre les deux députations qui rétablissent ainsi l'harmonie entre le Sénat et la Chambre. — La Chambre somme six représentans opposans de se rétracter, sinon ils seront éliminés de son sein. Ils persévèrent dans leurs opinions et envoient leur déclaration motivée. — Le 9 octobre, la Chambre déclare qu'ils sont *éliminés*. — Elle informe le Président d'Haïti et le Sénat de cette résolution. — Destitutions de fonctionnaires publics au Port-au-Prince et à Jérémie, dans ce dernier lieu à cause d'une médaille en or décernée à H. Dumesle. — Boyer rétablit dans leurs emplois ceux qui font leur soumission. — H. Dumesle et D. Saint-Preux sont arrêtés et emprisonnés au Petit-Goave ; Boyer les fait relaxer. — Sa proclamation du 10 octobre. — Adresse à Boyer par les officiers supérieurs du Port-au-Prince, suivie de beaucoup d'autres dans toute la République. — Réflexions sur tous les faits précédens. — La Chambre rend diverses lois. — Message du Sénat au Président d'Haïti sur le système monétaire, et mesures qu'il propose pour l'améliorer. — Mission envoyée à Jérémie ; le colonel Frémont en devient commandant. . . . 55

CHAPITRE III.

1840. — Mesures administratives en faveur de l'agriculture et du commerce national. — Session législative : loi sur l'érection d'une chapelle destinée à recevoir les restes d'A. *Pétion* ; loi portant modifications au code civil. — Message du Président d'Haïti exposant les motifs de ces modifications : leur examen. — Le Sénat reçoit communication des traités conclus avec la Grande-Bretagne et la France, pour faciliter la répression de la traite. — 1841. — Affaire de T. B. Smith, anglais qui prétend être citoyen d'Haïti : rapport d'une commission à ce sujet. — Le Sénat sanctionne les traités ci-dessus qui sont publiés. — Projet de traité entre Haïti et la Belgique ; pourquoi il n'aboutit pas. — Session législative ; diverses lois rendues sur différentes matières; sur les délits commis par la voie de la presse, sur la police urbaine, etc., — Publication du journal *le Manifeste* et d'autres. — M. Granier de Cassagnac arrive au Port-au-Prince ; ce qui s'ensuit. — Affaire du faux monnayeur Charles Touzalin. — Conduite de M. Levasseur, consul général de France, à cette occasion. — *Le Manifeste* publie contre lui un article outrageant; condamnation prononcée contre M. Dumai Lespinasse, rédacteur du journal et auteur de l'article. — Ce qu'exigeait M. Levasseur — Il rompt toutes relations officielles avec le gouvernement et se retire à bord de la corvette *le Berceau*. — Il requiert que l'amiral commandant la station des colonies françaises vienne au Port-au-Prince avec des forces maritimes. 111

CHAPITRE IV.

1842. — Proclamation du Président d'Haïti qui convoque les électeurs pour le renouvellement de la Chambre des communes. — Publications à ce sujet par le *Manifeste*. — Lettres de M. Lartigue au secrétaire d'État Imbert, et réponses. — Arrivée de plusieurs navires de guerre et de l'amiral Arnons-Dessaussays, appelé par M. Levasseur. — Entrevue de cet amiral avec Boyer. — Il désapprouve la conduite du consul général et sollicite du Président la reprise de ses fonctions. — Boyer y consent, sous la promesse que lui fait l'amiral de conseiller son rappel au gouvernement français. — Élections générales : un grand nombre d'opposans sont élus représentans. — Dispositions où se trouve Boyer ; conseils qui lui sont donnés. — Publication des journaux *le Temps* et *le Patriote*. — Arrivée d'un légat du Pape ; il arrête un projet de concordat pour régler les affaires religieuses, et se rend à Rome : ce qui en empêche la conclusion. — M. Imbert est révoqué de la charge de secrétaire d'État et remplacé par M. Pilié. — Promotions de généraux ; réflexions à ce sujet. — Convocation extraordinaire du Sénat. — Message du Président d'Haïti à ce corps, à propos de la réélection des représentans éliminés de la Chambre en 1839. — Réflexions à ce sujet. — Réponse du Sénat, suivie de considérations sur la situation politique. — Projet du retrait intégral des billets de caisse, combattu en conseil ; Boyer y renonce. — Condamnations judiciaires contre MM. Devimeux Rinchère et David Saint-Preux. 160

CHAPITRE V.

Agitation au Port-au-Prince. — Ordonnances de police y relatives. — Réunion des représentans. — Protestation de 20 d'entre eux contre l'admission des éliminés de 1839. La Chambre, en majorité, les admet dans la vérification des pouvoirs, et élit *président* M. Laudun. — Le 12 avril, une nouvelle majorité annule cette élection et nomme *président* M. J.-B. Tassy. — Tous les opposans se retirent de l'assemblée. — La Chambre prononce l'exclusion des éliminés de 1839 et de six autres représentans et de leurs suppléans. — Le Président d'Haïti ouvre les travaux de la session. — La Chambre accorde un délai de vingt jours aux opposans pour revenir dans son sein, sinon ils seront considérés comme *démissionnaires*; ils n'optempèrent pas. — Elle appelle leurs suppléans; ceux-ci refusent de siéger. — Elle fait poursuivre M. Dumai Lespinasse, qui est condamné à une année d'emprisonnement et qui part pour la Jamaïque. — Réflexions au sujet de ces actes. — Projet de loi sur l'instruction publique, retiré bientôt par Boyer; pourquoi? — Deux lois sont rendues et sept sénateurs élus par la Chambre; fin de la session. — Tremblement de terre du 7 mai; son effet dans l'Artibonite, le Nord et le Nord-Est. — Reproches faits à Boyer en cette occasion. — Capture illégale de deux bâtimens espagnols, et ce qui s'ensuit. — Manœuvres de l'Opposition sur divers points de la République. — Mesure intempestive ordonnée par Boyer. — Décès de plusieurs généraux. . . . . 207.

CHAPITRE VI.

1843. — Article officiel du *Télégraphe* concernant les patentes des étrangers. — Décès du général Bonnet à Saint-Marc. — Incendie au Port-au-Prince. — A cette occasion, les opposans de cette ville provoquent une insurrection aux Cayes. — Manifeste révolutionnaire de la « Société des droits de l'homme et du citoyen. » — Elle nomme Charles Hérard aîné (Rivière), « chef d'exécution des volontés du peuple souverain et de ses résolutions, » en lui confiant la dictature. — Le général Borgella veut en vain prévenir, par ses conseils, un attentat contre le gouvernement. — Le 27 janvier, les opposans des Cayes se réunissent en armes sur l'habitation Praslin. — R. Hérard écrit à Borgella à ce sujet; celui-ci en informe le Président d'Haïti et prend des mesures militaires contre les insurgés. — Proclamation du Président qui investit Borgella du commandement du Sud; paroles qu'il prononce. — Réflexions à ce sujet. — Ordres du jour de Borgella. — Les insurgés en fuite, se rendent dans la Grande-Anse. — Insurrection dans cette partie. — Suite des événemens. — Influence de Fabre Geffrard sur les succès de l'insurrection. — L'armée révolutionnaire, grossie par la défection des troupes, marche contre la ville des Cayes. — Propositions faites pour sa soumission et conditions posées par Borgella; elles ne sont pas acceptées. — La défection de deux régimens facilite l'entrée de l'armée révolutionnaire. — Conduite de R. Hérard: actes qu'il proclame. — Le colonel Toureaux fait sauter l'arsenal. — Appréciation de la défection de Fabre Geffrard en faveur de l'insurrection. . . . . 239.

CHAPITRE VII.

Sentimens éprouvés par le président Boyer, en apprenant l'insurrection de Praslin; son dégoût du pouvoir. — Cette disposition intime influe sur les mesures qu'il ordonne — Promotions dans les rangs militaires. — La défection des troupes à l'Anse-à-Veau, occasionne l'alarme au Port-au-Prince. — La garnison de cette ville sort et marche sur Léogane. — Elle revient à Gressier et marche de nouveau pour attaquer Léogane. — Défection de l'arrondissement de Jacmel. — Disposition de Boyer à abdiquer le pouvoir et à se retirer à l'étranger ; offres que lui fait à cet effet le Consul de S. M. B. — Combat à Léogane ; défection des troupes, excepté la garde du Président. — Acte d'abdication remis au président du comité permanent du Sénat. — Boyer s'embarque sur la corvette *Scylla*. — Le comité permanent du Sénat dresse procès-verbal de la réception de l'acte susdit et l'envoie au secrétaire d'État Pilié. — Ce grand fonctionnaire le fait publier avec une adresse aux Haïtiens. — Deux actes révolutionnaires rendus après le départ de Boyer. — Jugement sur ce chef. — Résumé de la sixième Époque. . . . . 304.

FIN DE LA TABLE DES MATIÈRES DU TOME ONZIÈME.

www.ingramcontent.com/pod-product-compliance
Lightning Source LLC
Chambersburg PA
CBHW050314170426
43202CB00011B/1889